地平线
策·划·工·作·室
DIPINGXIAN CEHUA GONGZUOSHI

通·识·书·系

YANJIANG YU KOUCAI

演讲与口才

Yanjiang yu Koucai

刘淑娥 ◎ 主编

（第二版）

首都经济贸易大学出版社
Capital University of Economics and Business Press

·北京·

图书在版编目（CIP）数据

演讲与口才/刘淑娥主编. —2 版. —北京：首都经济贸易大学出版社,2016.8

ISBN 978 – 7 – 5638 – 2191 – 4

Ⅰ.①演…　Ⅱ.①刘…　Ⅲ.①演讲　②口才学　Ⅳ.①H019

中国版本图书馆 CIP 数据核字（2014）第 013909 号

演讲与口才（第二版）

刘淑娥　主编

责任编辑	洪　敏	
封面设计	砚祥志远·激光照排　TEL：010-65976003	
出版发行	首都经济贸易大学出版社	
地　　址	北京市朝阳区红庙（邮编 100026）	
电　　话	（010）65976483　65065761　65071505（传真）	
网　　址	http://www.sjmcb.com	
E – mail	publish@ cueb. edu. cn	
经　　销	全国新华书店	
照　　排	首都经济贸易大学出版社激光照排服务部	
印　　刷	北京市泰锐印刷有限责任公司	
开　　本	880 毫米 × 1230 毫米　1/32	
字　　数	243 千字	
印　　张	9.375	
版　　次	2014 年 3 月第 1 版　2016 年 8 月第 2 版 2016 年 8 月总第 2 次印刷	
印　　数	4 001 ~ 8 500	
书　　号	ISBN 978 – 7 – 5638 – 2191 – 4/H · 162	
定　　价	20.00 元	

前　言

　　从事《演讲与口才》教学近 20 年了,其间上过必修课,也讲过选修课。在这些年中,自己使用过多种版本的教材,在学习借鉴别人优点和长处的同时,也慢慢形成了自己的教学体系。一直有个愿望,希望有一天能编写一部符合自己教学思路,使用起来得心应手的教材,很高兴,今天终于能把它变成现实。

　　本教材在编写时,始终贯彻"轻理论讲解,重实际训练"的指导思想,淡化了理论知识的讲解,强化了口才技能训练的环节,并针对学生的实际需要设计了一些训练题,训练内容由易而难,由简而繁,循序渐进,新颖独特。

　　在编写教材的过程中,虽然力图使教材具有可操作性,有较高的实用价值,但总觉得在某些地方,还有所欠缺,加上编者水平有限,时间仓促,难免有疏漏不妥,不尽如人意之处。在这里,恳请专家、同仁和广大读者提出宝贵意见。

　　本教材适合高等院校,尤其是普通高职高专、中等职业学校各专业使用。

　　在教材编写中,除参考,选取了"主要参考文献"及选文后所列的书籍、杂志、教材等有关资料外,还参考了许多著作和书报刊物的文章内容,由于各种原因未能逐一说明,在此向已注明和未注明的教材、专著、报刊文章的编著者和作者表示诚挚的谢意。

目 录

演讲与口才
YANJIANG YU KOUCAI

绪论

[学习目标]

1. 了解演讲与口才的基本知识

2. 掌握口才应具备的素养和能力

3. 认识现代社会加强口才训练的意义

4. 掌握提高口才的途径和方法，重点掌握思维训练方法

5. 能克服怯场心理，有较好的临场发挥的能力

第一节　演讲与口才概述

一、演讲

现实生活中，我们每个人天天都要讲话，而在人类的口语表达中，演讲则是最高级、最完善和最有审美价值的一种口语表达形式，是口语的"最高境界"。演讲要求调动有声语言和态势语言的一切积极因素和手段，在大庭广众之中，圆满而艺术地达到交流思想和表达感情的目的。

（一）演讲的本质

演讲是演讲者在人数众多的场合，运用口语、借助于表情手势，郑重地、系统成篇地表达自己的见解和主张，以感召听众的一种方

1

式,是一种公开的、群众性的社会交际活动。简言之,演讲就是演讲者在公众场合针对某个问题有系统地发表自己的见解和主张。

演讲与其他口语表达形式有着本质的区别。

首先,演讲与谈话不同。谈话既无主体、客体之分,参与者都可以发表意见,又不受时空、内容和方式的限制,不要求完整系统和主题单一,只要能表达自己的思想感情,即达目的。演讲则要求在特定的时间和环境中,面对听众全面阐述自己的观点,主题明确集中,内容完整,并能恰当运用语气、语调和态势来辅助思想感情的表达,与谈话相比较,演讲显得更正规、更严肃。

其次,演讲与朗诵不同。二者虽然同属于表演艺术,但侧重点各不相同。朗诵侧重于欣赏和语言表达的形式,同样的内容,不同的人朗诵的效果不一样。演讲则侧重于鼓动和语言表达的内容,选题有很强的现实性,最出色的演讲都是以事教人,以理服人,以情动人。

最后,演讲与报告、讲话、发言也不同。报告、讲话、发言等活动也同样具有主体、客体及主客体同处一起的时境这三个条件,是常见的现实口才表达形式,但它们与演讲又有着明显的区别。报告、发言、讲话,一般只需要用有声语言阐明自己的观点,以发表自己的意见来达到目的,而演讲不仅是一种以"讲"为主的宣传活动,同时,又是一种以"演"为辅的艺术活动。

(二)演讲的种类

划分标准不同,演讲的类别就不同。

1.按演讲内容分类

根据演讲内容的不同,演讲可分为政治演讲、学术演讲、诉讼演讲、社会生活演讲和宗教演讲。

(1)政治演讲。政治演讲是指为了一定的政治目的,针对国内外的政治问题、现实生活中的思想认识问题进行分析、评论、阐明和宣传某种政治观点和主张的演讲。包括外交演讲、军事演讲、政府工作报告和政治宣传等。如周恩来的《中美友好的大门终于打开了》就属于外交演讲。政治演讲是一种高度严肃的演讲,其最终目的是要让听众赞同并支持演讲者的政治主张和政治观点,因此,要

求演讲者不仅要有深刻的思想、一定的政策水平和政治远见，而且还要有高度的责任感。

（2）学术演讲。学术演讲是指演讲者就某些系统、专门的知识和学术观点而发表的演讲。包括专题讲座、学术报告、学术发言和学术评论等。学术演讲必须具有内容的科学性、论证的严密性和语言的准确性。这是其与其他类型演讲的最大区别。

（3）诉讼演讲。诉讼演讲是指公诉人、辩护人和诉讼代理人在法庭上所发表的演讲。诉讼演讲有自己的突出特征：公正性和针对性。法律面前人人平等，任何人都要"以事实为依据，以法律为准绳"，诉讼演讲严禁掺杂主观感情。

（4）社会生活演讲。社会生活演讲是指演讲者就社会生活中存在的各种社会问题、社会风俗和社会现象而做的演讲，表达演讲者对这些问题的看法、见解和主张。这种演讲包含的内容非常广泛，如：表达亲情友谊、联欢、祝寿、庆典、告别、悼念、迎送、答谢、开幕词和闭幕词等。社会生活演讲是生活中最常见的演讲形式，题材广泛，形式多样，时代感强，要做好演讲需要演讲者具有多方面的素质和能力，尤其是要有较强的提炼主题、选择材料的能力。社会生活演讲最大的特点是感情强烈，或悲或喜，溢于言表。另外，礼仪活动中的演讲具有较固定的结构形式，其他的演讲则没有。

（5）宗教演讲。宗教演讲是指一切与宗教仪式、宗教宣传有关的演讲。包括布道演讲和一些宗教会议演讲。这种演讲在中国的影响不大，听演讲和做演讲的人都不多。

2. 按演讲方式分类

根据演讲方式的不同，演讲可分为宣读式演讲、背诵式演讲、提纲式演讲。

（1）宣读式演讲。宣读式演讲，是演讲者按照事先慎重考虑、反复推敲的演讲稿逐字逐句进行宣读的演讲。宣读式演讲的优点是准确、省时，不易出错，防止因缺少应变力和自控力而出现跑题、失言和语塞等现象。这种演讲要求集中在演讲稿的内容、观点和语言方面，对演讲者没有太多的要求，只要字词读得清楚、准确，庄重大方就可以了。多数政治家、领导干部在庄重的场合常采用这种方

式,如全国人民代表大会的政府工作报告、外交部的声明及迎接贵宾的欢迎词等。但这种演讲方式因缺乏与听众的联系与交流,就显得程式化而枯燥乏味,很难引起听众的兴趣和共鸣。如果不是特殊的重大政治活动,一般不宜采取这种方式。

(2)背诵式演讲。背诵式演讲,即脱稿演讲,演讲者对演讲稿的内容反复练习、背记于心,然后凭借记忆完全脱稿进行的演讲,是中国演讲比赛中最常用的一种方式。背诵式演讲可以保持演讲稿中的思想水平和语言水平。而且由于演讲者的目光从演讲稿移向听众,增加了与听众进行情感交流的机会,从而吸引了听众的注意,增强了演讲效果。缺点是演讲者把精力集中在对演讲稿的回忆上,时刻担心因忘记台词而造成卡壳,无暇顾及观众的感受。特别是一旦遇到特殊情况,不能灵活机动地调整内容,限制了演讲者自由发挥的能力。这种演讲方式适合于初学演讲者和经验不足、应变能力及临场发挥能力不强的演讲者,他们可以凭借自己的写作能力和较强的记忆力来进行演讲。在赛场命题演讲之外,一般不宜采用这种演讲方式。

(3)提纲式演讲。提纲式演讲是演讲者对演讲的观点和材料做了详尽、充分的准备,并依据要点写成多级提纲,然后登台依据提纲的提示进行的演讲。这是一种高级演讲形式,经验丰富的演讲家们经常采用这种形式。这种演讲克服了宣读式和背诵式演讲的各种缺点,有较大的灵活性。缺点是由于没有完整的演讲稿,许多词句需要演讲者边想边讲,斟酌的时间不多,词不达意的情况时有发生。在一些庄重的场合一般不采用这种演讲方式。

3.按演讲表达形式分类

根据演讲表达形式的不同,演讲可分为命题演讲、即兴演讲和论辩演讲。

(1)命题演讲。命题演讲是由别人给定题目或范围,个人在充分准备的基础上所做的演讲。包括定题演讲和自拟题目的演讲两类。

(2)即兴演讲。即兴演讲又称即席演讲,它是一种事先无充足时间准备而临时决定进行的演讲。包括生活场景式即兴演讲和命题测赛式即兴演讲。

（3）论辩演讲。论辩演讲是论证己方见解，反驳他人观点的说话形式之一。包括应用论辩和赛场论辩两类。

（三）演讲的特征

1. 现实性

现实性是演讲的本质特征。演讲是为实现某种目的而影响听众行为的社会实践活动。演讲的内容与现实生活紧密相关，它针对现实生活中人们关心和注目的问题，当众发表自己的见解主张，或指出解决涉及人们眼前的、身边的问题的途径，使听众受到教育、启迪，从而振作精神，明辨是非。

2. 鼓动性

鼓动性是演讲的第二特征。演讲是一种形象生动、声情并茂、富有吸引力和感召力的宣传形式。演讲中，演讲者要用真切而深厚的感情去感染人、打动人，引起听众共鸣，因而它比一般的语言形式更富有鼓动性和感染力，它不仅使人知，使人信，使人感动，使人赞同，而且使人行动。

3. 艺术性

艺术性是演讲的又一特征。演讲是一种讲究艺术性的现实活动。演讲的艺术性表现在它的语言、形象、声音都会给人以艺术的美感，这也正是演讲作为一种更高级的语言艺术的魅力所在。同时，演讲的许多环节都需要进行艺术性处理，如演讲有声语言和态势语言处理得当，就能更吸引听众注意，引导演讲走向成功。演讲不单纯是现实口语表达形式，它还综合运用多种艺术样式为自己服务，例如，舞台艺术、雕塑艺术和语言艺术等，把听众的视觉、听觉都调动起来，使之产生兴趣，引发共鸣。

4. 工具性

演讲是一门科学，更是人们交流思想、传递信息、沟通感情和伸张正义的工具。可以说，任何思想、任何知识和任何发明创造，都可以借助演讲这个经济、实用和方便的工具来传播。

（四）演讲要素

演讲者（主体）、听众（客体）和演讲时境是演讲过程中不可缺少的三大要素。离开其中任何一个条件，都构不成演讲活动。了解这三大要

素在演讲过程中的地位和作用,是演讲者获得成功不可缺少的环节。

演讲者是演讲内容和形式的发生者和体现者,是演讲活动的中心和前提,是演讲活动的主人和支配者,也是演讲成败的决定因素。

听众是演讲内容的接受者和演讲效果的反映者。

演讲得以进行的时空情景是演讲者和听众共处的特定气氛中的场合,对演讲活动能否顺利进行乃至成败具有无形的重要作用。

在这三大要素之中,演讲者是首要条件,但在演讲活动中,却存在着相互作用的辩证关系。

二、口才

(一)口才的定义

口才是人们运用口头语言表情达意的才能,是一个人在交谈、演讲和论辩等口语交际中,根据特定的交际目的和任务,切合特定的语境,准确、得体、生动地运用有声语言,并辅之以恰当的态势语表情达意,达到特定交际目的,取得良好的交际效果的口头表达能力。简单地说,口才就是一个人说话的才能。

口才的内涵就是口语表达的内容,没有口语表达,口才就无从谈起;口语表达能力的强弱,就是口才水平高低的体现;锻炼口才、培养口才,就是锻炼口语表达的技巧,培养出众的口语表达能力。

(二)口才的特征

1.综合性

口才是口语表达能力、技巧和知识、智慧相结合而形成的才华和素质,所以综合性是其本质特征。

首先,口才是心理生理的综合;其次,口才是一个人的素质能力的综合;再次,口才是手段方式的综合。

2.平等性

参与交际活动的人在人格和机会上都是平等的,没有尊卑、主次之分。交谈中,每个人都可以根据自己的实际情况阐述自己的立场,表明自己的观点;在相互倾听的基础上,以口头语言为载体,在了解别人观点的同时,使别人了解自己的观点。

因此,在交际活动中,在人格上互相尊重、礼貌待人,在表达过

程中礼让谦和、平等待人,才能保证口才的平等性。

3. 随机性

交际活动中的口头表达与逻辑性、目的性非常明晰的演讲、辩论等活动不同,具有典型的随机性特征。首先,交流的话题是随机的;其次,语言的使用是随机的;再次,交流的人员是随机的、不固定的;最后,表达方式也是随机的。

4. 制约性

在交际活动中,要充分考虑交际活动的环境、交流对象和交谈话题等制约条件。

首先,在交际活动中,表达者要注意自己所处的环境,切不可说不合时宜的话,以免造成误会和尴尬。

其次,在交际活动中,所选的话题具有制约性。涉及个人隐私的话题在社交场合是不能提的。不仅如此,人们还应当根据不同的对象选择不同的话题,并要使自己的话与对方的话题相呼应,否则,就会驴唇不对马嘴,导致交谈失败。

(三)口才的功能

1. 口才决定事业成败

"语言是人类最重要的交际工具"(列宁语)。人类创造了语言,语言是信息,交际过程的语言信息传递,并非有"口"皆能完成;信息准确传递,并达到预期效果,严格地说,是"口才"之功。无数的事例都证明了一个千真万确的真理,那就是:口才对人类来说具有无法估量的巨大作用。

可以用一个比较通俗的比喻:在现代社会里,人离不开口才,犹如鱼儿离不开水。

中国古代有"一言可以兴邦,一言也可误国"之说。还有"一人之辩,重于九鼎之宝;三寸之舌,强于百万之师"(刘勰)之论,这些都道出了口才的举足轻重之功。比如,春秋战国时期,君主崇尚口才,天下学者贤士则趋之若鹜。著名的纵横家苏秦、张仪便是其中的佼佼者。还有蔺相如庭斥秦王、完璧归赵,徒以口舌之劳位在廉颇之右。三国时,诸葛亮舌战群儒,智激周瑜,终使孙权下定决心联合刘备共同抗曹,等等,这些故事,都揭示了"三寸不烂之舌"对鼓动人

心、治国安邦重要之至。

在古希腊、古罗马,人的说话能力备受重视,演说雄辩之风更是相当盛行。许多哲学家同时又是演说家,他们对演说,雄辩与社交的关系都有不少精辟、独到的见解。西方社会这种充分重视人的说话能力、充分重视人的演讲与雄辩能力的良好习惯,一直流传至今。

第二次世界大战之后,西方人曾把"舌头、原子弹、金钱"并列为世界上的"三大威力",近年又把"口才、美元、电脑"称作三大战略武器。在他们那里,"能说会道"是人才必备的素质,从竞选总统到求职应聘,口才往往都是他们不得不在竞争中使用的重要工具。

中国也有许多能言善辩的人。周恩来的口才就蜚声海内外,其应变的机敏,非凡的气魄,柔中有刚的犀利言辞,就连敌手见了也会情不自禁地赞叹起来。美国前总统尼克松说,周恩来在谈话中有四个特点:"精力充沛,准备充分,谈判中显示出高超的技巧,在驳理方面表现得泰然自若。"因此,周恩来的丰功伟绩是和他出类拔萃的口才分不开的。可见,口才的作用,对于一个要在事业上取得成功的人来说,是绝对不容忽视的。

也许大家会觉得,上面说的例子都是外国的、古代的,或是伟人、名人,而我们这些小人物、普通人有没有口才无所谓,真是这样吗? 我们来说一个普通人的例子:

某单位要精减人员,打算从两个司机减到一个司机。两人竞聘,第一个司机说了一堆,怎样开好车、怎样服好务等;第二个司机就说了几句话:"我过去是这样做的,今后还这样做,这就是听得说不得,吃得喝不得,开得使不得。"领导一听,觉得这个司机好啊,第一听得说不得,说明保密性好;第二吃得喝不得,不喝酒就能保证领导的安全;第三开得使不得,说明公私分明。第二个司机说的中心突出、简洁明白,结果被单位聘用了,是口才使他成功了。

可见,小人物也离不开口才。

2. 口才影响人生得失

有口才的人在工作和生活中都会表现出一种优势,给人以有才

华、有能力的印象,口才是实现理想和抱负的一个有利条件。尤其是当今社会,随着中国社会主义市场经济体制的确立与完善,人才与市场的关系越来越密不可分,市场需要人才,人才必须走向市场,这就要求我们必须成为具有全面素质和综合职业技能的劳动者和专门人才,才能适应市场竞争的需要。口才作为我们走向市场和在市场中拼搏的必备素质,日益显现出不可缺少和替代的地位和作用。口才训练作为素质教育和就业前教育内容,已被列为各级各类学校学生的必修课。

美国人类行为社会科学研究者汤姆士指出:"说话的能力是成名的捷径,它能使人声名显赫,卓然不群。能言善辩的人,往往受人尊敬,受人爱戴,得人拥护。它使一个人的才学充分拓展,熠熠生辉,事半功倍,业绩卓著。"因此,口才既可以博得人们的好感,化解生活中的矛盾,还可以成就一个人的人生和未来。

有人说,语言的能力能征服世界上最复杂的东西——人的心灵;又有人说,是人才未必有口才,凡有口才者必定是人才。这都说明:说话、演讲能力已成为现代人必须具有的重要能力,更是创造型、开拓型人才的必备素质。因此,我们应利用人生的黄金时间,一方面学好科学知识,另一方面要有意识地进行演讲与口才的训练,掌握语言技巧,让口才给你带来好运气,使你走上成功路,去实现人生的价值,创造更多的财富。

三、演讲与口才的关系

"演讲与口才",一个"与"字表明了两者是并列关系,而非从属关系,所以,既不能将二者混为一谈,又不能舍一端而取另一端,只偏重演讲,而对口才避而不谈。演讲不等于口才,但演讲又与口才有着密切的联系,这里有必要弄清二者的关系。

(一)演讲与口才的区别

首先,本质不同。演讲是语言交际活动;口才则是口语表达的才能。

其次,构成要素不同。演讲由演讲者(主体)、听众(客体)、演讲时境三要素构成;口才则由语言要素和非语言要素构成,具体地讲,

包括高超的口语表达能力、渊博的知识、出众的智慧、敏捷的思维、清晰的思路、机警的反应和良好的心理素质等。

再次,过程不同。演讲的过程是演讲者说、听众听的过程,基本上是独白式;施展口才的过程往往是对话式的。演讲必须在特定的时间和地点进行;施展口才则可以在任何时间和地点进行。

最后,作用不同。演讲的作用在于宣传鼓动。口才的作用表现在两个方面:一方面,人们借助口才表现自我;另一方面,口才全面地反映一个人的德、才、学、识,成为衡量现代人智能高低的重要尺度。

(二)演讲与口才的联系

1.演讲是锻炼口才的重要途径

首先,演讲能增强人们的自信心,克服当众说话的紧张感和恐惧感。经常进行演讲练习,能使口语表达自然流畅。

其次,演讲能提高选词造句、组段成篇的能力,使口语表达精炼、生动、逻辑性强。要想成功地进行演讲,就必须用生动的事例、精练的语言、严密的逻辑来感染听众。经常进行演讲训练,可以养成一种正确运用语言的习惯,积累丰富的知识。当把这些能力和知识运用到其他口语表达场合时也一样能得心应手,从而提高口头语言的表现力。

2.口才是作好演讲的重要保证

首先,口才是演讲的前提条件,演讲依赖于口才。很难想象,一个笨嘴拙舌的人会成为一个演讲天才。所以,良好的口才是顺利进行演讲的先决条件。

其次,口才是提高演讲效果的重要因素。吐词清晰准确,能使演讲者清楚地表达演讲的内容;语音清晰洪亮,能使听众听得明明白白;声音圆润,旋律优美,能让听演讲成为一种享受;情节起伏跌宕,节奏快慢适中,停顿变化把握得好,能使演讲出神入化,如果说这是演讲的最高境界,那么这种境界必须依靠口才来实现。

第二节 口才施展的基础

一、好口才应具备的素养

人人都想具备口才,我们学习演讲与口才,也就是想通过学习来掌握一定的口语表达技巧和表演方法,使自己成为能说会道的人,提高自己的交际能力。那么,是不是练好嘴上的功夫,就算获得了成功呢? 绝对不是,正如宋代诗人陆游所说:"汝果欲学诗,工夫在诗外。"要想学写诗,首先要"务重其身而养其气"。学说话,练口才也是这样,如果离开了自身的修养,即使善讲了,也不过是言之无物地耍嘴皮子,毫无意义。所以,要想掌握说话艺术,当个成功的交际者,就必须先练好自己的内功,即必须具备良好的道德素养、知识素养和艺术素养。

(一)道德素养

法国启蒙思想家狄德罗说过:"真理和美德是艺术的两个密友。你要当作家,当批评家吗? 请首先做一个有德行的人。"

首先,说话可以表露说话者的道德观念,思想品质,即"言为心声",所以,只有具备了高尚的道德素养,你才能成为真善美的代言人,而绝不是假恶丑的传播者,才能成为一个正直的演说家。

其次,高尚的道德人格,是说话者给人以道德启示和精神力量的前提和保证。也就是说,只有品行端正的人说话才会受到别人的尊重和信赖,他所宣传的伦理道德才会直接影响别人,被人们所接受。

再次,思想品质直接决定着说话者谈论问题的方法、角度和水准,也影响着说话者的风格、姿态、神情。思想品质高的人,总是坚强、勇敢、执着地追求生活的目标,富有成效地学习、工作,并有效地从事说话活动。

总之,要想成为一名优秀的演讲家,就必须具有高尚的道德品质和情操。因此,我们必须加强自己的道德和情操的修养。要言行如一,表里如一,严以责己,宽以待人。这样,我们才能获得别人的

信任、同情、合作和动力。

(二)知识素养

知识能使话语产生魅力，为演讲增色添彩。丰厚的知识底蕴，是说话者受听众欢迎的重要条件。高水平的演讲是建立在博学多知的基础上的。只有学识丰富才能厚积薄发，只有视野开阔才能左右逢源。

古今中外的演讲家和具有优秀口才的人无一不是学识渊博的人。从德谟斯梯尼到林肯、孙中山，从马克思、恩格斯到列宁、斯大林、毛泽东、周恩来，从鲁迅到闻一多，他们都是一些大学问家。要想给别人一杯水，自己就应有一桶水。演讲家之所以能在演讲中旁征博引，妙语惊人，开启人们的心扉；极具口才的人之所以能把生动、具体的事例恰当地组织到各种谈话中去，出口成章，言之成理，使人感到内容丰富、新颖有趣、百听不厌，其根本原因就在于他们博览群书，知识宏富。

丰富的社会经验和生活经历，基本的社会科学和自然科学知识，传统文化中的精华，等等，都是说话中不可缺少的辅助材料。乡土人情、风俗习惯、历史典故和逸闻趣事都可能成为思路流程中精彩的浪花。信手拈来，皆成妙趣，使言谈产生情理交融，深入浅出的神奇魅力。如果没有对社会基础知识的掌握，便难以对丰富多彩的世界有深刻的认识，说出的话也会变得单调、枯燥、呆板。

现代社会，人们接受的信息量既多且快，无论是自然科学，还是社会科学，从理论到实践，从计划到实施的时间已经缩得非常短暂。同时，现代社会的知识正处于爆炸时代，每隔7—10年，世界知识的总量就会翻一番，美国作者托夫勒在其《未来的冲击》一书中说："我们的社会环境里，知识就是变化。"因此，只有不断地学习，不断地补充新知识，思想才能博大精深，讲话才能内容充实，见解新颖。很难想象，一个没有掌握社会基础知识的孤陋寡闻、学识浅薄的人，他的演讲能启迪和教育听众。

(三)艺术素养

演讲是一种带有一定艺术色彩的社会实践活动，一方面演讲者要借助某些艺术手段，另一方面演讲本身也具有一定的艺术色彩。

演讲的结构有自身的模式,无论是开头、主体、结尾,还是节奏的安排都必须讲究艺术性,适合声情并茂的表达需要。在演讲中,演讲者在以有声语言来"说"的同时,还要运用一定的无声语言来"表演",形成一种整体美感效应。这种美感是以仪表、手势、动作、眼神、表情及风度的综合运用来展示的。虽然演讲中的态势语言借助了表演艺术中的某些表达方法,但更多的态势语言却是演讲自身所独有的。它们虽然不像戏剧中的动作那样夸张,但也绝不是生活中的一般动作可以代替的,它是经过了一定的艺术加工后的态势语言,具有自身的艺术性。所以,演讲者缺乏艺术素养,不能对演讲进行独具匠心的艺术运筹,演讲就很难获得成功。

二、口才应具备的能力

人们常说:"一言既出,驷马难追。"这说明说话比写作还难,写作可慢慢思考、斟酌,还可修改,说话则没有这样的条件,因此,好口才更难得。

好口才应具备思维能力、修辞能力、写作能力、表达能力、表演能力、交际能力、记忆能力和应变能力。

(一)思维能力

思维是一种分析、判断、推理的认识过程。思维能力强表现在说话时思路清晰,概括能力强,逻辑推理严密。思维能力是口才施展的根本,思维能力的强与弱与口才的好与差成正比。语言的模糊源于思维的模糊。当然,并不排除有的人思维能力强,而口才却不能让人恭维。但是,若没有较强的思维能力,就根本谈不上有口才,更说不上是好口才。因此,在口才训练中我们还应该重视思维能力的强化。

(二)表达能力

表达能力是指将内部语言迅速转化为外部语言的能力。内部语言指的是思想、思维,外部语言就是说出来的话。表达和思维是密切联系的,一个人组织语言的速度跟得上说话的速度,便具有较强的口语表达能力。具体地说,表达能力就是按照思维所设定的内容,迅速组合语言,使其符合条理性、得体性要求的一种能力。这种能力通过多说、多练就能提高。

(三)修辞能力

修辞能力是指说话时能正确、恰当地选择词语,善于运用修辞方法的能力。语言离不开修辞。修辞是美化语言的妙方。思想的苍白无力会导致语言的苍白无力;反过来,语言的苍白无力,往往使思想显得苍白无力。如不善于修辞,不能很好地驾驭语言,无论多么深刻的思想,表达出来也会索然无味。善于修辞,把抽象的事物具体化,深奥的道理浅显化,就能绘声绘色地表达出自己的思想,达到启发、影响听众的目的。

(四)表演能力

表演能力指说话者对自己吐字发声的技巧、眼神、表情、手势和姿态等手段的综合运用能力。善用表演能力能使演讲收到意想不到的效果,因为人们在听一个人讲话的内容时,也在看这个人的动作姿态。如果这些动作、姿态与谈话内容和谐一致,且表现得生动得体,听者会留下深刻的印象。

据美国心理学家统计:100% 口语表达效果 = 8% 的内容 + 37% 的语调 + 55% 的表情。例如:

在一次世界艺术家的聚会上,晚餐过后,一对意大利夫妇应邀为在场的艺术家们用意大利语演唱了一段歌剧。歌者优雅动人,歌声婉转动听,一曲终了,所有人都深深沉浸在乐曲的优美旋律之中。许久,方有人问起二人所唱的曲目为哪部歌剧,夫妻笑言是当晚用餐的菜单。简单的菜单之所以声情并茂,令人回味无穷,就是因为演唱者自然优雅,并巧妙地将优美的曲调融入进去,用富有感情的表演使得无生命的菜单焕发出富有生命的感染力。

因此,口语活动中要注意通过美好的形象和语音、语调增强语言的表现效果。具体可以通过对态势语和语言表达的训练得以加强。

(五)交际能力

卡耐基说:"一个人的成功,只有百分之十五是靠他的专业技术,而百分之八十五则要靠人际关系和他的做人处世能力。"

交际能力是指人在人际交往中，对语境、对象的分析能力和适应能力。口语交际是交际双方在同一时空中进行的，说话者不但要考虑如何表达，更要考虑听者如何接受，考虑听者此时此地的瞬间心理和情绪。交际能力强的人，常常要分析自己的交际对象，分析周围的一切，无论何种情况下，都要做到礼貌、委婉、得体和有分寸。交际是否成功就取决于自己语言运用过程中事先对人际关系的把握。同样办一件事，在同等条件下，甲能办成，乙办不成，很大程度就决定于交际能力的运用。

（六）应变能力

在话语交际中，有人突然向你发问，或突然出现一件预想之外的事情，非你表态不可，或你以某种身份出席某个集会，别人要求你讲几句等诸如此类的情况，都需要有语言应变能力。所谓语言应变能力就是说话者针对具体交流情景中出现的各种因素，灵活、恰当和迅速地调整谈话内容，以快速反应来处理语言交流中出现的各种意外情况。

有效地运用语言应变能力，对于言谈中各种各样的意外情况，可以"化险为夷"，使自己免于尴尬的处境。

有很多故事，对我们理解应变能力很有启发。例如：

被称为"台湾文坛第一狂人，斗士"的著名作家李敖，是一位极富传奇色彩的人物。他深究典籍，学富五车；他博览群书，才高八斗。一般人只知道李敖是写文章的高手，却不知他的口才比文章更动人。他在《李敖回忆录》中说："事实上，我是极会讲话的，谈吐幽默，反应迅速，头脑灵活，片言可以解纷，当然也可以兴风作浪。"事实也确是如此。

一次，李敖演讲后进入例行的"答听众问"程序。面对听众的不断提问，李敖是有问必答，且答之则妙。突然，其中一张纸条跳入眼帘，上面赫然写着"王八蛋"三字而再无其他。于此悄然"溜"之，哪是李敖所为？缄口不言，何以服众？反唇相骂，岂不有损名头？好一个李敖，他不惊不诧，不怒不怨，不慌不忙，而是高高举起纸条面向听众并将纸条内容如实告诉大家，然后笑着说："别人都问了问题，没有签名，而这位听众只签了名，忘了问问题。"话音刚落，大厅

里便一片掌声、笑声。人们对李敖这以"辱人"对"辱人"且又"辱人"于"无骂"之中的应对技巧而高声叫好。

再看《巩俐妙答记者》：

巩俐在扮演电影《红高粱》的女主角一炮打响以后，引起了世人的注意。当《红高粱》在香港第一次放映时，有位香港记者问巩俐："你对自己的相貌如何评价？"

巩俐灵机一动，指着自己的小虎牙笑着说："我觉得我的牙齿很漂亮，因为它整齐而与众不同。"

记者要巩俐自己评价自己的相貌，巩俐感到左右为难：说自己丑吧，显然是往泥潭里跳，而且也与事实不符；说自己漂亮吧，显然又会被认为是自我吹嘘，孤芳自赏。为了摆脱这种尴尬，巩俐就岔开话题，将"评价自己相貌的美丑"换成了一个与之相近的话题："评价自己牙齿的美丑"。"牙齿美丑"与"相貌美丑"是有一定联系的，但其所指范围比"相貌美丑"的所指范围缩小了很多。这样一来，巩俐既肯定了自己的美丽，又避免了别人对自己的负面评价。

（七）记忆能力

记忆能力是指一个人记住事物的形象或事情经过的能力。如记忆力不强，大脑中不能储存东西，说话会勉勉强强，丢三落四；讲演时经常忘词，多处停顿，就会失去应有的光彩。因此，说话离不开记忆力，有了较强的记忆能力，说话才能思维敏捷，文思如涌。

少数人生来就有过目不忘的本领，绝大多数人的记忆能力是通过训练获得和提高的，只要我们每天抽出点时间，有意识地记些东西，长期坚持，定会有所收益。

（八）写作能力

演讲、做报告和教学等都离不开写作文稿，只有文稿写得"精"，口语表达才能"妙"。"精"是指文才，写作要重点明确，中心突出，观点鲜明，材料新颖，有缜密的逻辑推理；"妙"指以文才助口才，文稿要适合说话者的"口味"，适合听众的"口味"，口语表达才能以情动

人,以理服人,以诚感人。在说话艺术中,如写作能力差,口语表达就不能发挥正常的水平,甚至会使人产生误解。

第三节 提高口才的基本途径和方法

一、苦练出口才

西方有一句格言:"诗人是先天的,演说家是后天的。"就是说演讲的才能不是天生的,而是来自于后天的苦练。许多以会讲话出名的人物,都是在有意的锻炼中成长起来的。其中有些人本来还有口吃等生理缺陷,但在锻炼中克服了。例如:

美国第十六任总统林肯,是闻名于世的大演讲家。他的《葛提斯堡演说》已铸成金文,至今存放在牛津大学,被作为英文演说的典范。他的多次法庭辩护演讲,几度轰动全国。同许多演讲家一样,他的演讲才能是苦练获得的。他年轻时,经常"徒步三十英里,到一个法院里去听律师们的辩护词,看他们如何辩论、如何做手势。他一边倾听那些政治演说家的声若洪钟、慷慨激昂的演说,一边模仿他们。他听了那些云游四方的福音传教士挥舞手臂,声震长空的布道,回来后也学他们的样子"(《林肯传》)。为了练就口才,提高演讲水平"他曾对着树、树桩、成行玉米演讲过多次"。

古希腊卓越的演讲家德谟斯梯尼,年轻时有发音不清、口吃、说话气短和爱耸肩的毛病。他最初演讲时很不成功,以致被观众哄下台。然而,失败、嘲笑与打击,没有使他气馁。他一方面刻苦读书,虚心请教朗读方法,学习用最简洁的语言表达丰富的思想;另一方面,他又向著名的演讲员请教。为了练嗓音,他把小石子含在嘴里朗诵,迎着呼啸的大风说话,用以矫正口吃;为了克服气短的毛病,他故意一面攀登陡峭的山坡,一面不停地吟诗;为了克服耸肩的毛病,每次练习时他在上方挂两柄剑,剑尖正对着自己的双肩,迫使自己随时注意改掉不必要的动作。为了自己能安心地在家里练习演

讲,不外出游走,他剃了阴阳头。还在家里安装了一面大镜子,经常对着镜子练习,以克服表演上的毛病。后来,他终于成为一名闻名于世的演讲家。

日本前首相田中角荣,数百次对着镜子纠正发音时的嘴形和舌根部位;不放过一切机会锻炼自己的口才,终于克服了自己口吃的缺陷。

萧楚女是毛泽东表扬过的一位很有才华的演说家。在重庆国立第二女子师范教书时,除了认真备课外,每天天刚亮就到学校后山僻静之处,把镜子挂在树上,然后对着镜子练习演讲,观察自己的动作和表情。经过刻苦训练,终于掌握了高超的演讲艺术。他的演讲很受听众的欢迎,并为后世所推崇。

这些事例都说明,口才不是先天就有的,主要是靠后天练出来的。所以,当你为演讲家那滔滔不绝的演讲所折服时,你就应该想到他们在台下所付出的心血和汗水,就应坚信,只要你付出了和他们同样多的心血和汗水,你也会戴上演讲家的桂冠。

演讲作为一种能力,长期不用也会退化。老一辈革命家王若飞在狱中,单独被关三年。由于长期不使用口头语言,出狱时,说话很吃力,经常言不及义。可见,口才需要不断训练才能不断提高,否则会停止不前,甚至退化。那么怎么练,通过什么途径,才能提高说话能力?

二、练习方法

孙中山先生很会演说,他善用演说于革命,推翻清王朝。当时有人开玩笑称他为"孙大炮",即他的鼓动之词犹如密集的炮火,具有慑人的威力。他自述练习演说的法。一练姿势。……予少时研究演说,对镜练习,到无缺点为止。二练语气。"演说如作文然,以气为主,气贯则言之长短、声之高下皆宜。说到重要处,掷地做金石声"。根据孙中山先生的经验,以及上述一些著名演讲家的经验,我们可以采用以下几种方法练习。

（一）单项练习

演讲活动是一个综合活动，它包括许多内容和基本功，开始练习时不可能一下子都符合要求并做到协调一致。这就如同练拳术一样，要一节一节地学，练熟了，再练下一节。孙中山、德谟斯梯尼和林肯，都很注重单项练习的方法。如练习姿势、语气、发音和手势等。这种方法可以集中精力，抓住重点，各个突破，这样收获大，见效快。

（二）综合练习

单项练习便于纯熟地掌握每一项基本功，但这不是最终目的。最终目的在于使已经掌握的每一项基本功能综合地运用于一个演讲中，配合默契，协调一致，共同完成演讲任务。所以，就需要进行综合练习。比如，我们在讲一句话的时候，根据思想感情的需要，我们的声音应该有相应的变化；同时，身体的姿势、手势、面部表情和眼神等应该和它协调一致。只有这样反复、综合地练习，才能使演讲完美起来。

（三）个人练习

这种练习法比较方便，不受拘束，不受一些条件限制，只要自己有空闲时间，随时都可以练习。

（四）当众练习

当众练习可分为两步。第一步，在个人练习已达到一定程度时，可请自家人或同学，乃至有经验的演讲家，讲给他们听，让他们提意见，以便改正缺点，渐臻完美。第二步，在演讲基本熟练后，必须拿出勇气，到大庭广众中去练习演讲。这种实践，最易发现优缺点。讲完后，征求一下意见，认真总结，精心研究，发扬成绩，克服缺点。久而久之，演讲水平定会得到提高。

总之，练演讲应有一种"不到长城非好汉"的精神，应坚持不懈，苦练到底，要知难而进，义无反顾。有些人面子浅，怕笑话，就先练脸皮。演讲是一种性格和意志的磨炼，要有不怕失败、不怕嘲笑、不怕讽刺打击的顽强精神，任凭风浪起，搏击奋然行。高超的演讲才能，永远属于那些认真、刻苦、持之以恒，勤奋学习而又善于学习的人。我们一定要重视演讲能力的提高，因为演讲能力是一个人思

想、道德和学识等素质的综合体现,提高演讲水平,必将带动人的综合素质的提高。

三、克服怯场心理

某些人当遇到陌生人,或者一想到自己要在大庭广众之下讲话,便会出现心率加快、血压升高、汗腺分泌、口干舌燥、喉头发紧、声音打战、四肢僵硬、肌肉抽搐和头晕目眩等生理反应,这些不自然的神态举止,便是怯场。

怯场是一种常见的心理表现,并不是某个人的特殊现象。许多极具口才的著名人士在演讲时也不能幸免。例如:

罗马演说家西塞罗第一次演讲时,"脸色苍白、四肢和心灵都在颤抖";印度总理拉·甘地在演讲时"不是在讲话,而是在尖叫";美国著名作家马克·吐温演讲时"嘴里仿佛塞满了棉花,脉搏快得像赛跑的运动员"。

美国前总统格兰特说自己在演说前曾经"好像得了脊髓病,上台后两腿发软,双手颤抖,舌头也不听使唤,念稿子都念不成句"。

英国前首相丘吉尔,曾在一次议会上发表演说,刚讲到一半,忽然忘了下文,怎么也想不起来,憋得面红耳赤,只好中断演说,尴尬地回到自己的座位上。

英国戏剧大师、批评家和社会活动家萧伯纳,年轻时胆子小,就是敲人家的门,常常得先徘徊20分钟或更多的时间,更不用说演讲了。

撒切尔夫人也承认:"我不知道哪位大臣不紧张。我任首相7年半了,每当我起身发表重要讲话,我就紧张,每当我走进下院,我也感到紧张。"英国另一位首相狄斯端里也曾说过,他宁愿率领一队骑兵去冲锋,而不愿在下议院讲一次话。

李燕杰在部队时,每当开小组会发言,心里就发毛。进入大学,仍把当众说话视为最头痛的事。

曲啸曾感慨地说:"哪来的天才呀!我小时候性格内向,说话还口吃,越着急越结巴。有时候涨得满脸通红也说不出话来。"

以上这么多以"会讲话"而出名的人物,尚且经历过讲不好、不会讲或害怕说的窘境,更何况我们这些凡夫俗子呢?多年前,美国的研究人员曾在3 000多人中做了一个调查,题目是:你最担心的是什么?约有40%的人认为,最令人担心也最令人痛苦的事,是在大庭广众之下讲话。美国在一次随机抽样的问卷调查中,2 000名答卷人都把公开演讲看得比死亡更为可怕。由此可见,怯场是一种普遍现象,它只是人们一心想把事情干得十全十美而产生的担心失败的心理,没有感情的麻木的人才会无动于衷、不怯场呢!但是要讲好话,首先必须克服怯场,消除过分的紧张和慌乱。

(一)说话者应有充分的自信

相信自己,就是自信。事业有成的人,都非常自信。居里夫人说:"我们应该有信心,特别是要有自信心。我们必须相信,我们的天赋是用来做某种事情的,无论什么代价,这种事情必须做到。"巴甫洛夫说:"如果我坚持什么,就是用大炮也不能把我打倒。"李白说:"天生我材必有用。"都体现出他们的自信。

人们有时说不好话,并不是他所说的内容不好,而是缺乏对自己能够说好话的信心。恐惧和不能正确认识自己,是自信心的天敌,是说好话的最大障碍。

自信心对于人的心理有重要的影响。一位心理学家曾做过这样的试验:当一位胆怯又不具有自信心的女孩子,在被人有意识地充分肯定,赞扬了一段时间后,其自信心大为增强,言谈举止与从前判若两人。

心理学上著名的"罗森塔尔效应"说的也是这个道理。

于丹教授在《〈论语〉……心得》中提到一个故事,也说明了这一点。

在某小镇上有一个非常穷困的女孩子,她失去了父亲,跟妈妈相依为命,靠做手工维持生活。她非常自卑,因为从来没穿戴过漂亮的衣服和首饰。在这样极为贫寒的生活中,她长到了18岁。

在她18岁那年的圣诞节,妈妈破天荒地给了她20美元,让她用这个钱给自己买一份圣诞礼物。

　　她大喜过望，但是没有勇气从大路走过。她捏着这点钱，绕开人群，贴着墙角朝商店走。一路上她看到所有人的生活都比自己好，心中不无遗憾地想，我是这个小镇上最抬不起头来、最寒碜的女孩子。看到自己特别心仪的小伙子，她又酸溜溜地想，今天晚上盛大的舞会上，不知道谁会成为他的舞伴呢？她就这样一路嘀咕着躲着人群来到了商店。一进门，她感觉自己的眼睛都被刺痛了，她看到柜台上摆着一批特别漂亮的缎子做的头花、发饰。

　　正当她站在那里发呆的时候，售货员对她说，小姑娘，你亚麻色的头发真漂亮！如果配上一朵淡绿色的头花，肯定美极了。她看到价签上写着16美元，就说我买不起，还是不试了。但这个时候售货员已经把头花戴在了她的头上。售货员拿起镜子让她看看自己。当这个小姑娘看到镜子里的自己时，突然惊呆了，她从来没看到过自己这个样子，她觉得这朵头花使她变得像天使一样容光焕发！她不再迟疑，掏出钱来买下了这朵头花。她的内心无比陶醉、无比激动，接过售货员找的四美元后，转身就往外跑，结果撞了刚刚进门的老绅士一下。她仿佛听到那个老人叫她，但已经顾不上这些，就一路往前跑。她不知不觉就跑到了小镇最中间的大路上，她看到所有人投给她的都是惊讶的目光，她听到人们在议论说，没想到这个镇子上还有如此漂亮的女孩子，她是谁家的孩子呢？她又一次遇到了自己暗暗喜欢的那个男孩，那个男孩竟然叫住她说：不知今天晚上我能不能荣幸地请你做我圣诞舞会的舞伴，这个女孩子简直心花怒放！她想我索性就奢侈一回，用剩下的这4块钱再给自己买点东西吧。于是她又一路飘飘然地回到了小店。刚一进门，那个老绅士就微笑着对她说，孩子，我就知道你会回来的，你刚才撞到我的时候，这个头花也掉下来了，我一直在等着你来取。

　　这个故事结束了。真的是一朵头花弥补了这个女孩生命中的缺憾吗？其实，弥补缺憾的是她自信心的回归。而一个人的自信心来自哪里？它来自内心的淡定与坦然。

　　自信绝不是自夸，自信只能建立在充分准备的基础上，一方面要进行知识的积累，说话时，以大脑储备的知识为基础；另一方面要

加强对自信心培养的平时训练。卡耐基认为:"发展自信的办法,就是做你怕做的事,而得到一个成功的记录。"

下面介绍 10 种加强自信心平时训练的方法:

(1)养成昂首大步的习惯,径直地迎着别人走去。

(2)训练自己盯住对方的鼻梁,让他感到你正在注视他的眼睛。

(3)养成微笑的习惯。

(4)尽量与人交谈。学会沉默,然后在适当的时候,用一种从容不迫的坚定的语调表述自己的观点。

(5)习惯于用幽默来处理反对意见。

(6)习惯于用毫不含糊的语调说"不"。

(7)习惯于高声谈话的人可有意识压低音量,而习惯于低声的则相反。

(8)经常练习大声唱歌,大声念"绕口令"。

(9)黑夜里,在空旷无人的原野里练习说话。

(10)设法接触比自己强的人,分析他的优点也分析他的弱点,增强自信心。

(二)说话者承认自己胆怯

先看一个真实的故事。

曾创美国人寿保险金额最高纪录的外务员贝德加先生,在回忆录里写道:"自己胆怯,自己立即承认,这是我战胜胆怯的不二法门。"有一次,为了争取一项巨额保险契约,他必须拜访当时的汽车大王费兹先生。当他走进费兹先生豪华的大办公室时,竟怯场了,两手发抖、牙齿上下打哆嗦、身子也颤动不已。费兹先生以为他病了,亲切地向他问候。贝德加鼓起勇气说:"费兹先生,我因为……因为一直都想来拜望您,好不容易……今天遂了愿,却没想到我见到您,就害怕起来了!"结结巴巴地总算把话说完。就在这当口,奇迹出现了,畏惧紧张的感觉一扫而空,眼前的费兹先生成了个实体,桌子上的烟灰缸也不再是重叠的轮廓了。他镇定地落座,滔滔不绝地道出了早已准备好的说辞,最终,赢得了巨额的保险契约。

贝德加先生的经验说明：自己客观地承认了自己的胆怯，也就能站在明智的立场上评价自己、冷静自己，进而拯救自己。

(三)把听众作为要好的朋友

不论是谁，与亲密的朋友说话都不会怯场；初次见面，一想到不了解这个人，就会拘束。因此，说话时，不要把听者当"听者"，可视做"亲友"。这样，紧张心理、恐惧心理就会消除，镇定自若的心理就可能取而代之。

(四)头脑中要有一幅成功的图景

怯场往往由失败的教训引起。一想起过去失败的情景，背上包袱，身体能源和精神能源便告冻结，战战兢兢，如履薄冰，话怎么说得出来呢？因此，消除怯场的秘诀，就是把向后看改为向前看，把想黑暗面改为想光明面，从失败心理转变为成功心理。用这种心情说话，就可旁无他顾，怯场自然消除。

(五)保持适中的动机强度

心理学家通过猴子取香蕉的实验得出结论，人不管干什么，动机不足，懒洋洋的什么都无所谓，就不可能取得成功；相反，动机过强，欲速则不达，也不可能取得成功；只有认清意义，有希望和信心，并对困难作适当估量，使动机在适中水平，才最为有利。说话也是这样，随便聊聊或凑热闹，无甚成功可言；越想自我标榜，越无成功可言，只有既认真又实事求是，才能从容自若。

(六)认真克服抑郁气质

抑郁气质、内向性格和恐惧情绪是怯场心理的"三姐妹"，一朝克服，怯场也就雾消云散。

(七)紧张情绪的调节方法

调节紧张情绪有许多具体方法，可根据场合、时间的不同来选用。

1.调节想象法

想象或回忆美好的经历，使自己保持身心愉快，消除焦虑情绪。假如，你喜欢洗热水澡，就可以想象一下自己泡在浴缸里的那种惬意的感觉，心情自然会平静下来。

2.临场熟悉法

提前到场熟悉一下环境，或走上讲台，环视大厅，观察一下讲台

摆设,也可以到听众中去进行交谈,了解听众的需要、特点。

3. 饮料摄入法

讲话前或讲话中,喝些适量的饮料,如咖啡、糖水、茶等,这样不仅能消除因紧张而带来的咽喉不适,还能产生暂时的精力旺盛和舒适的感觉,缓解因疲惫而造成的厌倦、沮丧和焦虑等。

4. 自我暗示法

利用内部语言进行自我安慰和鼓励。如,"讲得好坏没关系,只要我讲完就是胜利",或者大声对自己说,"我今天一定会成功!""我能行。"有时甚至可以暂时藐视在座的听众:"没有什么了不起,不过是些萝卜白菜,领导算什么,顶多再加两个土豆。"相反,面对听众,如果心里在说:"我肯定不行。""我不会成功。""我可能会忘词儿。""我讲不好,听众笑话自己怎么办?""刚才那个人比我讲得好",等等,这样的话,就一定会思路分散,手足无措,心情慌乱,也就没法讲好了。

5. 活动转移法

有意识地观察某一事物,或与人交谈不相干的话题,或散散步,活动一下,做一下深呼吸,等等,都能调节紧张情绪。

(八)掌握转移注意力的方法

说话时过分紧张,一个重要原因是由于听众目不转睛地一直注视着你而造成的,为此,就要想办法阻止听众眼光的直视,最常用的是目标转移法。例如,你第一次上课,很紧张,你可以这样开始:"同学们,我叫……现在我们来学习一门新课,请大家打开书看第一章……"此时,学生齐刷刷盯着你的目光就会一下子转移到课本上。这时,你已经做完了两件事:一是巧妙地消除了自己的紧张情绪;二是让学生进入了你授课的主题。

一旦你顺利地克服了开始的不安,沉浸在滔滔不绝的说话中,当听众重新注视你的时候,你已对所说的内容、方式驾轻就熟了,并能持续地保持镇静,很难再出现惊慌之色了。

四、掌握正确的说话原则

说话总是要在具体环境中进行的,作为说话者不可避免地要受

到所在环境中各种条件的制约和影响。因此,口才的施展必须遵循反映说话规律的基本原则。

(一)看对象说话

说话要因人而异,区别对待。因为不同的人对同样一句话会产生不同的反应,甚至会有截然相反的理解。同别人交谈时,要站在别人的立场上想问题,即注意和研究交谈对象,这有助于使交谈取得良好的效果。要做到这一点,应注意考虑以下状况。

1. 语言习惯

中国幅员辽阔,人口众多,方言习俗各异。在重视推广普通话的前提下,还要注意各地的语言习惯。与不同口音的人交谈,照顾对方的语言习惯,会使对方觉得亲切,这样能谈得拢,谈得通。否则,就容易碰钉子。

2. 性别特征

与性别不同的人讲话,应选择不同的方式。对体胖的女子,你若说她又矮又胖,她一定会非常反感,并记恨你。如果对同样体型的男子,说他是矮胖子,他可能毫不介意,一笑了之。因此,一般来说,女子注重别人对其外观的评价,忌讳说影响自己外貌美观的话,男子则更注重对其品德的评价。

3. 年龄特征

不同年龄的人有着不同的人生体验,他们对说话的反应和要求也就不一样,应区别对待。比如,你想打听对方年龄,对年龄不同的对象要采取不同的问法。小孩可直接问"你几岁了";对年龄相近的异性青年,则不宜直接问,以免引起不必要的猜测,可问得委婉一些:"你好像没有我大?"对中年男子,可问得比他的实际年龄大几岁,以满足他渴望得到尊重的心理。对中年女子,万万冒失不得,她正为自己韶颜渐退而苦恼,明明40岁,你却问她"快50了吧",准使她气愤不已,若问"30出头了吧",她一定笑逐颜开。对老人要尊敬地问"您老高寿",则会赢得欢心。

4. 心境特征

心境即人的心理环境,也就是人的情绪好坏。人的心境可能是显露的也可能是隐蔽的,但总是易变的。俗话说:入门休问枯荣事,

观看容颜便得知。有经验的文秘都懂得察看上司的脸色,他高兴的时候,你提的问题再尖锐,他也会接受,并设法解决;如果他心事重重,你最好少谈问题,免得下不来台。

5. 文化状况

文化程度低的人,喜欢直来直去通俗简略的表达;文化程度高的人,说话比较讲究,也比较敏感,爱听委婉的话。因此,与农民特别是文化较低的老年农民或农村妇女交谈,要注意从他们的身边事谈起,力求通俗易懂,深入浅出,使人家听懂、听清、听进去。而与知识分子谈话,所言有一定的理论高度和深度,才能与对方形成在同一层次上的交流。否则,就达不到很好的效果,还会闹出笑话。例如:

有一个秀才,被蝎子蜇了,他对妻子说:"贤妻,迅燃银灯,尔夫为毒虫所袭。"其妻怎么也听不懂,秀才又痛又痒,一着急说:"老婆子,快点灯,我被蝎子蜇了。"其妻才懂。真是故弄玄虚,自讨苦吃。

6. 性格特点

听话人的性格、气质不同,对说话者的要求也不同。脾气暴躁的人喜欢温和婉转的话,胆小怯弱的人讨厌粗鲁强硬的话,性格外向的人喜欢开朗、活泼、直率的话,性格内向的人易接受沉静、稳重、坦诚的话。

在这一点上,孔子就很会区别对待。

孔子的学生子路、冉有、公西华一块去见孔子,当谈话告一段落后,子路问孔子:"听到好的话就去干吗?"

孔子说:"有父亲、哥哥活着,怎么能听了就干起来呢?应该先听听父兄的意见。"冉有也问孔子这个问题,孔子说:"听到就干起来。"

公西华在一旁听着纳闷,不明白老师对同一个问题为什么作两样回答,孔子告诉他:"冉有平时做事退缩,所以我给他壮胆;子路的胆量则有两个人大,勇于作为,所以我要压压他。"

7. 了解对方的欲望

19世纪,维也纳上层社会的妇女中,时兴一种高筒、檐宽的帽子,而且在帽檐装饰有五颜六色的羽翎。女士们一进入剧场,观众就只能看到她们戴的帽子,而看不见戏台,剧场经理只好请求女士们脱下帽子,可谁也不予理睬。这时经理灵机一动,根据女士们爱美、爱年轻的特点,说:"年纪老一点的女士可以照顾不脱帽。"话一出口,女士们竟纷纷脱下帽子。因为她们面临着"美女"和"老妇"的选择。维也纳的妇女,当然谁也不愿意作老妇。

这则轶闻启示我们,说话还要区别听话人的欲望,情感需要。交谈的双方各有欲望,交谈是否能融洽,在于交谈双方的欲望是否协调。人有生理、安全、归属、尊重和自我实现五个层次的需要。如果与正为温饱而发愁的人大谈养鸟养花的经验和跳交谊舞的乐趣,显然不合时宜。因为生理需要还没有解决,人是不会产生更高层次的需要的。如果你告诉他一条致富的门路,定会引起他强烈的兴趣。

(二)看身份说话

弄清听众身份和自己的身份,恰当使用称谓和口吻。

称谓,不管是对人还是对己,都必须切合身份,称谓不当,会引起对方的反感。

中国古代有一则故事:

一个小伙子向一老人问路:"喂,离城还有多远?"

老人说:"500拐杖。"

小伙子很诧异地问:"距离应该论里呀,怎能论拐杖呢?"

老人答:"论理你得喊我大爷!"

可见,对称谓不可掉以轻心。

在不同的场合中,对同一个人的称谓应有所区别,一般在正式场合下用通称,非正式场合下可以随意些。

口吻在说话中的表现:一要使用正确的语气。"您好""谢谢"之

类常用的礼貌用语,如果说的语气不同,含义也会产生差别,就会给人提示尊敬与不尊敬的信息。二要注意用词准确。日常交际中,长辈对晚辈,上级对下级,常使用支配性语言,说话具有指令性;晚辈对长辈,下级对上级,常使用被支配性的语言,以表示尊敬,谦恭。三要使用完整的句式,表达完整的意思,以免造成听者的误解。例如:

英国女王维多利亚,与其丈夫阿尔伯特相亲相爱,感情和谐。有一天,维多利亚忙完公事,深夜回到卧房,见房门紧闭,就敲门。

房内,阿尔伯特问:"谁?"

女王:"我是女王。"(一国之君的身份,属于国家、臣民,不属于家,不属于阿尔伯特)

门没有开。女王再敲门,阿尔伯特又问:"谁?"

女王:"维多利亚。"(是姓氏,适合整个家族,不只属于阿尔伯特,没体现"一家之妇"的身份)

门没有开。女王徘徊半晌,再敲门,阿尔伯特仍是问:"谁?"

女王回答:"你的妻子。"(体现一个家庭成员的身份,属于阿尔伯特)

这时门开了,丈夫双手把她拉了进去。

(三)看场合说话(即地点、情景)

不同的场合,也就是说不同的地点、情景对说话有不同的要求。

1. 庄重场合和一般场合

庄重场合说话要严肃、认真、不矫揉造作,给人以稳重感。否则便不够严肃。一般场合说话可以随意、轻松、给人以融洽感。否则会有小题大做之感,会使人十分紧张。

2. 正式场合和非正式场合

正式场合指从事公务活动的场所,说话应字斟句酌,准确规范;非正式场合指日常交往的休闲娱乐场所,说话应平易、通俗、说大众话。

3. 悲愤场合和喜庆场合

悲愤场合,如丧葬场合、病房等,说话要照顾到场合的低沉气氛,要考虑到避讳,音量也要恰到好处。喜庆场合,一般指节日、婚

宴、联欢会等,说话应多些轻松、明快、诙谐和幽默。

4. 大场合和小场合

大场合人数较多,听众的状况较复杂,说话就要照顾多数听众,要声音洪亮、语调高昂等。小场合人少,甚至只有一个听众,说话就较自由,既可窃窃私语,又可高声谈笑。

5. 适宜多说的场合和不适宜多说的场合

当听众忙,时间紧时,说话就要简明扼要。如果双方有足够的时间,又事先有安排或约定,就可以多说一些或以闲谈方式解决一些问题。

说话一定要注意场合,"到什么山上唱什么歌",否则,就要出问题。例如:

清大臣李鸿章有一次出访美国。他在一家大餐馆宴请美方官员时,按中国人的习惯说了一大通客套话作为开场白:"今天蒙各位光临不胜荣幸。我们略备粗食,聊表寸心。没有什么可口的东西,不成敬意,请多多包涵……"

第二天,这番话被译出后刊登在当地的报纸上,餐馆的老板大为恼火,要求这位中堂大人赔礼道歉。

这里,李鸿章就没掌握好说话的场合。美国人不讲谦虚,要说自己的菜好吃,事实上李鸿章自然是把最好的菜都用上了,美国人只看到"略备粗食"的报道,自然会想到这家大餐馆做菜不好,徒有虚名,这对餐馆老板自然是巨大的损失。

(四)看时间说话(因时而异)

说话要因时而异,在不同的时间之内应说不同的话。主要要考虑以下三种情形。

1. 顺序性时间

时间具有一维性,先后顺序对说话内容有较强的制约作用。一方面说话者要充分体现个性特色,给人留下良好深刻的印象。另一方面,在前面说话的人要把握好自己在听众心中的形象,在后面说话的人要避免与前面的人说话内容和方式上的雷同。

2. 情景时间

说话者要考虑听众的情绪状况及对话语的接纳程度。当听众身体疲劳,精神倦怠,或需要自己的时间多一些时,不宜长时间说话;如听众精神饱满,情绪高昂,有强烈听讲的愿望,就适宜较长时间说话。

3. 特定时间

特定时间有特殊意义,对说话者也有特殊要求。身处紧张、关键的时刻,话语就要简洁、清晰、洪亮、激昂,具有感染性和鼓动性。在重大的历史时刻,说话人被赋予一种庄严的使命,话语会产生深远影响。如 1949 年 10 月 1 日,中华人民共和国成立,毛泽东主席在天安门城楼上的讲话,就具有历史性的意义,不仅标志着中国史册翻开了新的一页,而且震撼了世界,令人永世难忘。又如:

2001 年 7 月 13 日,北京申奥成功,江泽民在首都盛大晚会上祝贺北京申奥成功,只讲了三句话:"我代表党中央、国务院,对北京申奥成功表示热烈的祝贺! 向全国人民为北京申奥所做的贡献表示感谢,向国际奥委会和各国朋友对北京申奥的支持表示感谢! 全国人民将与首都人民一起奋发努力,扎实工作,把 2008 年奥运会办成功,欢迎世界各国朋友 2008 年光临北京,参加奥运会。"

礼节周全,面面俱到,符合身份、场合,且时间把握得非常好。

总之,说话应因人因时因境而异,交谈中不该说的时候,坚决不说;该说的时候,就要抓住时机,毫不犹豫。否则,不该说时乱说,会出现交谈障碍,甚至被人取笑;该说时不说,会错失良机,丢掉了成功的机会。

五、培养良好的心理素质

良好的心理素质是提高口才的重要保证。讲话者如果存在心理障碍,恐惧、羞涩,或自卑、悲观,或妒忌、猜忌,那就一定不能酣畅淋漓地表达思想,不能充满自信地、坦诚地与人交流。所以克服心理障碍、培养良好的心理素质,对于提高口才非常重要。

良好的心理素质表现在三个方面:一是克服自卑感,二是坚强

的自制力,三是克服强烈的表现欲。

(一)克服自卑感

科学研究表明:90%以上的人都为自卑而苦恼。在一个人的成长过程中,自卑感总是不同程度地存在着,而自卑的原因各有不同:或是因为身材、容貌,或是因为地位、阅历,或是因为能力、体力,等等。

在心理学上,自卑感一般指个人由于某些生理缺陷、心理缺陷及其他原因,如智力、记忆力、判断力、气质、性格和技能等欠佳,而产生轻视自己的心理,认为自己在某个方面不如他人。自卑心理容易使人孤独、离群、抑制自信心和荣誉感。当人的某种能力缺陷受到人们的轻视、嘲笑或侮辱时,这种自卑心理便会加强,甚至以畸形的形式如嫉妒、暴怒、自欺欺人等方式表现出来。在演讲者身上,自卑感常常表现为自我贬低、缺乏自信、意志力削弱、孤独痛苦、觉得自己事事不如人、"不是演讲的料"和"讲话肯定会砸锅"等。这种心理障碍是说好话的天敌,必须予以调节和校正。

有自卑感的人只要能正确地认识自己,客观地对待自己的长处和短处,用正确的方法培养自己的自信心,用刻苦的锻炼磨砺自己的能力,自卑感是可以克服的。

调节和克服自卑感的方法主要有:

(1)培养自我意识。自我意识包括自我观察、自我评价、自我体验、自我监督、自我教育和自我控制等。形成自我意识的主要途径有:通过认识他人而认识自己;通过直接的和间接的自我认识,个人对自己心理和身体特征的研究而形成自我意识;通过自我监督和自我教育而形成自我意识等。自我意识的强化不仅有利于增强人的能动意识,也有利于更好地认识自身。

(2)自我强化。通过自己的行为结果来控制自己的行为,其方法是演讲者对自己的行为设定一定的标准,用以与自己的实际行为对照,或感到自我满足,或产生自我批评,它可以强化心理的有利方面,抑制心理的不利方面,有助于演讲者自信心的培养。

(3)自我暗示。演讲者应该不断地在心里提醒自己不要自卑,而要自信:我行! 我并不比别人差! 他行我更行! 即使是处于不利的地位,也要鼓励自己,增强自己的信心。

（4）自我塑造。克服自卑感最好的方法是努力提高自己的素质和能力，"腹有诗书气自华"，人的素质、修养、能力达到了较高水平，战胜自卑才有了最好的资本和条件。

（二）坚强的自制力

自制力就是人们根据需要对自我情绪和情感进行调节控制的能力。自制力不仅是重要的心理能力，也是意志力的表现，其根本作用在于抑制和克服消极心理的影响，调动和发挥积极心理的功能，以保障说话者主动适应各种语言环境，充分发挥自己的潜力，在任何情况下都能获得良好的表达效果。

有自我控制能力的人，宽容大度，求大同存小异，宠辱不惊，表现出应有的忍耐性。在人际关系复杂、语境复杂、瞬息万变的口头交际中，自制是成功者必备的性格特征。面对飞扬跋扈者，需要自制；面对强词夺理者，需要自制；面对挫折、打击需要自制；与人话不投机，也需要自制；说到自己熟悉而又与题旨无关的地方，需要自制；胆小怯场，心乱如麻时，还需要自制；大悲大喜时更需要自制。只有自制，才能表达得体而不失态，才能镇定自若，显得有涵养，有大家风范。

（三）克服强烈的表现欲

欲望是人所共有的心理现象，也是人们的思想行为所共有的内在驱动力。适当的表现欲能激励演讲者的自信心和上进心，成为推动演讲者自强不息的内在动力。但演讲者的表现欲不能过于强烈，不能超出自己的实际能力和公众接受的程度。如果表现欲过于强烈，演讲者就会把演讲活动当成卖弄口才的一种手段。在演讲前会显得跃跃欲试，急于赢得听众的掌声和喝彩声，对自己的期望值过高。在演讲中，常表现为趾高气扬、忘乎所以，为展示自己的口才而滔滔不绝，以此向公众炫耀自己的知识和演讲天赋。演讲结束后，若得到听众认可，他会得意忘形、沾沾自喜，大有"普天之下、舍我其谁"的自豪感；万一听众不认同，掌声稀疏，颇高的期望值和自己的虚荣心得不到满足，随之而来的就是强烈的失落感，甚至会气急败坏、恼羞成怒、悲观丧气、自轻自贱。因此，过分强烈的表现欲也是演讲者需要克服的一种心理障碍。

调节和克服强烈表现欲的途径主要有三条。

（1）端正演讲动机，明确演讲目的。演讲是为了坚持真理、弘扬正气、鼓舞人民，是为了向社会传播真善美，鞭挞假恶丑，不是为了自己的名利和荣辱。演讲者想通过演讲活动获得成功，在公众中树立良好的形象，无可厚非，但这样的动机必须与演讲的社会功能相统一。否则，演讲者的自我表现就不仅是自私的，而且是有害的。

（2）正确看待荣誉和成功。荣誉和成功是自己努力的结果，是对自己辛勤劳动的回报。但获得荣誉和成功要通过正常的途径，应做到水到渠成、瓜熟蒂落，不要急功近利，对荣誉产生奢望和贪婪。如果想通过极度表现自己，甚至大出风头赢得荣誉，其结果会适得其反。

（3）正确看待和评价自己。不要对自己做过高的估计，也不要千方百计地在众人面前表现自己，那样反而会让人瞧不起。

综合训练

1. 什么是演讲？什么是口才？演讲、口才各有哪些特点？演讲与口才有什么关系？

2. 要想有一副好口才，必须具备哪几个方面的素养？

3. 归纳自己在公共场合讲话时怯场的表现，并分析问题产生的原因，寻找克服的办法。

4. 按要求"无语练胆"。

要求：学生轮流昂首阔步走上讲台，然后微笑着目视台下最后一排学生而不讲话，让视线笼罩全场，使每位学生都感到你在关注他；听众微笑着盯住台上同学的面部，时间为2分钟或直到台上学生不感到十分紧张为止。

5. 按要求"随意练口"。

要求：上台学生需注意心中有情，目中无人，随便讲自己最快乐（气愤、难忘）的事，或者大声念"绕口令"，习惯于低声者要有意识提高音量，而习惯于声音洪亮者则相反。

6. 分析下列材料，指出语言失误之处，并分析原因。

（1）美国前总统里根在一次国会开会前，为了试试麦克风是否

好使,张口便说:"先生们请注意,五分钟后,我将对苏联进行轰炸……"在座的人们大惊失色。原来里根总统是在开玩笑。为此,苏联政府提出了强烈抗议。

(2)某人平时爱开玩笑。大家了解他的性格特点,所以即使玩笑开得有些过火也不计较。然而,有一天单位开全体会,他正好有个发言,没想到他在会上竟拿一位在场的同事开起玩笑来,说他如何"妻管严",如何不换袜子,脱下来可以用它做松花蛋,等等。这位同事当场大发雷霆。

(3)严厉的陆战队队长接到消息说他一个下属的父亲去世了。点名时,他不假思索地说:"嗨,阿史,你父亲死了!"阿史晕倒。几天后另一陆战队员姐姐去世,队长立即召集部属。"老钟,"他大喊:"你姐姐昨晚死了!"老钟大哭。

将军知道后便把他招来,吩咐他在部属家有不幸时不要那么鲁莽。过了一星期,队长接到通知,士兵小米的母亲病故。他记起将军的吩咐,便叫部属排好队:"凡是母亲仍健在的人,请向前一步——小米,你别动!"

7.假如你当选为班长,请你为自己设计个性化的就职开场白。

8.有人说工作成绩靠的是实干,与口才没有多大关系,你怎么看待这个问题?

9.思维训练。

(1)你获知有一本新出版的书对你很有用,并极具收藏价值,你希望拥有这本书,那么有哪些方法可使你如愿以偿?(不少于5种方法)

(2)玻璃杯破碎了,你认为可能是什么原因造成的?

(3)在两分钟内列出红砖的所有可能用途。

(4)请用联想思维将"月亮"和"香烟"联系起来。

(5)看到"断发文身"这个词你想到了什么?

(6)圆珠笔是美国一对叫比罗的兄弟1943年发明的,它刚刚问世时大受人们欢迎,因它既省事又便宜。可是后来人们发现当用它写到2 000字左右时,笔芯上的滚珠由于磨损而变小,这样油就漏出来了,针对漏油这一原因,许多国家的圆珠笔厂家,投入了大量的人

力、物力对圆珠耐磨性进行研究,一致认为,使用耐磨材料制造滚珠,可以延长滚珠寿命,但这样一来,圆珠笔的成本就大幅度地提高了,从而使其在市场上缺乏竞争力,许多专家一筹莫展。后来竟被日本一个年轻人轻而易举地提出一个绝妙的方法解决了,你说说他想的是什么方法?

(7)英国一家图书馆准备搬入新址,负责组织计划的人,在考虑如何节省经费问题时,偶尔听到有人在谈话中提到"化整为零",他一下子有了好主意。他想出了什么主意?

(8)教师出示一个字,练习者将该字组成一个词,然后组成一个词组,再将词组造成一个句子,然后展开一段话,最后将这段话扩写成一篇短文。

要求:练习者可以按"字→词→词组→句子→段落→篇章"的发散顺序,写出书面文字然后依次流畅地把联想过程讲出来。

(9)试说出一个人在"失望"和"嫉妒"的情绪下可能会讲出的话。

(10)香港某名牌牙膏公司,牙膏销售情况很好。有一日,公司正在开董事会,研究如何在既保证牙膏的质量,又保证包装质量,又不提高价格的情况下增加销售量,一直没有研究出好办法。这时一个年轻的普通员工敲门进来请求董事长允许他献上两种方法,如可行,请当场奖他10万美元,说完就递给董事长一张小纸条,董事长看后连连点头,令财务当场给这位先生10万美元。你能说出他提出的是什么样独特的方案吗?

(11)阅读下面材料,进行文后发散思维训练。

《青年与门采儿》:一位青年去拜访画家门采儿:"为什么我画一幅画只消一天工夫,可卖掉它却得整整花一年?""请你倒过来试试。要是你花一年工夫画一幅画,兴许一天就能卖掉!"门采儿说。后来果然如此。

如果将此材料作为一个"材料作文"来思考的话,从青年学生方面发散思维,可以有这样几种立意:①要打好基本功;②功夫不负有心人;③欲速则不达;④"厚积"与"薄发";⑤质量决定效益;⑥慢工

出细活;⑦虚心使人进步;⑧学而不思则罔,等等。请你考虑一下,从画家老师方面发散思考可以有几种立意?从师生关系方面发散思考有几种立意?

有声语言

[学习目标]
1. 了解普通话和方言的基本情况
2. 掌握普通话发音方法及方言辨证
3. 掌握有声语言的训练方法

第一节　普通话和方言概况

一、普通话

普通话是以北京语音为标准音，以北方话为基础方言，以典范的现代白话文著作为语法规范的现代汉民族共同语。

普通话是中华人民共和国的官方语言，是新加坡四种官方语言之一，也是联合国六种官方工作语言之一。《中华人民共和国宪法》第 19 条规定："国家推广全国通用的普通话。"《中华人民共和国国家通用语言文字法》确立了普通话的"国家通用语言"的法定地位。

1955 年，在全国文字改革会议和现代汉语规范问题学术会议上，确定普通话的定义为"以北京语音为标准音，以北方话为基础方言，以典范的现代白话文著作为语法规范"的现代中国共同语。这个定义实质上从语音、词汇、语法三个方面提出了普通话的标准。

"以北京语音为标准音"，指的是以北京话的语音系统为标准，

以北京语音为标准。但并不是把北京话一切读法全部照搬,如北京语音中的轻声、儿化,普通话是有条件地吸收的,所以,普通话并不等于北京话,更不是最早的北京地方话。

"以北方话为基础方言",指的是以广大北方话地区普遍通行的说法为准,同时也要从其他方言吸取所需要的词语,对有生命力的古代语词、外来语词也是兼收并蓄的,但不吸收地方色彩太浓的方言词。

"以典范的现代白话文著作为语法规范",这个标准包括四个方面意思:"典范"就是排除不典范的现代白话文著作作为语法规范;"白话文"就是排除文言文;"现代白话文"就是五四时期以来的现代部分白话书面著作,排除五四以前的早期白话文;"著作"就是指普通话的书面形式,它建立在口语基础上,但又不等于一般的口语,而是经过加工、提炼的语言。

二、方言概况

方言是现代汉民族共同语(即普通话)的地域分支,是局部地区的人通用的语言,具有浓厚的地方色彩。它不是同普通话并列的独立语言,而是从属于民族共同语的语言低级形式。根据各方言的特点,按地域可分为七大方言区。("七大方言区"是国内较普遍的一种分法,从20世纪50年代中期开始流行,现在也有十大方言区的说法。)

(一)北方方言区

北方方言以北京话为代表,使用人口占汉族人口的70%以上。主要分布在长江以北汉民族居住的地区,长江南岸镇江以西九江以东的沿江地带,湖北(东南一带除外)、四川、云南、贵州四省,湖南省西北一带。

(二)吴方言区

吴方言以上海话为代表,使用人口约占汉族总人口的8.4%。分布地域包括江苏省长江以南、镇江以东部分(不包括镇江),浙江省大部分地区。

(三)湘方言区

湘方言以长沙话为代表,使用人口约占汉族总人口的5%。分

布在湖南省除西北角以外的大部分地区。

(四)赣方言区

赣方言以南昌话为代表,使用人口约占汉族总人口的2.4%。分布在江西省(除东北沿长江地带和南部以外)的大部分地区和湖北省东南一带。

(五)客家方言区

客家方言以广东梅县话为代表,使用人口约占汉族总人口的4%。主要分布在广东、广西、福建和江西等省。湖南、四川两省也有少数地区说客家方言。

(六)闽方言区

闽方言区分布在福建省,广东的东部潮州、汕头一带,海南省和台湾省的大部分地区。以厦门话为代表,闽方言使用人口占汉族总人口的4.2%。散居在南洋群岛的几百万华侨及华裔也以闽方言为母语。

(七)粤方言

粤方言以广州话为代表,使用人口占汉族总人口的5%左右,分布在广东、广西两省。也是香港、澳门同胞的主要交际工具。

以上各大方言与普通话比较,差异最大的是闽、粤、客家方言,吴方言次之。北方方言及湘、赣等方言与普通话距离较小。我们了解和研究汉语方言,其目的就是要找出方言与普通话的对应规律,以便于推广普通话。

根据中国国情,汉语方言会在一个相当长的时期内与民族共同语并存。推广普通话并不是要立即禁止和消灭方言。但实践已经并将继续证明,推广普通话对于国家的统一,民族的团结,社会的进步和文化的繁荣有颇大的影响力,所以,中国人民应积极大力推广普通话。

三、方言辨正

方言与普通话的差异在语音上表现得最为明显。

(一)声母辨正

方言与普通话声母都是依据发音部位和发音方法分类的,这是

方言和普通话的共同点。但由于大多数方言中的声母与普通话中声母的分类不一定相同,因而容易相混。

方言的声母与普通话的声母主要有以下几组容易相混。

1. zh,ch,sh 和 z,c,s 的辨正

在普通话里 zh,ch,sh 和 z,c,s 是两组不同的声母,而在许多方言中则混为一组,只有 z,c,s 或只有 zh,ch,sh。有些方言中甚至还把 zh,ch,sh 与 j,q,x 相混。

(1)zh,ch,sh 和 z,c,s 对比辨音练习。

制 zhì 动——自 zì 动　　　　　物质 zhì——物资 zī

招 zhāo 了——糟 zāo 了　　　　征 zhēng 订——增 zēng 订

收 shōu 集——搜 sōu 集　　　　近视 shì——近似 sì

志 zhì 愿——自 zì 愿　　　　　鱼翅 chì——鱼刺 cì

诗 shī 人——私 sī 人　　　　　仿照 zhào——仿造 zào

初 chū 步——粗 cū 布　　　　　知 zhī 识——姿 zī 势

新春 chūn——新村 cūn　　　　中 zhōng 止——宗 zōng 旨

支 zhī 柱——资 zī 助　　　　　摘 zhāi 花——栽 zāi 花

午睡 shuì——五岁 suì　　　　　八成 chéng——八层 céng

树 shù 立——肃 sù 立　　　　　找 zhǎo 到——早 zǎo 到

乱吵 chǎo——乱草 cǎo　　　　重 chóng 来——从 cóng 来

支 zhī 援——资 zī 源　　　　　主 zhǔ 力——阻 zǔ 力

木柴 chái——木材 cái　　　　　商 shāng 业——桑 sāng 叶

申述 shù——申诉 sù

普通话中 zh,ch,sh 是舌尖后音,发音时舌尖翘起并后缩,触及(zh,ch)或靠近(sh)硬腭前端,翘起的舌尖与硬腭前端构成阻碍,使气流受阻摩擦成音。z,c,s 是舌尖前音,发音时是舌尖平伸,触及(z,c)或靠近(s)上齿背构成阻碍,使气流受阻摩擦成音。普通话中声母 z,c,s 不与韵母 ua,uai,uang 相拼,翘舌声母 sh 不与 ong 相拼。

(2)读准舌尖后音 zh,ch,sh 和舌尖前音 z,c,s。

差错 chā cuò　　　　　　　　陈醋 chén cù

成材 chéng cái　　　　　　　出操 chū cāo

除草 chú cǎo   储藏 chǔ cáng

财产 cái chǎn   采茶 cǎi chá

振作 zhèn zuò   正宗 zhèng zōng

赈灾 zhèn zāi   指责 zhí zé

沼泽 zhǎo zé   制作 zhì zuò

杂志 zá zhì   栽种 zāi zhòng

增长 zēng zhǎng   资助 zī zhù

自制 zì zhì   自重 zì zhòng

绳索 shéng suǒ   石笋 shí sǔn

散失 sǎn shī   扫射 sǎo shè

四声 sì shēng   宿舍 sù shè

随时 suí shí   所属 suǒ shǔ

残喘 cán chuǎn   操场 cāo chǎng

磁场 cí chǎng   促成 cù chéng

上司 shàng sī   哨所 shào suǒ

深思 shēn sī   生死 shēng sǐ

2. n 与 l,r 与 l 的辨正

普通话中的 n 和 l 是分得很清楚的,n 是鼻音,l 是边音。

n 是鼻音,用舌尖顶住上齿龈形成阻塞,闭住口腔,使气流完全从鼻腔中透出。l 是边音,发音时,注意不要让气流从鼻腔漏出来,用舌尖轻柔地抵触上齿龈,由舌前部的两边出气发音。

(1)n 和 l 对比辨音练习。

留念 niàn—留恋 liàn   南 nán 部—蓝 lán 布

女 nǔ 客—旅 lǚ 客   脑 nǎo 子—老 lǎo 子

年 nián 夜—连 lián 夜   浓 nóng 重—隆 lóng 重

无奈 nài—无赖 lài   水牛 niú—水流 liú

烂泥 ní—烂梨 lí   男 nán 裤—蓝 lán 裤

牛 niú 黄—硫 liú 磺   大娘 niáng——大梁 liáng

有些地方的方言中,r 同 l 不分,特别是与 u 韵相拼时此现象较为严重。r 是舌尖后音,发音时,舌尖上翘,抵住硬腭前部留一小缝,让气流从小缝中摩擦而出,声带不振动。

（2）r 和 l 对比辨音练习。

收录 lù—收入 rù   脸 liǎn 色—染 rǎn 色

衰落 luò—衰弱 ruò   绒 róng 子—聋 lóng 子

近路 lù—进入 rù   卤 lǔ 质—乳 rǔ 质

流露 lù—流入 rù   露 lù 馅—肉 ròu 馅

囚牢 láo—求饶 ráo   娱乐 lè—余热 rè

碧蓝 lán—必然 rán   阻燃 rán—阻拦 lán

3. f 与 h 的辨正

f 与 h 在普通话里是差别较大的两个音节。虽然两个都是清擦音，但发音部位不同。f 是齿擦音，发音时下唇抵靠上齿并留一小缝，让气流从小缝中摩擦而出，声带不振动。h 是舌面后擦音，发音时，舌面后部上抬至软腭并留一小缝，让气流从小缝中摩擦而出，声带不振动。

读准 f 和 h。

凡 fán—函 hán   饭 fàn—汉 hàn

父 fù—户 hù   非 fēi—黑 hēi

防 fáng—杭 háng   愤 fèn—恨 hèn

冯 féng—横 héng   帆 fān—憨 hān

发 fā—哈 hā

（二）韵母辨正

方言韵母与普通话韵母的差异较为复杂，具体要注意以下四个方面：

1. 前鼻音韵母和后鼻音韵母的辨正

前鼻音韵母和后鼻音韵母在许多方言中普遍相混，有的方言中甚至还把许多鼻音韵母发成鼻化元音或脱落鼻音韵尾。

掌握的方法：一是要发好两个鼻音韵尾 n，ng，两个鼻辅音的发音部位一前一后，音色有很大的区别。整个韵母发音时，元音和 n 或 ng 不能生硬地拼合，而是由元音向 n 或 ng 过渡，鼻音色彩逐渐加浓，最后，发音部位构成阻碍，形成鼻音。发 n 音时，舌尖要抵住上齿龈。而发 ng 音时舌根要抵住软腭。二是要防止发成鼻化元音，发音时一定要把握好元音向鼻音的过渡，先发元音，后发鼻音，不要口

腔和鼻腔同时出气。发成鼻化元音的主要原因是发音时舌的动作没有配合好，既不前抬，也不后缩抬起，这样口腔和鼻腔的通路都是打开的。三是要记住这两组韵母的常用字，也可以用形声偏旁类推的方法巧记。

n 和 ng 对比辨音练习。

女篮 lán—女郎 láng　　　　反 fǎn 问—访 fǎng 问

扳 bān 手—帮 bāng 手　　　担 dān 心—当 dāng 心

水干 gān—水缸 gāng　　　　土壤 rǎng—涂染 rǎn

看 kān 家—康 kāng 佳　　　战 zhàn 防—账 zhàng 房

赏 shǎng 光—闪 shǎn 光　　冉冉 rǎn—嚷嚷 rǎng

张 zhāng 贴—粘 zhān 贴　　瓜分 fēn—刮风 fēng

陈 chén 旧—成 chéng 就　　真 zhēn 气—蒸 zhēng 汽

整 zhěng 段—诊 zhěn 断　　上身 shēn—上升 shēng

人参 shēn—人生 shēng　　针 zhēn 眼—睁 zhēng 眼

成 chéng 风—晨 chén 风　　同门 mén—同盟 méng

出生 shēng—出身 shēn　　粉 fěn 刺—讽 fěng 刺

花盆 pén—花棚 péng　　　　审 shěn 视—省 shěng 市

分 fēn 子—疯 fēng 子　　　正 zhèng 中—震 zhèn 中

竞 jìng 赛—禁 jìn 赛　　　红心 xīn—红星 xīng

人民 mín—人名 míng　　　信 xìn 服—幸 xìng 福

劲 jìn 头—镜 jìng 头　　　婴 yīng 儿—因 yīn 而

海滨 bīn—海兵 bīng　　　零 líng 时—临 lín 时

静 jìng 止—禁 jìn 止　　　谈情 qíng—弹琴 qín

印 yìn 象—映 yìng 象　　　今 jīn 天—惊 jīng 天

频频 pín—平平 píng

2. 注意区分韵母 o，e，u 和 ou，uo

o，e，u 和 ou，uo 在普通话中区分得非常清楚，但在有些方言中容易混淆，区分不清。o 和 e 的区别是圆唇与否，o 和 u 的区别是舌位的高低，ou 和 uo 的区别是舌位高低的移动。韵母 ou 的舌位由低到高，圆唇度逐渐缩小；uo 的舌位由高到低，圆唇度由小到大逐渐展开。

在普通话中，o 只拼双唇音、唇齿音声母；e 却不拼双唇音(me 例外)和唇齿音，但能和双唇音、唇齿音以外的其他声母相拼(j,q,x 除外)；合口呼的韵母除 u 能拼双唇音、唇齿音声母外，其他合口呼韵母都不能拼双唇音、唇齿音声母。

读准韵母 o,e,u 和 ou,uo。

记者	天鹅	哥哥	老婆	脖子	乌鸦	伯父
蘑菇	恶魔	鸟窝	河水	毒蛇	叵测	波折
刻薄	果皮	狗皮	河坡

3. 分辨 i 和 ü

i 和 ü 在普通话中分属齐齿呼韵母和撮口呼韵母，但在有些方言中没有撮口呼韵母，把 ü 都变成 i。i 和 ü 的区别是圆唇与不圆唇。练习时可先发不圆唇的 i，舌位不动，然后，慢慢地把嘴唇拢圆，就可以发出 ü 了。

读准 i 和 ü。

美育—美意	名誉—名义	聚会—忌讳	舆论—议论
居住—记住	生育—生意	起名—取名	于是—仪式
遇见—意见	继续—履历	姓吕—姓李	区域—歧义
纪律—谜语	语气—距离	曲艺—具体	雨具—以及

4. 避免丢掉韵头 i 和 u

韵母如果把韵头 i 或 u 丢失了，就会把齐齿呼或合口呼的韵母变成开口呼韵母了。记住普通话中这两呼的韵母及与它们相拼合的声母，掌握声母韵母拼合规律有助于防止丢失韵头。

第二节　有声语言的运用

一、有声语言的概念

有声语言是指能发出声音的口头语言，即人类社会最早形成的自然语言。它是人类交际最常用的、最基本的信息传递媒介。有声语言是演讲活动中传递信息和表达思想的最主要的媒介和物质表达手段，是信息传达的主要载体。有声语言是由语义和声音两种要

素构成的。它以流动的声音运载着思想感情,直接诉诸听众的听觉器官,产生效应。演讲在使用有声语言时,有着较高的、较严格的要求。概括地讲,演讲不仅在遣词造句及内容结构上非常讲究,力求准确、鲜明、生动、流畅、委婉和美妙,而且在声音上力求吐字清楚、准确,声音清亮、圆润、甜美,语气和语调富于节奏美和音韵美,从而使有声语言能更准确地表情达意,更加富于感染力和鼓动性。

二、有声语言的特点

(一)口语化、简洁化、激情化

口语化是指演讲者在演讲时所使用的语言,是以人民群众常用的口头语言为基础,经过加工提炼的能让听众一听就明白的语言。

简洁化是指在演讲中用最少的字句,准确、简明地表达出所要陈述的思想内容。

激情化是指演讲的语言要有真情实感,跌宕起伏、声情并茂。

(二)语音美、语调美、节奏美

语音美是指演讲者的语言吐字清晰、发音准确、声音圆润、清亮。

语调美是指语言要起伏有致、灵活多变。

节奏美要求演讲者的有声语言必须抑扬顿挫、变化多端。

要成为出色的演讲者,就必须对有声语言进行有意识地研究和训练,娴熟地掌握有声语言的特点和规律,使自己的声音达到清脆、圆润、悦耳和舒心的最佳境界。而要做到这一点必须从语音的标准化入手。

三、有声语言的运用

(一)有声语言的运用技巧

有声语言的节奏是语言中的音节排列组合后体现出的一种均衡和谐之美。节奏的构成主要有重音、停顿、语速和抑扬等。

1. 重音

重音是指在句子中某个词语说的特别重或者特别长。在口语表达中使用重音,可以使语言听起来音调高低起伏、抑扬顿挫,从而使语言节奏更和谐,语意更鲜明,感情色彩更强烈。

重音的确定,对于语言交流的效果来说十分重要。确定重音必须联系语言表达的中心思想,根据一定词句在语言表达中的地位和作用来确定。准确地识别重音,正确地读出重音,是强化语言表达效果的重要一环。

重音通常分为三类:结构重音、强调重音和情感重音。

与句子结构有关的重音,叫作结构重音,也叫语法重音。在说话人没有任何强调意思时,句中的结构重音就起作用了,这时的重音是句中组成成分之间相比较而存在的。例如,在简单的主谓句中,旨在说明主语"怎么样了?"时,相比之下,谓语重些,如:小王买了(重音在"买")。如果句中有宾语,则宾语较重,如:小王买电脑了(重音在"电脑")。如果句中有修饰语,则修饰语较重,如:楼上的小王买电脑了(重音在"楼上")。

与强调的某个潜在的语义有关的重音,叫作强调重音。强调重音没有固定的位置,是由表达者所要强调的潜在意义决定的,但强调重音也不是随心所欲的,要根据上下文的意思来决定。例如:

我们要起诉施虐者(实施起诉的不是别人);
我们要起诉施虐者(不是采取别的行为,是起诉);
我们要起诉施虐者(起诉的对象是施虐者)。

与说话的着眼点和表达感情的重点有关的重音,叫情感重音。有些词语很普通,但由于是语言表达的着眼点,有切合表达感情的需要,就需要重读。

如下文加横线处是主题为"捐资办学前聚资之艰难"演讲的着眼点和表达感情的重点语句,则要重读。例如:

现在,我可以向领导、向父老乡亲,向那些不曾受到我分文优惠的顾客们公开我敛财的秘密:四年来,我已有7.9万元的存款,这是当了21年民办教师、9年正式教师和村小代理负责人的我30年总收入的4倍还要多的财富。

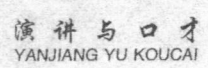
另外,下面几种情况也可以确定重音。

(1)凡属具有对应关系的,表示比较的词语,要读作重音。如:

用闪光的团徽盖住讨厌的师范二字,这一举两得之发明,恐怕连发明大王爱迪生也不得不叹为观止吧。

其中画横线的词语就应重读。

(2)凡句子中列举的同类词语,或排比句中作为排比标志的词语,该重读。如下列各句中加横线的词语就当重读。例如:

①我爱我们的蓝色,它是大海的韵律,它是天空的广阔,它是和平的徽号,它是我们理想的寄托。

②让我们以真诚的心、不屈的意志、杰出的智慧,在父老前辈面前,在弟弟妹妹面前,在子孙后代面前,铸造起一座崭新的、巍峨的丰碑吧!

(3)文章中起照应、重复作用的词语,要重读。如下文中的"分数"一词就要重读。例如:

分数,你牵动着多少家长的心;分数,你困扰着多少教师的心情;分数,你操纵着多少学生的悲欢;分数,你制造着多少人间的悲剧……

重音的运用并不一定就是加强音量,重音确定后,既可重读这些词句,也可采用语句停顿、音调长短、变换音色和重音轻说等方法来读出重音,突出应该强调的内容。

2. 停顿

停顿是指在语言交流中的语句或是词语间声音上的间歇,是表现语音节奏和意义的不可缺少的表达手段。它一方面可以调节气息,是我们生理和心理的需要;另一方面也可以控制节奏、强调重点,使语音显得参差错落、间歇有序、层次分明;同时也给听者一个

思考、理解和接受的时间,使听者更好地理解语义。正如马克·吐温所说的:"恰如其分的停顿经常产生非凡的效果,这是语言本身难以达到的。"

停顿的方式一般分为结构停顿、强调停顿和生理停顿。

(1)结构停顿。结构停顿是根据语句的结构成分而做的适当的停顿。结构停顿是运用较多的一种方法,可分为语法停顿、音节性停顿。

语法停顿是根据句中的标点符号而做的停顿。这类停顿依据标点来处理,如句号、问号、感叹号的停顿要比顿号、逗号、分号长。

音节性停顿是句子中间的自然停顿,主要是在朗诵节奏感比较强的诗词时运用,例如:

①空山/新雨后,天气/晚来秋。明月/松间照,清泉/石上流。
②白发/三千丈,缘愁/似个长。不知/明镜里,何处/得秋霜。

(2)强调停顿。强调停顿是为了充分表达说话人的思想感情、立场态度,在需要突出的词语间所做的停顿,亦称为感情停顿。这种停顿不受标点符号和句子语法关系的制约,完全是根据感情和心理的需要而做的停顿处理,它根据感情的需要决定停与不停。一般表现忧伤、悲痛和哀悼的感情时,停顿时间较长;而表现欢快、兴奋和高兴的感情时,停顿时间较短。感情停顿是一种极其重要的语言表达技巧,它能充分展现"潜台词"的魅力,使听众从"停顿"中体会语言的丰富内涵和难以言表的感情,从而使语言更加生动。例如:

①沉默呵,沉默呵!不在沉默中/爆发,就在沉默中/灭亡。
②有的人活着/他已经死了;有的人死了/他还活着。

(3)生理停顿。生理停顿是由一定的呼吸量决定的,说话过程中有时需要做适当的停顿来补充气息。生理停顿要尽可能地借助结构停顿和强调停顿,在需要停顿补气时抓住补气的机会,要补的巧妙,不要深吸气,要使听众感觉不到其间的停顿。

3. 语速

语速是指语言节奏的快慢缓急,即说话或演讲的速度。它是体现语言节奏、表达思想感情的重要手段。语言的速度与说话者个人的风格、心理状态、说话内容和语言环境等多种因素密切相关,还和语言的轻重、停顿密切相关。语言速度的快和慢是相对而言的,是对立统一的。在现实生活中,凡是兴奋、激动,则会语速加快;而沉思、平静时,语速就减慢。做报告、播音时的语速就相对较慢,而讲课时的语速则要快一些,最快的是我们常听到的体育赛事的转播解说。

演讲中较难理解的语句,或表达平静、沉郁、失望情绪的地方应当讲得慢一些;表达沉重感情的地方应讲得更慢些。如艾青的《大堰河,我的保姆》中的一段:

大堰河,在她的梦没有做醒的时候已死了。**她死时**,乳儿不在她的旁侧。**她死时**,平时打骂她的丈夫也为她流泪,五个儿子,个个哭得很悲。**她死时**,轻轻地呼着她乳儿的名字,**大堰河,已死了,她死时**,乳儿不在她的旁侧。

这段中,加粗的句子要讲得慢些,加横线的句子应讲得更慢些。

演讲内容中比较容易理解的语句,或表达紧张、热烈、愉快、兴奋、惊惧、激昂、愤怒、反抗、驳斥和申辩内容的地方,要讲得快些。如北岛的《回答》中,加横线的内容演讲时就应当快些。

……我不相信天是蓝的,我不相信雷的回声,我不相信梦是假的,我不相信死无报应。

4. 语调

语调的基本单位是句调,表示一个句子的高低升降变化。这种升降的变化能表达不同的语气。

普通话的语调一般分为高升调(↗)、平直调(—)、抑降调(↘)和曲折调(↖和↘)四类。语调高低的变化主要体现在句子最末一

个音节上,因此,语调的确定与标点符号关系紧密。

(1)高升调。高升调,语调由低逐步升高,语势呈上升趋势。常用于疑问句、反诘句或表示呼唤、号召、惊疑等感情较为激昂的句子。演讲时,注意前低后高,语气上扬。例如:

科学,昂首阔步地在地球上前进,它以不可抗拒的力量将世界推进到原子时代,推进到消灭愚昧、迷信、落后、偏见的时代,推进到唯物主义彻底胜利的时代。

(2)平直调。平直调,语调平直舒缓,没有太明显的高低升降变化。多用于一般的陈述、说明句子,或表示庄重、严肃、悲痛和冷漠等感情色彩的句子里。演讲时,始终保持平直舒缓,没有显著的高低变化。例如:

秋天的后半夜,月亮下去了,太阳还没有出来,只剩下一片乌蓝的天,除了夜游的东西,什么都睡着了。

(3)抑降调。抑降调,声音从高扬逐渐低抑,语势渐降。多用于祈使句、感叹句或表示坚定、自信、赞扬和祝福等感情的句子里。表示沉重、悲愤感情时,一般也用这种语调。演讲时,注意调子逐渐由高到低,末字低而短促。例如:

雷锋同志对待同志像春天般的温暖;对待工作像夏天一样火热;对待个人主义像秋风扫落叶一样;对待敌人像严冬一样残酷无情。

(4)曲折调。曲折调,语调呈先降后升或先升后降的语势,一般表示含蓄、反诘和夸张等情感。演讲时,由高而低后又高,把句子中某些特殊的音节特别加重加高或拖长,形成一种升降曲折的变化。如郭沫若的《雷电颂》:

你,你东君,你是什么东君……什么湘君？什么湘夫人？你们的天大本领也就只晓得痛哭几声。

"你是什么东君"先升后降;"什么湘君"先降后升。

以上所说的重音、停顿、语速和语调在实际运用中不是孤立的,而是相互配合的,只有这样才能真正使有声语言富有节奏,展示出声音的和谐之美。

(二)有声语言运用的基本原则

1. 正确性

正确性是指有声语言的运用要建立在正确掌握普通话及发音技巧,正确掌握北方方言的基本词汇的基础之上,这样,才能很好地表达思想和感情,进行有效的沟通、交流。否则,在说话或演讲时,不能正确的吐字归音,相近的字音区分不清,吐字模糊,含混不清,而且话语中夹杂着许多带有地方性的方言土语,这就很难让人听懂,更不用说让人获得美的陶冶和享受了。

2. 规范性

规范性是指有声语言要使用统一的、普及的、在形式上具有明确规范的民族共语。具体地说,它包括语音规范和语法规范。就语音规范来讲,中国的语言表达要以汉语普通话为基本规范,即以"北京语音为标准音"。讲话者应当以此作为标准的口语语言,努力做到吐字时"字正腔圆"。就语法规范来说,普通话对语法明确要求以典范的现代白话文著作为规范。现代汉民族共同语虽已发展到了相当成熟、日臻丰富的阶段,但还没有达到完全的统一。严重的方言分歧在一定程度上削弱了汉语作为交际工具的作用。为了汉语朝着健康的方向发展,汉语必须走规范化的道路。普通话的语法规范在排除方言语法不规范影响的同时,也自然而然地将方言词中有用的东西吸纳到普通话语法中来。

3. 纯洁性

纯洁性是指普通话的词汇而言的。普通话的词汇是"以北方话为基础方言",当然这并不意味着禁绝方言。近些年来,普通话的词汇发展很快,大量的基础方言词汇经过长期使用和流行,约定俗成

地涌进普通话词汇之中，尤其是网络语言的兴起和大量外来词语的涌入，都极大地丰富了祖国的语言。但在吸收这些词汇时应注意"取其精华，剔除糟粕"，对那些粗俗的、毫无积极意义的部分应坚决摒弃，绝不使用。

四、有声语言的基本要素

有声语言所赖以存在的物质材料是呼吸器官、发声器官和吐字器官等。具体地说，是以物理音响的基本方式直接作用于听觉接收器，形成直觉感受的语音。而形成语音这个物理音响最基本的条件，则是由音量、音调、气息、音位、声位、语气的声调等要素构成的。

（一）音调与音量

音调是声音的高低，它与振频有关，频率越高音调越高，反之就越低。而音量是声音的大小，它与振幅有关，振幅越大音量越大，反之越小。对于一篇文章，我们应根据有声语言表达方式的不同，音调应控制在一个相对稳定的音域内，仅需随内容的引导使表达者产生相应的感情起伏，引起音量等方面的变化。

如峻青《第一场雪》里有一段话："大雪整整下了一夜。今天早晨，天放晴了，太阳出来了……"根据文章内容结合语境，本句应该是在音量上由小到大，而不是音调的由低到高。

如果掌握不好音调与音量之间的关系，就容易把音量的大小用音调的高低来调节，音量需大时音调加高，音量变小时，音调才下降。

（二）语气与音调

语气有感情色彩和分量之分，还有声音形式之别。不论是感情色彩中包含的是非、爱憎，分量里的重度、中度、轻度，还是表现声音形式的各种语势，都是有机协调与运用的结果。像气息的强弱、共鸣的大小、声带的松紧、声音的虚实和句式的抑扬，这种可感性、可听性，绝不仅是一个音调的高低变化就能达到的。气息的沉不等于强，弱不等于懈；声音的虚不等于飘，实不等于高。要明确语气与音调之间的协调关系，理性地进行训练。

（三）语气与声调

语气以句子为单位，声调以音节为单位。二者之间是整体与个体的关系。有些学生在训练运用语气的同时，忽略了声调的调值。习惯拿语气来代替声调，受句式的影响，调值不是阳平上不去，就是去声下不来，形成一种顺着句式的走向不是往下就是往上的声调之外的"拖音"，即所谓的语气。

当然，不论是语气、声位还是音量、音调等在语流中，都离不开最基本的情感调动、气息控制，还有停顿、重音等技巧的处理，更离不开一个相对的理解。

五、有声语言表达的基本要求

（一）口语化

口头语与书面语不同，口头语是说给别人听的。要别人听，首先要让人听懂，然后还要使人喜欢听，这就要求说话者应当根据口语有声性这个特点，采用通俗易懂的口语，努力使听者听清楚，听明白。如闻一多的《最后一次讲演》：

这几天，大家晓得，在昆明出现了历史上最卑劣最无耻的事情！李先生究竟犯了什么罪，竟遭此毒手？他只不过用笔写写文章，用嘴说说话，而他所写的，所说的，都无非是一个没有失掉良心的中国人的话！大家都有一支笔，有一张嘴，有什么理由拿出来讲啊！有事实拿出来说啊！为什么要打要杀，而且又不敢光明正大地来打来杀，而偷偷摸摸地来暗杀！这成什么话？

这段文字就采用了通俗易懂的口语，听者一听就能了然于心。

（二）清晰、响亮

在日常生活中，说话的方式多种多样，可以是含蓄的，可以是直白的，也可以是诙谐的、幽默的，但不管是哪种方式，总应该是能让人听得懂、能理解的，否则就达不到交流沟通的目的，这就要求说话者的表达一定要清晰。

话是说给大家听的，除非是悄悄话，所以一般情况下，声音要响

亮,要让对方听清楚,低声细语或自言自语,会形成沟通障碍。

(三) 自然、流畅

卡耐基认为,演讲时声音自然,才能把意念表达得更为清楚,更为生动;否则,难以引起听众的共鸣。说话者要努力使自己的语言真实而富有活力,做到声音自然,内容表述自然,这样才不会给人矫揉造作之感,听来才会让人心情舒畅,进而产生共鸣。要做到这一点,就要非常熟悉所讲的内容,尤其是演讲者,不要死记硬背讲稿,要学会自然地表述语言内容,使它听起来好像讲话者在用心考虑语言内容和他的听众,这样,就容易引起听众的好感。

有效的表达还应该是流畅的,即没有犹豫和语音干扰。很多人在语言交流中会夹杂着口头禅,这些口头禅就是干扰语言流利的无关声音。

口头禅种类很多,"你晓得""我相信""那个""他说""我说""对不起""大概""反正""差不多""我觉得""是不是""那么、那么""啊"等,这是不注意而长期养成的说话习惯,使话语变得断断续续,不连贯,不流畅,削弱了针对性和清晰性。口头禅出现过多,就会引起听众的注意,从而影响了听众对语言内容的注意。例如:

据说一位副团长在给部下讲述××战役时说:"战争进入了第二年,是不是? 战略决战的时机已经成熟,是不是? ××战场,是不是? 对我军的形势很有利,是不是? 共有 53 个师,是不是? 70 多万人,是不是? ⋯⋯"

部下笑了起来,副团长着急了,十分严肃地弹压。

"要守纪律,是不是? 课堂上哄笑是不礼貌行为,是不是⋯⋯"但他越严肃地制止,听众越笑得厉害,也越不知道他在说什么。

日常训练时,我们要找出自己的口头禅,并用心练习去除这种不良习惯。

第三节　有声语言训练技巧

一、呼吸训练

（一）呼吸方法

"气乃声之源"，肺部发出的气息是声音的原动力，气息强，声音就强；气息弱，声音就弱，所以，练声先练气，控制好气息，才能很好地驾驭声音。

胸腹呼吸法是演讲等当众讲话活动时的一种较为科学的呼吸方法。这种呼吸方法是靠胸部呼吸肌肉群的收缩来提高肋骨，吸气时能尽量扩大肺和胸腔的容积，蓄气量大，也有利于控制气息，自如地用气发声。

胸腹呼吸的具体方法为：用胸腔、横膈膜、腹肌共同控制气息，要求全身松弛，自然协调。吸气时，双肩放松，胸稍内含，腰腿挺直，像闻花香一样将气息深深吸入，平稳而轻柔，扩胸收腹，以增大肺部气息容量，控制住吸入的气息。要领是：气下沉，两肋开，横隔降，小腹收。呼气时，像轻轻地吹桌面上灰尘一样，平稳、均匀，用胸肌、膈肌、腹肌控制气息的输出，慢慢地用嘴呼出气流。

（二）呼吸训练方法

1. 倒吸凉气法

想象你突然受到某种惊吓，这时你会"倒吸一口凉气"，这就是在极短的时间内完成吸气的动作。如果你在这时立即停止，保持住这个状态再一点点放松，你就能体会出这时支持呼吸的部位是横隔膜，反复训练，就能体会胸腹联合呼吸中横膈膜的重要作用。

2. 闻花香法

仿佛面前有一盆鲜花，深深地吸进其香气，控制一会儿后缓缓吐出。

3. 吹蜡烛法

模拟吹灭生日蜡烛，深吸一口气后均匀缓慢地吹，尽可能时间长一点，达到25—30秒为合格。

4. 抬重物法

抬重物时,必须把气吸得较深,憋着一股劲,后腰膨胀,腰带渐紧。这是正确的呼吸方法,多抬几次重物,找出以上感觉。

5. 吹灰尘法

假设桌面上有许多灰尘,要求吹而又不能吹得尘土飞扬。练习时,按吸气要领做好准备,然后依照抬重物的感觉吸足一口气,停顿两秒钟左右,向外吹出气息。吹气时要平稳、均匀,随着气息的流出,胸腹尽量保持吸气时的状态,尽量吹得时间长些,直至将一口气吹完为止。

6. 数数法

先吸一口气,然后数数儿,数到一口气用完为止,以多为胜,要数的清晰响亮,久而久之就会掌握节流的方法。

二、共鸣训练

(一)共鸣方法

共鸣是指人体器官因共振而发声的现象。声带发出的声音是很微弱的,通过共鸣才能得到扩大和美化。人的声道共鸣器官主要有胸腔、口腔和鼻腔等。胸腔共鸣能使声音浑厚、洪亮;口腔共鸣能使声音结实、明亮;鼻腔共鸣能使声音明亮、高亢。共鸣器官的合理运用,可以使声音变得圆润、优美动听,提高发音质量。

1. 鼻腔共鸣

软腭下降堵住口腔通路,气流冲击声带后上升到鼻腔,在鼻腔形成共鸣。练习时可用手捂住嘴,模仿电话中"嗯?"(什么?)和"嗯"(明白了)的声音,还可用"嗯"或"哼"音哼歌。

2. 口腔共鸣

软腭上升堵住鼻腔通道,气流冲击声带到达口腔,在口腔形成共鸣。练习时可用手捏住鼻子学鸭子"嘎嘎嘎"的叫声。

3. 胸腔共鸣

颈根部扩张,喉头下沉,在上胸部蓄满一口气,振动声带,此时用手捂住上胸部,可感觉到胸腔的振动。

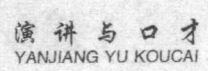
(二)共鸣训练方法

双唇闭拢,口腔内像含着半口水,发"mu"音,声音反着气流下行,用手扶胸部有明显的振动感,双唇发麻,找到胸腔共鸣;仍发"mu"音,声音沿着硬腭上行,头部有振动感,双唇发麻,找到鼻腔共鸣。

三、吐字训练

(一)吐字归音训练

口语中发音是否清晰,主要取决于吐字归音是否符合要求。吐字是对语音音节中声母的发音要求,归音是对韵母中韵腹、韵尾的发音要求。吐字归音就是对字头、字腹、字尾的完整处理过程。"吐字有力,归音到位"是吐字归音的基本要求,训练时要掌握的基本要领有三点。

1. 咬准字头

字头,包括声母和韵头(介音)。咬准字头,是发音的第一关。要求准确地把握好字头的发音部位,咬字准确、清晰,发音要像喷出来那样有力度,并靠这股力量带动韵母的发音。如:白塔、报告、绿水。

2. 发响字腹

字腹主要指韵腹,是整个音节中最清晰、最响亮的部分。要求韵腹要拉开立起,做到"开口音稍闭,闭口音稍开",使整个音节响亮,圆润饱满。发音时气息要足,共鸣要强,立音舒展丰满,坚实稳定。如:缥缈、花朵、小鸟。

3. 收准字尾

字尾主要指韵尾。收准字尾,是音准的要求。发音时一定要注意归音到位,不含混,不拖泥带水,但也不能草草收住,应做到声音虽止,余味无穷。如:天安门、悠久、绣球。

(二)"字正腔圆"的要求

"字正腔圆"是人们衡量吐字发音最基本的标准。所谓"字正"应当包括字准、字真、字纯三个方面;"腔圆"指的是声音运用的集

中、圆润、灵活和自如。具体可以概括为准确、清晰、集中、圆润和流畅。

（1）准确——字音要准确、规范，即声母、韵母、声调必须准确，发音部位、发音方法必须准确。

（2）清晰——字音要清晰，即声、韵、调都不得含糊，唇、齿、舌、喉的活动必须协调，不可"吃字"，也不可含糊不清。要咬准字头，发响字腹，收准字尾。

（3）集中——字音要有气息，有共鸣，要充实、响亮。

（4）圆润——字音要响亮、饱满、优美、动听。

（5）流畅——字音要轻快连贯，切勿"绷"字，将字音咬的过死。

四、节奏技巧训练

（一）节奏的含义

口语节奏是有声语言运动的一种形式。口语表达中的节奏，是由思想感情的波澜起伏，造成抑扬顿挫、轻重缓急的声音，从而形成的回环往复。

节奏不能和语气混淆起来。语气是以语句为单位，而节奏要以语段乃至全篇为单位。节奏是整体性和全局性的表现，它被言语目的和话语主题所统率。因此，把握节奏必须立足于整体和全篇，这样，表达中的高低、强弱、快慢和顿挫等，便能够处于相互映照、前后对比的整体配置之中，构成和谐的运动。

节奏的核心是声音形成的"回环往复"。节奏犹如群山的绵延起伏、江河的浪涌波翻，没有峰谷的循环、交替，没有波涛的序列、呼应，就谈不上节奏。语言节奏的这种回环往复主要表现在相似语气、相似转换的不断显露上。这种显露包括三个环节，即前后的转换、语气的色彩和分量、语调的变化。这三个环节上相似、相近的声音形式，每显露一次，就是节奏的一个回环，不断呈现就造成回环往复的节奏。

富于变化的节奏，不仅可以避免口语表达的单调呆板，而且能够吸引听者的注意，激发听者的兴趣。优美的语言节奏，既可以使思想感情表达的更充分，又能给听者以美感享受。

（二）驾驭口语节奏的方法

口语节奏必须变化，变化的方法，不外四个角度，即快与慢、抑与扬、轻与重、虚与实。每个角度又有两个方面，表达中往往以一方面为主而求另一方面的变化。由此，又引申为以下几种方法，他们互相交叉、互相作用，形成具体作品的各具特色的节奏转换。

1. 欲扬先抑，欲抑先扬

"扬"指声音的趋势向高发展；"抑"指声音的趋势向低发展。内容上有主次之分，有突出与削弱之别。如果重点部分、突出部分以较高的声音形式表达，这一部分就是"扬"；而为了使这部分真正突出出来，它前面的部分、非重点部分就要以较低的声音形式表达，使这部分有所削弱，这就叫"抑"。不过有的时候，与上面的情况相反，重点部分、突出部分应该以"抑"的声音形式表达，那么非重点部分当然就要"扬"了。《荔枝蜜》在节奏的变化上欲扬先抑；而《卖火柴的小女孩》的节奏，则是以抑的回环往复为主，但抑中有扬，对比深刻。

2. 欲快先慢，欲慢先快

快慢是节奏的一个方面。"慢"是指字音稍长、停顿多而时间长；"快"是指字音短促、停顿少而时间短，连接较多。口语表达中，有时抑扬变化不太大，而快慢变化较为明显，甚至以快慢变化为主。如《海上的日出》，描写细腻而生动，但它不是从高低变化中表现的，而主要是从时快时慢的运动中来描述，全篇的节奏轻快。

果然，过了一会儿，在那里就出现了太阳的一小半，红是红得很，却没有光亮。这太阳像负着什么重担似的，慢慢儿，一步一步地，努力向上面升起来，到了最后，终于冲破了云霞，完全跳出了海面。那颜色真红得可爱。一刹那间，这深红的东西，忽然发出夺目的光亮，射得人眼睛发痛，同时附近的云也添了光彩。

3. 欲轻先重，欲重先轻

轻重的变化，实际上也包括了虚实的变化。轻重相间、虚实相间、轻弹重敲、虚托实落，自成一种回环往复。我们必须学会轻中有重、重

中有轻,虚中有实、实中有虚。欲重先轻的方法最常用。例如:

燕子去了,有再来的时候;杨柳枯了,有再青的时候;桃花谢了,有再开的时候。但是,聪明的,你告诉我,我们的日子为什么一去不复返呢? ——是有人偷了它们罢:那是谁? 又藏在何处呢? 是它们自己逃走了罢,现在又到了哪里呢?

4.加强对比,控纵自如

加强对比,使那些该突出的部分和该削弱的部分,该高、慢、重的部分和该低、快、轻的部分在声音上加以区别,是造成节奏变化的一个法宝。语气行进中,刚说出的那句话和正在说的这句话之间,对比的作用是很大的。我们必须在联系中找区别、抓特点,造成与上句不同的色彩、分量和语调,才能显出不同。如果不是整体不同,也应有部分不同。有了这种对比的意识,久而久之,语言的节奏就会丰富起来。

"控制",是说该平淡处不添色彩、该削弱处轻轻带过;"纵放",是指思想浓烈处不可冷漠,该突出处大胆抒发,不论控纵,都显得自如,毫无拘泥做作之感。

综合训练

1.什么是普通话?

2.汉语方言大致分为哪七大方言区?

3.练读下面的绕口令:

(1)zh,ch,sh 和 z,c,s 的分辨绕口令练习

①四是四,十是十,十四是十四,四十是四十;谁把十四说四十,就打谁四十;谁把四十说十四,就打谁十四(四是四,十是十。要想说对十,舌头别伸直;要想说对四,舌头碰牙齿。要想说对四和十,多多练习知痴诗)。

②陈庄程庄都有城,陈庄城通程庄城。陈庄城和程庄城,两庄城墙都有门。陈庄城进程庄人,陈庄人进程庄城。请问陈程两庄城,两庄城门都进人,哪个城进陈庄人,程庄人进哪个城?

（2）n和l分辨绕口令练习

①刘奶奶买了瓶牛奶，牛奶奶买了斤牛肉，刘奶奶拿错了牛奶奶的牛肉，牛奶奶拿错了刘奶奶的牛奶，到底是刘奶奶拿错了牛奶奶的牛肉还是牛奶奶拿错了刘奶奶的牛奶……

②蓝教练是女教练，吕教练是男教练。蓝教练不是男教练，吕教练不是女教练。蓝南是男篮主力，吕楠是女篮主力。吕教练在男篮训练蓝南，蓝教练在女篮训练吕楠。

③牛郎年年恋刘娘，刘娘年年念牛郎，牛郎恋刘娘，刘娘念牛郎，郎恋娘来娘念郎。

（3）h和f分辨绕口令练习

灰化肥，黑化肥，灰化肥发黑，黑化肥发灰，灰化肥挥发会发黑，黑化肥发灰助花飞。

（4）练读下面韵母绕口令

①小光和小刚，抬着水桶上山冈。上山冈，歇歇凉，拿起竹竿玩打仗。乒乒乒，乓乓乓，打来打去砸了缸。小光怪小刚，小刚怪小光，小光小刚都怪竹竿和水缸。

②杨家养了一只羊，蒋家修了一道墙。杨家的羊撞倒了蒋家的墙，蒋家的墙压死了杨家的羊。杨家要蒋家赔杨家的羊，蒋家要杨家赔蒋家的墙。

③天上七颗星，树上七只鹰，梁上七个钉，台上七盏灯。拿扇扇了灯，用手拔了钉，举枪打了鹰，乌云盖了星。

④梁家庄有个梁大娘，梁大娘家盖新房。大娘邻居大老梁，到梁大娘家看大娘，赶上梁大娘家上大梁，老梁帮着大娘扛大梁，大梁稳稳当当上了墙，大娘高高兴兴谢老梁。

（5）读下面的绕口令，要求控制气息，连续快读，一气呵成

出东门，过大桥，大桥底下一树枣儿，拿着杆子去打枣儿，青的多，红的少。一个枣儿，两个枣儿，三个枣儿，四个枣儿，五个枣儿，六个枣儿，七个枣儿，八个枣儿，九个枣儿，十个枣儿；十个枣儿，九个枣儿，八个枣儿，七个枣儿，六个枣儿，五个枣儿，四个枣儿，三个枣儿，两个枣儿，一个枣儿。

这是一个绕口令，一口气说完才算好。

(6)朗读下列诗词,注意重音、停顿和语调的高低

①王勃《送杜少府之任蜀州》

城阙辅三秦,风烟望五津。与君离别意,同是宦游人。

海内存知己,天涯若比邻。无为在歧路,儿女共沾巾。

②秦观《鹊桥仙》

纤云弄巧,飞星传恨,银汉迢迢暗度。金风玉露一相逢,便胜却人间无数。

柔情似水,佳期如梦,忍顾鹊桥归路? 两情若是久长时,又岂在朝朝暮暮?

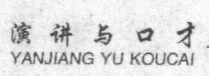

态势语言

[学习目标]
1.了解态势语言的含义及作用
2.了解态势语言的类型
3.掌握态势语言的运用技巧
4.掌握态势语言的训练方法,通过训练,能恰到好处地使用态势语言

第一节 态势语言概说

说话者在以有声语言"说"的同时,还要运用一定的无声语言来"表演",形成一种整体美感效应。这种美感是以仪表、手势、动作、眼神、表情及风度的综合运用展示的。它们虽是无声的,但却与有声语言一样在传达某种信息,是不可被忽视的,这通常被人们称为"态势语言"。

一、态势语言的含义及作用

(一)态势语言的含义

态势语言是指能够表情达意的人体的姿态、动作、手势和表情等。它是流动的形体动作,配合流动的有声语言,表达出说话者的思想感情;加强有声语言的感染力,弥补有声语言的不足。

态势语言是人类独有的语言形态,是人类以有义、有序的面部表情、体态语言、空间距离和服饰装束为物质材料的信息载体。

态势语言是演讲者必须具备的一种非口头语言,是演讲中不可缺少的直观性因素。美国心理学家艾伯特·梅拉比安说过:"人的感情表达由三个方面组成:55%的体态,38%的声调及7%的语气词。"这说明了态势语表达的重要性。心理学研究还表明:人的感觉印象77%来自眼睛,14%来自耳朵,视觉印象在头脑中保持时间超过其他器官。

态势语言是无声语言最主要的成分。态势语言与有声语言一样,在漫长的历史过程中,其含义已约定俗成。如点头表示同意,摇头表示否定;伸出大拇指表示称赞,伸出小指表示蔑视,等等。

(二)态势语言的作用

1. 强调作用

在口语表述过程中,有的意思已经表达得很清楚很充分了,但为了突出这层意思的重要性,常辅之以眼神或手势等,以便加强听众的印象。

2. 补充作用

在口语表述过程中,有的意思虽然表述清楚了,但意犹未尽,于是便用手势等态势语言加以补充,完善口语表达方面的不足。

3. 替代作用

在口语表达中的某一时段,有时会暂停讲话,而以态势语言替代后续的内容。这种替代,非但不影响听众对内容的准确理解,相反,还能收到"此时无声胜有声"的效果。

4. 审美作用

准确、简洁、优雅和富有个性的态势语言,不仅是演讲者思想感情的外化,同时也是演讲者风采风度的展示;既有助于演讲者顺畅无误地表达自己的思想感情,又能给听众以美好和谐的审美愉悦。

二、态势语言的类型及功能

态势语言包括面部表情、身体动作、空间距离和服饰装束等。掌握这些态势语言的内涵,是确保演讲中灵活运用态势语言的

前提。

（一）面部表情

面部表情是指眼睛、眉毛、嘴巴、面部肌肉及其综合运动所反映的心理活动和情感信息，是人在说话时情绪的自然流露，可以认为是一种特殊语言，任何社会成员都能读懂这种特殊语言。

有人问古希腊著名演讲家德谟斯梯尼"演讲家最大的才能是什么？"他回答说："表情。""其次呢？""表情。""再次呢？""还是表情。"可见表情的重要。正如罗曼·罗兰所说："面部表情是多少世纪培养的成功的语言，是比嘴里讲的复杂千百倍的语言。"所以，在演讲中要充分运用自己的面部表情，强化演讲效果。

面部表情主要集中体现在笑容和眼神上。

1. 笑容

笑容，即人们欢乐时所呈现出来的面部表情。笑和语言一样为人类所独有，它是一种具有感染力的体态语，是一种世界通用语。

笑是千姿百态的，有微笑、大笑、狂笑、苦笑、嘲笑、冷笑、狞笑、奸笑、真笑、假笑和皮笑肉不笑等。不同的笑，显示着不同的思想态度、情感心态，也产生不同的影响。

演讲者在演讲中一般应面带微笑。微笑是美好感情的自然流露，最容易得到对方的认同。微笑是自信、友好的标志，可以减轻、消除对方不友好的敌对态度；微笑是最好的化妆品，可以把人打扮得谦和动人，让对方感到心情愉悦，产生好感；微笑是最好的调解液，可以克服因害怕、紧张而怯场的窘态，帮助人镇静……所以微笑是与人交流的最好的非语言"武器"。不管演讲者的心情如何、态度怎样、情绪好坏、有何倾向，只要他笑，听众便立即可以读懂这种语言，并且受到感染。

演讲中，演讲者运用笑容这一态势语言，要注意以下三点。

首先，笑的时机要适当。要注意选择笑的时机、场合和话题。该笑的时候笑，不该笑的时候不能笑。欢快的、轻松的话题应该笑；庄重的、悲哀的话题就不能笑。

其次，要掌握分寸。演讲中的笑，要根据与听众的关系、演讲的内容选择是微笑，还是大笑。

最后,笑的时候要真诚。笑应该是发自内心的,而不是故意做作的。演讲者根据演讲的内容,在适当的时候发自内心地笑,才能引起听众的共鸣,才能让笑容这一态势语言的作用得到充分的发挥。

2.眼睛

眼睛是心灵的窗户,"眼睛会说话"。目光接触是态势语言沟通的主要信息来源。目光能使表情熠熠生辉,是整个面部最引人注目的部分。在说话中,准确地使用目光传情达意,可以起到画龙点睛的作用,能使听众更有效地理解你的思想、感情、人格和态度。

眼睛的运用主要包括三个方面:注视的时间、注视的部位、注视的方式。

(1)注视的时间。注视时间长表示友好、重视、颇感兴趣;注视的时间短表示不在意、漫不经心,甚至是蔑视。

(2)注视的部位。注视部位因场合不同、对象不同而有所不同。在业务洽谈、交易磋商和贸易谈判等公务活动中,目光停留的部位限于对方的前额至双眼之间的三角区,显得认真严肃、有诚意、积极主动,容易把握交谈的控制权。在社交场合,目光停留的部位则是对方双眼到嘴部之间的三角区,显得友善尊重,富于关切。而关系非常亲密的朋友之间、恋人之间,目光则更多地停留在对方的双眼和胸部之间,对于关系并不密切,甚至是陌生人之间,这种目光则是不合礼仪的。

(3)注视的方式有直视、凝视和环视等,不同的注视方式其效果也各不相同。如环视,在演讲中,眼睛向前,然后有意地环视全场的每一位听众,从听众的各种神态中了解现场情况和听众情绪,并根据了解的情况随时调整演讲的节奏、内容和语调,自如地控制说话的主动权。

目光语的使用必须与面部其他表情协调一致,与有声语言密切配合,而且要自信、自然、活泼,反对一动不动地直视听众,或滴溜溜乱转,或目光呆滞,昏暗无光,更不可随意挤眉弄眼,生硬做作。

(二)身体动作

在说话中,用身体的运动姿势去辅助语言,可以更准确、更有效

67

地表情达意,从而形成一种动态的形象,减少由于单调而带来的疲倦感。这种动态的表现有两种:一种是有意的,具有明确的意义,可代替语言沟通,如点头表赞成,摇头表反对或不知道;另一种是无意的,没有确实含义,只是伴随有声语言而动作,如随意性挥手。

在身体的运动姿势中,手势是最富有生命力的,手的表达能力仅次于脸部的表情,因此,我们说"手是人的第二张脸",是特殊的说话表情。在一般的说话情况下,手摆放的位置要自然、得体,切忌插在衣袋里,或者双臂交叉放在胸前。那样,会显得对听众不尊重,自己也好像被捆住了一样,手势的使用要为听众所理解、接受,要服从说话内容的需要。

（三）空间距离

人们在交往过程中,经常利用相对的位置作为信号来传递一定的思想,利用界域表达一定的情感,这就是态势语言所说的空间距离。人与人之间区域如果介于0—45cm,则是亲密区,只有诸如父母与孩子、配偶等关系亲密的人才有可能获准进入这个区域。

演讲时,使用的空间距离是1.2—3.6m的社交区域。社交区域表明人与人之间是一种公事公办的次级关系。面对几十或上百甚至千人以上的大部分并不熟悉的听众,运用好社交区域的空间距离,有助于自己顺利地完成演讲任务。

（四）服饰装束

在现代社会,服饰已不仅是用于防寒避暑,更多的是关系到一个人的整体形象,体现一个人的社会地位、情趣、修养、个性、职业以及精神面貌。得体的服饰,可以增加个人亲和力,增强个人魅力,给人留下美好的印象。

人之初识,90%来自于服饰。

在社交场合中,一个人的服饰既要自然得体,协调大方,又要遵守某种约定俗成的规范或原则。服饰作为一种特殊的交际态势语言,对自身、对他人都会产生影响,在演讲中也会起到意想不到的效果。例如:

1960年,在竞选美国第35任总统时,发生了一件出人意料的

事,思维敏捷、口齿伶俐、经验丰富,在美国民众中呼声很高的副总统尼克松,竟败给了参议员肯尼迪。究其原因是尼克松的仪表问题。1960 年 9 月 26 日,美国举行了历史上第一次电视大选辩论,电视中的尼克松身形消瘦,却穿着一件比较肥大的西装;肥大的衣领使他看上去有些松垮、消极;由于没有化妆,暗青色的两腮好似涂了"胡须膏";面容瘦削;强烈的灯光在他的眼窝周围形成了很深的阴影;偏偏这时他受伤的膝盖又疼痛不止,让他显得憔悴不堪,可怜巴巴。为此,选民认为尼克松是一个不注重细节,对选民缺少应有的尊重的人。

可见,一个演讲者要想使听众接受自己的观点和主张,首先必须引起听众对自己的好感、尊重和爱戴,而要做到这一点,美的仪表是一个不可忽视的因素。

一个演讲者要想给听众留下好印象,其服饰就要做到协调与适中,一是与个人的年龄、职业、身份地位以及肤色、体形相协调,整洁合体,突出个性。为此,演讲者在考虑服装时,必须有整体美感,不可为个别部位的美而破坏了整体形象美。身材与打扮要互相协调,身材肥胖的人应选择深颜色的服装或竖条的服装,不宜穿过紧的衣服,否则包得紧紧的,会非常难看;身体瘦长的人应选择浅色服装或横条的服装,可以显得丰满一些;皮肤白皙的人,穿深色、浅色的服装都可以;皮肤较黑的人,不宜穿白色、黑色的服装。二是注意交往对象和场合,庄重大方,美观和谐。国际上普遍遵循"TPO"着装原则:"T"(Time)代表时间、时令、时代;"P"(Place)代表地点、场所、地位和职业;"O"(Object)代表目的、目标、主题和对象等。也就是说,服饰打扮要具有时代感,要与交际场所,交际对象和交际内容相一致。

三、态势语言的使用原则

(一)真实自然
真实自然就是反对生硬呆板、故作姿态、刻意表演,像"背台词"一般的态势语言。这是交流双方建立信任的基础,是对态势语言运

用的最基本的要求。不真实、缺乏诚意、矫揉造作的动作手势是有害的,除了能够使听众感觉别扭、心生反感之外,起不到任何积极作用。

(二)有目的性

态势语言要有目的性。下意识的态势一般没有明确的目的性,有时一种手势、动作的产生,出自下意识,纯粹只是生理上的要求,并没有明确的目的性,不过这种手势、动作还是有用的,它可以帮助演讲者把声音有力、生动地传达出去。如果对这种态势进行加工,由不自觉变为自觉,由不够准确、优美变为准确、优美,使之具有号召力和鼓动力,就变成了具有目的性的态势。而有时的态势则具有很强的目的性,有意识地一挥手、一摆头、身子向前倾或向后仰,都有内在的含意和清楚的用意。

(三)服从内容

态势语言的运用是由演讲者内在的思想意图所决定的,恰当地传情达意,具有加强话语语气、帮助听众理解、促使听众接受的作用。没有或脱离了表达思想感情的需要,缺乏内在的根据,哪怕有意识去做一种手势,一个动作,听众都可能认为是节外生枝。另外,态势语言还要随着语言内容、情感的变化适当的变换,以期生动活泼、富于魅力。如果交流的内容是一个严肃的话题,那么态势语言也应庄重严肃;反之,如果交流的内容是一个相对轻松的话题,那么态势语言也应活泼轻松。

(四)符合个性

态势语言的运用同演讲者的性格气质紧密相连,个人的性格气质往往"规定"了他的态势语言特点:性格开朗、爽直、麻利,且说话、办事都十分快速的人,他的表情动作,尤其是手势动作,一般表现为急速、频繁、果断、有力;而性格比较内向的人,他的态势语言往往又表现为动作缓慢,手的活动范围较小,而且变化不多。因此,在运用态势语言进行表达交流的时候,表情姿势的设计要符合自己的个性特征,不要生硬模仿、机械复制,要根据自身条件加工提炼,显示自己的风格,这样,才能恰当地表情达意,才能给人以美感,从而产生更大的感染力和征服力。

第二节　演讲中态势语言使用技巧

一、演讲上台的体态动作

（一）上台前

（1）要看好地形、路线，了解观众的情况。

（2）整理好自己的衣服、资料、道具和发型等。

（3）请工作人员调整好音响、话筒高度。

（二）上台时

（1）要从容不迫、落落大方、潇洒自信。

（2）不能松松垮垮，随随便便，弓背弯腰。

（3）不能娇柔造作，扭捏作态，怪模怪样。

（4）不能缺乏谨慎，匆匆忙忙，大步流星。

（5）不能过于迟缓，拖拖拉拉，萎靡不振。

（三）上台后

不要急忙开口，而应用亲切的目光注视或扫视会场几秒钟，使听众的大脑做好接收信息的准备，得到无声的感染。

（四）移动

一般来说，在正规的场合演讲者站立好后是不宜移动的，但在特殊情况下，有时也要适当的移动。演讲者的身体如果需要移动的话，应注意以下三点。

1. 动要在理

必须符合演讲内容的需要，或者出于其他的目的，比如，为了进一步鼓动听众或者制止一些特殊情况的发生，演讲者可以向前走动。

2. 动有规则

演讲者在走动方向、节奏和快慢等方面保持一定的规则，既能活跃会场气氛，又能稳定听众的情绪。

3. 动要适当，宁少勿多

移动范围不应过大，不可跨越太远、来回走动。

二、演讲站立的姿态

演讲必须站着,这是一个基本原则。古今中外成功的演说家都是站着演讲的,就是在联合国的讲台上,不管是国家元首,还是政府要员,都一律站着讲,而且还限制时间。其原因就在于:一是表示对听众的尊重;二是避免长篇大论,或埋头念稿子的毛病;三是显示演讲者的精神风貌;四是增强和听众的交流,调节会场的气氛;五是演讲者站立,可以给人一个完整的形象,只有站立,才能使手势、身势自由地摆动。

(一)演讲站姿的要求

高尔基赞扬列宁的演说时说:"他站在讲台上的整个形象,简直就像一件古典艺术作品,什么都有,然而没有丝毫多余,没有任何装饰。"

鲁迅先生说过:"演讲有三美:意美以感心,一也;音美以感官,二也;形美以感目,三也。"演讲者一般都是站着讲,因为只有站着讲,态势动作才能自如,才能给人一个完整的形象,才能给人美的感觉。

(二)演讲站立的姿势要领

1.站要直

站在台上时要挺胸、收腹,保持两肩相平,上身和两脚与地面要基本垂直,身体不要靠在讲台上。

2.立要稳

身体重心平均落在两个脚上,两脚自然分开,不超过肩的宽度,或两脚一前一后站定,两肩放松,脊椎、后背挺直,胸略向前上方挺起,腿绷直,稳定重心位置。

(三)演讲站立的姿势类型

站如松,站要挺拔、坚定。站的时候,肢体要端正,略前倾,目视正前方。站姿主要有四种。

1.前进式

前进式是演讲者用得最多,使用最灵活的一种站姿。右脚在前,左脚在后,右脚脚尖指向正前方或稍向外侧斜,两脚延长线成45度左右的夹角,两脚跟距离在7厘米左右。这种姿势重心没有固定,

可以随着上身前倾与后移的变化而分别定在前脚与后脚上,不会因时间长身体无变化而给听众不美观的感觉。另外,前进式能使手势灵活多变,由于上身可前可后,可左可右,还可转动,这样能保证做出不同的手势,表达出不同的感情。

2. 稍息式

一脚自然站立,另一只脚向前迈出半步,两脚跟之间相距10厘米左右,两脚之间形成75度夹角。运用这种姿势,形象比较单一,重心总是落在后脚上。一般适应长时间站着演讲中的短期更换姿势,使身体在短时间里松弛,得到休息。一般不长时间单独使用,因为它给人一种不严肃之感。

3. 自然式

两脚自然分开、与肩同宽,平行相距约20厘米为宜,太宽会影响呼吸和声音的表达,太窄则显得拘束。

4. 丁字式

两腿略微分开,前后略有交叉,身体的重心放在一只脚上,另一只脚则起平衡作用。这样不显得呆板,既便于站稳,也便于移动。

此外还有立正式等。适当的站姿,会使演讲者觉得全身轻松、呼吸自然、发音畅快,特别有助于提高音量、做慷慨激昂的演讲。

在演讲中,这些站姿一般都不会单一地出现,它常常与手势、面部表情、身体其他部位结合在一起,形成体态语言的节奏感,而且这种节奏又是与有声语言的节奏相吻合的,从而形成演讲的整体节奏。

(四)站立时两手的姿势

(1)双手自然下垂放在身体两侧。

(2)两手合拢放在腹部。

(3)一手拿书,一手垂下。

(4)两手按在讲桌边。

三、演讲中的手势

(一)手势动作在演讲中所起的作用

手势,是演讲者运用手指、手掌、拳头和手臂的动作变化,表达

思想感情的一种态势语言。

（二）手势动作的分类

1. 按表达功能特点分类

（1）情意性手势。这种手势语，主要用于带有强烈感情色彩的内容，能表达出演讲者的喜、怒、哀、乐。它的表达情深意切，感染力强。如，西方政治家在一些盛大的群众集会上演讲之前，面对热烈鼓掌的广大听众，他们会将双手举过双肩，手心向外，向听众摇摆。它表示两个含义：一是对听众的欢迎致以礼节性的谢意，二是恳请听众可以停止鼓掌，以便他开始演讲。和其他类型的手势语相比，情感性手势语在演讲中运用得最多，其表现方式极为丰富。

（2）指示性手势。这种手势主要用于指示具体人物、事物或数量，给听众一种真实感。它的特点是动作简单，表达专一，一般不带感情色彩。指示性手势有"实指"和"虚指"之分。实指涉及的对象是在场听众视线所能看到的；虚指涉及的对象是远离现场的人和事，是听众无法直接看到的。如，当说到"你""我""他"，或者"这边""那边"，"上头""下头"等，都可以用手指一下，给听众以实感。这种手势语，只能指示听众视觉可及范围内的事物和方向。视觉不及的，不能用这种手势语。

（3）象形性手势。这种手势主要用于模拟演讲中的人或物的形状、高度、体积和动作等，给听众以生动、明确、形象的印象。这种手势常略带夸张色彩，不能机械模仿，不能过分地夸张和有过多的表演痕迹。比如，讲到"袖珍电子计算机只有这么大"，说的同时用手比画一下，听众就可知道它的大小了。这是一种极简便而常用的手势语。

（4）象征性手势。这种手势的含义比较抽象，如果能配合口语，运用准确、恰当，则能启发听众的思考，引起听众的联想，给听众留下鲜明具体的印象。

2. 按活动的区域分类

（1）肩部以上，称为上区手势。手势在这一区域活动，一般表示理想、希望、喜悦和祝贺等；手势向内、向上，手心也向上，其动作幅度较大，大多用来表示积极肯定的、激昂慷慨的内容和感情。

（2）肩部至腰部，称为中区手势。手势在这一区域活动，多表达平和、安静的情绪，没有什么激烈的情感起伏。一般在叙述事物和说明事理时使用。其动作要领是单手或双手自然地向前或两侧平伸，手心可以向上、向下，也可以和地面垂直，动作幅度适中。

（3）腰部以下，称为下区手势。手势在这一区域活动，一般表示憎恶、鄙视、反对、批判和失望等，有时也表达一种决心。其基本动作是手心向下，手势向前或从两侧往下压，动作幅度较小。

手势活动区域不同，表达的感情不同，了解了这一点，做手势时就要注意，该在上区活动的不要停留在中区，该在中区活动的不要停留在下区。这样才能把手势做得"清水出芙蓉，天然去雕饰"。

3. 按使用单、双手分类

单手做的手势叫单式手势；双手做的手势叫复式手势。它们能在不同程度上辅助口语的表情达意。在运用时要注意以下三点。

（1）感情的强弱。一般来说，讲到批评或表扬，肯定或否定，赞同或反对时，其情感特别强烈时，可用复式手势。在一般情况下，用单式手势较为合适。

（2）听众的多少。一般来说，会场较大，听众较多的场面，为了强化手势的辅助作用，激发听众的情感，可以用复式手势。反之，用单式手势较为合适。

（3）内容的需要。形式是为内容服务的，这是决定用单式手势或复式手势的最根本的依据。如果离开了内容的需要，即使会场再大，听众再多，也不宜用复式手势。同样，根据内容的需要，应该用复式手势时，如果使用单式手势，则显得单薄无力。

四、眼神在演讲中的使用

眼睛的神态在演讲与交谈中具有重要的表情、表意和控场作用。在与听众的交流中，有经验的演讲者，总是能够恰如其分地、巧妙地运用自己的眼神，去表达千变万化的思想感情，调整演讲和现场的气氛，影响听众以收到最佳的效果。反之，凡是不成熟的演讲者，总是一站到台上，就把自己的眼睛"藏"起来，不是低头看着自己

的讲稿,看着地板,就是抬头看着天花板,转头看着会场的外面,从不正视听众一眼,像这样的演讲,可以肯定地说,其结果只能是失败。

（一）眼神的使用方法

1. 前视法

前视法,就是演讲者视线平直向前,以听众席的中心线为视线中心,向两边弧形扫视,由前面向后面推进,直到落到最后一位听众头上。视线推进时不是匀速,要按语句有节奏地进行;同时要顾及坐在偏僻角落里的听众。

2. 环视法

环视法,即有节奏或周期性地把视线从听众的左方扫到右方,再从右方扫到左方;从前边扫到后边,从后边扫到前边,以便不断地观察和发现所有听众的动态。视线每走一步都是弧形,弧形又构成一个整体——幻想。这种方法主要用于感情强烈、场面较大的演讲。

3. 点视法

点视法,即把目光集中投向某一角落、某一部分,或者个别听众,并配合某种手势或表情。这是一种最有实效、最有内涵的眉目语言。在处理很特殊的情感或听众中出现不良反应时,可大胆运用此法。此法适用于制止听众的骚动情绪。应该注意的是,使用点视法要短暂,不能老是盯着人家看,否则容易使被看的人感到难堪、不好意思。

4. 虚视法

虚视法,即演讲者的目光在全场不断扫视,眼睛好像看着每个听众的面孔,实际上谁也没看,只是为了造成演讲者与听众之间的一种交流感,弥补因为环视和点视可能使部分听众感觉受到冷落的缺陷。这种方法是"眼中无听众,心中有听众",在演讲中使用频率很高。使用这种眼神可以克服紧张的毛病或掩饰胆怯心理,显示出端庄大方的神态来,不至于看见台下一双双注视的眼睛而害怕,它对初次登台的演讲者十分有效。另外,这种目光还可以表达愤怒、悲伤和怀疑等感情。

5.侧视法

侧视法,即按"Z"或"S"形运用视线,这种方法在演讲中用的也比较多,它的作用与环视差不多,主要是为了与全场的听众沟通。

6.闭目法

闭目法,即短时间闭上眼睛。人的眨眼一般是每分钟5—8次,如果眨眼时间超过一秒钟就成了闭眼。闭眼用得不多,一般讲到悲壮的事件,演讲者极度紧张,心情难以平静的时候可运用此法,使激动的心情平静下来。

7.仰视法和俯视法

演讲时不要总是注视听众,可以根据内容运用仰视和俯视。表达爱护、怜悯和宽容等感情时,可以让视线向下;表示尊敬、撒娇、思索和回忆时,可让视线向上。

(二)眼神的使用原则

1.明确使用的目的性

要自觉赋予眼神以一定的内容,明确使用的目的性。因为眼神本身总带有一定的思想感情色彩,如果你不能有意识地使用它,或者失去自我感觉地乱用一通,势必引起听众的误解。比如,要给听众一种可亲感,以利于他们接受你的意见,就应该让眼睛闪现热情、诚恳、坦白、亲切的光芒。倘若你不能明白这一点,或甚至不自觉地让眼睛放射出一种轻蔑、冷淡、虚伪或者咄咄逼人的目光,得到的就必然是相反的效果。

2.环顾或者专注不能失度

"环顾"不是不断地变换眼睛的瞄准点,让眼睛滴溜转个不停,而是有意识、有节制地流转。经验表明,眼睛从一个地方扫到另一个地方,又从另一个地方转回原来的地方,如此不断地循环往复,不但不能照顾全场,集中听众的注意力,反而会害得听众也跟着你乱转,从而分散了注意力,严重时甚至可能引起一种厌倦情绪,从此不再注意你的眼神。也有一些演讲者走向另一个极端,以为专注便是固定于一点,无须变动,这样才能加深听众的印象。其实专注也是有限度的,而且一般只是短暂的停留。演讲者,如果只把眼神固定在一个死点上,那么他便把大多数的听众忘了,大多数听众也不能

从他的眼睛里,去理解他的思想与感情。

3.与其他因素协调一致

眼睛的活动不但要和脸部的表情协调一致,而且还要同有声语言和态势密切配合,才能收到更大的交流效果。协调一致才容易为听众所理解,也才能有效地把眼睛的神色变化烘托出来。

第三节　演讲态势语言的训练

演讲的态势语言有时候比演讲本身更重要。好的演讲技巧要利用态势语言,包括演讲者的姿态、眼神、表情和手势等,它不仅有一定的表情达意的作用,而且更主要的是可以弥补口语表达的不足,使思想感情表达得直观、充分、形象和具体。因此,一位好的演讲者学习演讲技巧,不仅要有较强的口语表达技能,还要努力掌握态势语言技巧,从听觉和视觉两方面来调动、感染听众,使演讲达到一种趋于完美的境界。

一、态势语言训练的原则

(一)真实

审美的突出特征就是真实,真实最美,最容易被接受,效果也最强烈,真实的感情,需要通过真实的态势语言来表达。

(二)自然

恰如其分,和谐得体就是自然。演讲者要按照听众的文化观念和演讲情境的要求,服从演讲内容的需要,符合演讲者的自然条件和性格特征。凡是矫揉造作、畏畏缩缩,都是空虚、紧张和虚假的表现。要想自然大方,就要全身放松,尤其是肩和肘,不能端肩,肘不能夹着。

(三)精选

亚里士多德认为,一个人身体姿势上,一切过多的无意义的举动,皆足以表示一个人的浅薄、轻浮、胆怯和狂妄。因此,手势必须经过精选、加工和修饰,使其具有代表性。否则,手势太频繁,或者重复、滥用,不仅会喧宾夺主,而且还会让人觉得单调乏味,甚至会

引起听众的反感。

（四）对比

动与静、曲与直、高与低、快与慢等强烈的对比，能够刺激人们的联想，使演讲更富于变化。

二、态势语言训练的方法

态势语言的训练，有日常训练法、模仿训练法、对镜训练法、背诵训练法、观摩训练法和借鉴表演艺术训练法等。

（一）日常训练法

这是最简便的方法，在日常交际中可随时随地运用和训练。每个人每时每刻都在使用语言，我们要在使用中，留心观察、揣摩别人优美的眼神或手势、姿态。自己也要有意识地使用态势语言，有时还可以不讲话，直接用态势语传情达意，如赞许、蔑视和制止等，都可以只用眼神、表情或手势来表示。如能长期坚持，就能逐步提高自己态势语言的表现力。

【训练】观察并收集人们说"你好""再见"等常用语句时的各种不同手势，说说这些手势同说话者的性格或交际双方的人际关系有什么联系。又如说"我""你""他"时的各种手势，选用你认为最合适的手势进行自练。表示同一意思的手势不止一个，如以简单的手势示意"我"为例，有的以手轻按胸口，有的以食指指自己鼻子，还有的以拇指自指。

简析：不同方式含义不同。第一种手势，一般是用来表示谦虚和诚意，而第三种手势，往往用来表示夸耀。

（二）模仿训练法

模仿，是指自觉模拟他人行为，即仿效行为。模仿是人的自然行为，也是人们在社会化过程中逐渐习惯的行为。在听演讲的过程中，细心观察演讲者所运用的态势语言，认真琢磨他们的态势语言是否恰当自然、和谐优美，能否有效地表达思想感情。通过观察分析，提高自己的审美能力、鉴赏能力，对于他人运用的一些能给听众留下深刻印象的优美态势，不妨做一些模仿练习。

（三）对镜练习法

照镜子，是从另一个角度看自己。一些平时自己不易发觉的问题，照镜子则能很容易反省。这和当众练习演讲有异曲同工之妙。在对镜练习之前，可以根据演讲的内容对态势语言做个大致的设计。有设计、有想法和有目标地进行练习，可以收到事半功倍的效果。设计后，就可以进行对镜练习，边练习边琢磨，看看哪些动作是多余的、不协调的，甚至是拙劣的，及时发现问题，并加以纠正。这种方法行之有效，许多著名的演说家在训练态势语言时，都采用此法，诸如古希腊的德谟斯梯尼、孙中山、萧楚女等。自己对着镜子训练，无拘无束，没有精神负担和紧张感，身体放松，能够大胆练习表演，反复练习，不断修改。练习时可以把动作分解，先单项训练，一项一项地练，把那种最自然、最真实、最美的动作找到，并且固定下来。这样，经过反复持久地练习，逐渐熟练，最后成为自觉的动作。

【训练】对着镜子做如下表情的训练：

（1）微笑。嘴微张，嘴角上提，两颊肌肉略微紧张呈轻微堆积状，两眼现出和善的神情。

（2）悲哀。轻微蹙眉，眼角、嘴角下撇，两颊肌肉松弛，眼里流露出忧伤的神情。

（3）愤怒。双眉紧蹙，双眼怒视前方，鼻孔张大，嘴唇紧闭，嘴角向下。

（4）吃惊。双眉上挑，两眼圆睁，嘴部张开，脸部肌肉拉长，眼神中流露出惊讶。

（四）背诵训练法

就是通过背诵文艺作品或演讲稿，根据其内容和感情变化，锻炼态势语言的配合能力。首先通读全篇，掌握作品的主题和作者所要表达的思想感情，然后划出感情段落，定好基调，边背诵边做表情手势。

（五）观摩训练法

《外国艺术名家论演员的姿态美》中说："如果一个人经常地、孜孜不倦地细心观察那些技艺高超的画家的作品，或者雕刻大师制作

的雕像,那么这将是有用的,这些大师们几乎都会成为技艺高超的演员,同时又会成为庄重的演说家,所以,借助于这样细心的观察,一个人既可恰当地训练自己的想象力,同时也可试着在表演中模仿那些印在自己脑海中的形象。"

"收集一小部分图片,经常研究它,会提高你在选择姿势和体态方面的鉴赏力。"

"因为绘画和演说家永远是互为模特儿,所以我想在这里再一次重复我早先多次对你们讲过的话,一个人必须从伟大画家的作品中去发现姿态的生命力和姿态美。"

名家的阐述全面而深刻。演讲者应观摩雕塑、绘画和摄影作品,增加内心感受,加强心理视像,使动作更典型、更具美感。

(六)借鉴表演艺术训练法

演员的出色表演是标准化、典型化的情态。借鉴模仿演员的表演,是提高态势语言运用的有效方法。我们可以在看电影和电视时,观察、学习演员在各种情景里表情达意时的态势,抓住动作要领,仔细揣摩,这种直观形象的"教材",能给我们深刻的印象和影响。

舞台艺术表演动作,是长期以来舞台艺术工作者不断总结、创新、提炼而成的。它利用虚拟、象征、夸张等艺术手法,巧妙地表现现实生活,传达人物属性感情。它活泼自然,优美凝练,深受广大人民群众的喜爱。演讲中的态势语言虽然和舞台表演动作有很大区别,舞台表演夸张成分较多,我们不能把它照搬到演讲中来;但是,如果我们平时能够多看一些戏剧表演,从中学习借鉴,对于我们学习演讲、提高运用态势语言的能力,一定会大有裨益的。

三、态势语言训练的内容

(一)力度的训练

优美的态势语言,需要充沛的力量做支持。力量本身就是一种美。如果手势推出去没有一定的力度,僵硬的或是轻飘飘的就很难达到应有的效果。锻炼身体,加强四肢和颈部的力量和灵活性的训练,是至关重要的。

力度训练的方法：

（1）右臂屈成约 50 度，掌心向内，然后翻掌心向外，与此同时，用力推出。

（2）右臂屈成约 90 度至胸前，掌心向上，用力向右斜上方向画弧甩出。

（3）右臂屈成约 90 度至腹部，掌心朝下，用力向右斜下方向画弧甩出。

左臂训练方法与右臂相同，但方向相反。

（二）灵活性的训练

演讲时，态势语言应自然活泼，切忌僵硬、呆板，因此要进行灵活性的训练。

1. 活跃全身机能

人的肌肉和关节，会因心理紧张压抑的缘故，限于本能的紧张僵硬。必须先除去这种心理，而使身体运动伸展自如，毫无束缚，这样才能有灵活的姿态。

2. 手臂的训练

手臂放松，使之向里挥舞。将两臂伸直，绕大圈子，先向前，再向后，各几遍。侧举两手，使之成水平状态，手臂放松，手腕摇动，带动手臂活动。向上举手，垂直，放松两臂，使它们依靠本身的重量落下。

3. 腿的训练

举右腿向前，腿脚自然放松，使之下垂而摇动。举右腿离开地面四五十度，自然放松，使之依靠其本身的重量自然落下。左腿训练，方法相同。

4. 头颈腰部的训练

将颈放松，使头无力地慢慢向前垂下（要自己觉得头有重量），慢慢地把它举过右肩，再放松，任凭它向后倾倒，再举过左肩，向前垂下，再依其相反的方向练习，各九遍。如前状，腰部放松，使它前后左右运转，后复原。

5. 眼睛的训练

眼珠在眼眶内旋转，先自左而右，再自右而左，共数次。眼珠移左侧（头不动），放松，眼珠回到中间；眼珠移右侧（头不动），放

松,眼珠回到中间;眼睛大睁,直至露出眼白;将眼皮睁开,而不露出眼白。

闭左眼,再闭右眼的训练(反复数次)。

6.口部的训练

口角向下,张口,深呼吸,吹气,做哭状。口角向上,张口,深呼吸,吹气,做笑状(注意:不深呼吸是哭笑不出来的)。口角向下,张口,深呼吸,吹气,做苦笑状(反复数次)。

（三）演讲态势语言五步训练法

1.亮相训练

亮相训练,也是演讲者上场后开口前的态势语言训练。演讲者的亮相,对演讲者形象的树立、听众注意力的集中和情绪的调动等都起着重要作用。

目的:克服怯场心理,培养良好的习惯。

要求:

仪表——服饰整洁得体,适度淡妆。

表情——精神饱满,落落大方,从容镇静,面带微笑。

走姿——轻快稳健,目视前方,上身略前倾。

站姿——抬头挺胸,收腹,两臂自然垂于身体两侧。女性,丁字步;男性,平行分列步或前后错开步。

鞠躬——上身前倾45度,目视下方点头,然后抬头起身,目视听众。

正视——目视正前方,可集中看一个点,也可不聚集某一点某一人,而是把听众作为一个整体看。

环视——面带微笑,以诚挚的目光正视前方,以正视方向为起点,眼睛随头部摆向左方(或右方)45度,然后转向右方(或左方)45度。

方法:首先提出要求,由练习者自己对镜练习,然后假定某个地方为演讲会场,让练习者以演讲者的身份走上讲台,鞠躬行礼,环视全场后正视前方,然后下场。由学生和老师给练习者找出问题,提出整改要求,要特别注意纠正由于紧张而导致的咳嗽、低头、摆体、抓耳挠腮和玩弄衣角等下意识的动作和不雅站姿。

2.态势语言基本功训练

演讲态势语言的含义有许多是约定俗成的,一使用大家都能够理解,如握拳表示决心、力量,单手或双手抚胸表示个人的心愿、想法、感受,等等。这些都是态势语言的基本功。

学生演讲中态势语言的使用存在着许多问题,或者不美观、不大方,小里小气放不开;或者过于夸张,追求表演化,让人觉得滑稽可笑,这些都需要纠正。态势语言基本功训练,可以帮助学生掌握符合演讲要求的手势、动作,提高艺术修养。

目的:使学生尽快掌握常规手势、动作,能熟练的运用。

要求:每个学生的常规手势、动作,要自然规范,符合要求。

方法:可分两步走,第一步要求手势规范,第二步要求动作与面部表情、眼神、头部摆动等协调一致。

3.态势语言与有声语言配合训练

态势语言与有声语言配合训练,即将态势语言与演讲内容相结合的训练。将态势语言的基本功用于演讲中,让学生一边说一边做动作。

目的:熟练地将态势语言基本功运用到演讲实践中。

要求:动作适时自然、大方得体,表情、眼神与演讲内容协调一致。

方法:先背熟演讲词,然后在老师帮助下结合演讲词设计好动作,对镜反复练习,最后请老师和同学提出问题,指出改进方向。

4.态势语言设计训练

态势语言设计训练,即根据演讲词学生自行设计态势语言的训练。掌握了态势语言的基本功,又能在实践中加以运用,学生便有了自行设计态势语言的基础和信心。

目的:让学生学会根据自己的理解设计符合自身特点的态势语言。

要求:态势语言的设计必须有助于演讲内容的表达,能增强有声语言的表现力、感染力,动作不拘泥于态势语言的基本功,要富有个性。

方法:自己创作或选定演讲内容,将其背熟,自行设计态势语,

然后对镜练习,分组交流,最后每个组推出代表登台演讲,由学生和老师共同组成评判组评分,并对其设计和现场表现予以讲评。

5.态势语言自然化训练

态势语言自然化训练,即将自觉的态势转化为自然态势的训练。

演讲注重表达个人的思想、感受,充满感情、个性,无论是有声语言还是态势语言都应发自肺腑,因而态势语言的最高境界就是"清水出芙蓉,天然去雕饰",只有这样,演讲才会感人、动人,让人感受到演讲的真情实感。

目的:使演讲态势语的训练产生质的飞跃,完成由自觉到自然这样一个过程,以达到演讲态势语言训练的最终目的。

要求:态势语言的运用应适时、适度、不露设计痕迹;动作与表情、眼神协调一致,与演讲内容协调一致。注意纠正生硬,做作等毛病。

方法:第一,讲清态势语言评判标准、方法。第二,观摩高水平演讲(看录像)。第三,观看一般性的比赛,重点是找态势语言运用方面的问题。第四,创作或自选演讲稿,学生背熟后自行设计动作,照镜练习,小组交流,教师指导。第五,学生登台演讲,教师考核评分,不合格者继续练习,直到合格为止。

综合训练

1.什么是态势语言?态势语言的特点和作用是什么?

2.态势语言的使用原则有哪些?

3.下面列举的不同眼神有可能反映出说话人或听话人的哪些心情?根据平日的观察,开展讨论,然后说说自己的体会。

正视、俯视、斜视、凝视、环视、漠视、点视、虚视

4.手势语言是怎样分类的?演讲常用的手势有哪些种类?

5.召开一次演讲会,每位同学从下面提供的题目中临时抽题(或另外出题),作三分钟即兴演讲。注意观察每位同学出场、控场、退场以及讲话过程中的身姿、手势、表情和眼神等。会后同学们互相评判。

训练内容:欢迎你到来——

我爱我的——

如果我当上了——

朋友,我们一起——

6.请按手势建议表演"0的断想":

0是谦虚者的起点,

骄傲者的终点。(象征手势。可单手掌心向上,抬小臂,微伸,中区。翻转掌心,向下。)

0的负担最轻,

但任务最重。(情意手势。抬臂至肩下,握拳,拳心向内。)

0是一面镜子,

让你认识自己。(指示手势。松拳,掌心向内。)

0是一只救生圈,

让弱者随波逐流。(情意手势。翻转掌心,向下;由内向外缓缓地移动。)

0是一面敲响的战鼓,

使强者奋勇前进。(举起右手,带动小臂,向前向上抬;手与肩平,动作要有力度。)

提示:在这个训练中,老师应成为一个严格的监督员、评论员,应目光敏锐,善于"鸡蛋里面挑骨头",找出毛病,哪怕是个微小的不被人注意的细节。

7.态势语言训练。

(1)微笑训练。面对镜子进行微笑练习。要求:自然、真诚、亲切。

(2)眼神训练。①平视、仰视、俯视、斜视。②用不同的眼神表达下列词语的内涵:愤怒、怀疑、惊奇、不满、害怕、感慨、刚强、稳重、深沉、亲切、高兴、遗憾。

(3)形体训练

①坐姿训练。在高低不同的椅子、沙发上,练习各种坐姿。要求:自然、大方、优雅。

训练方法：

● 按坐姿基本要领,训练入座、就座、离座。每次训练应坚持15—20分钟。

● 坐在椅子边缘,使背与大腿、大腿与小腿呈直角,两臂自然下垂,双肩微微弯曲,同时收缩腿肌、腹肌与背阔肌。双肩尽量向后仰,坐几分钟后放松,反复练习,加强肌肉的张弛度。

● 练习双腿垂直式、双腿斜放式和双腿叠放式等几种常用坐姿。

②站姿训练。

训练方法：

● 贴墙站立。要求脚跟、小腿、臀、背和头贴墙。

● 背对背站立。两人一组,背对背站立,两人的小腿、臀部、背、后脑勺都贴紧。小腿之间夹一张小纸片,不能让其掉下。

● 双脚并拢,收缩膝盖、臀部与腹部肌肉,尽量踮起脚尖,使全身紧张,再慢慢放下脚使身体放松,反复练习,直到自如、站稳。

● 练习自然式、稍息式站姿。

③走姿训练。

要求:挺胸、抬头、收腹、平视;面带微笑,充满自信、友善;男性重稳健、力度,女性重弹性、轻盈。

训练方法：

按照走姿的基本要领反复对镜练习。有条件的话,可以将自己的走姿录下来,对不规范的地方进行改正。

8.用眼神表示以下文字意思。

正视表示庄重,斜视表示轻蔑,仰视表示思索,俯视表示羞涩,逼视表示命令,瞪视表示敌意,不住地打量表示挑衅,低眉偷觑表示困窘,行注目礼表示尊敬,白他一眼表示反感,双目大睁表示吃惊,眨个不停表示疑问,眯成一条缝表示高兴。

目光明澈表示胸怀坦荡;目光狡黠表示心术不正;目光炯炯表示精神焕发;目光如豆表示心胸狭窄;目光执着表示志向高远;目光浮动表示轻薄浅陋;目光睿智表示聪明机智;目光呆滞表示心事重重;目光坚毅表示自强自信;目光颓废表示自暴自弃。

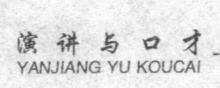

实用口才（上）

[学习目标]
1. 掌握介绍与交谈的技巧,掌握居间介绍的顺序
2. 了解拜访与接待的礼仪及注意事项
3. 掌握劝慰的基本要求及技巧,掌握道歉的技巧
4. 掌握拒绝与应对的技巧,学会委婉地拒绝
5. 掌握赞美与批评的语言技巧

第一节　介绍与交谈

　　介绍与交谈,在交际活动中占有重要的地位。因为人与人之间,总是从不认识到认识,然后再进行交际活动。如果说介绍是一切社交活动的开始,而交谈则是社交活动通向成功的桥梁。

一、介绍

　　介绍是社交中人们互相认识,建立联系必不可少的手段。掌握一些必要的交际用语,往往能使交际活动一开始就出现一种礼貌、和谐的气氛。

（一）自我介绍的基本内容和语言技巧

　　自我介绍就是自我推销。人与人之间的相识往往是从自我介绍开始的。从某种意义上说,自我介绍是进入社交的一把钥匙,关

系到能否顺利地打开社交之门。

1. 自我介绍的基本内容

自我介绍的基本内容包括:姓名、职务、工作单位和住所、籍贯或出生地、毕业学校、特长与兴趣、爱好,有时还应介绍经历、年龄。

内容是否和盘托出,需视具体情况而定。一般来说,以联系业务为目的或纯礼仪性的自我介绍,应简单些;自荐或交友为目的的自我介绍,应该详细些。不管是繁是简,介绍的信息都要有助于谈话的继续进行。

2. 自我介绍的语言技巧

自我介绍的目的,是要给人留下良好的、难忘的第一印象。为此,必须讲究自我介绍的语言技巧。

(1)巧报姓名。自我介绍少不了"自报家门",为了使对方听清并记住自己的姓名,往往要加以注释,注释得越巧,给人的印象越深刻。同时,对姓名的注释,还可以反映一个人的文化水平、性格、修养和口才。例如:

有位青年叫聂品,他是这样巧报姓名的:"我叫聂品,三只耳朵,三张口,就是没有三个头。"有位青年叫单知愚,他是这样注释自己的姓名的:"我叫单知愚,就是善于知道自己的愚笨的意思。"这样一说,他的名字就会深深印在对方的记忆里。

姓名的字比较难认、难写或容易产生歧义时,可加以解释,如"弓长张""立早章""耳东陈""双口吕""木子李""言午许""孔子的子""路程的程"和"道德的德""展览的展"等。

(2)把握分寸。自我介绍不仅是对自己基本情况的客观陈述,也包括自我评价。涉及自我评价的内容应恰到好处。应做到自信、自识、自谦。

自信,即对自己的能力、特长要敢于肯定,不要回避。一个充满自信的人,才能给人一种较强的感染力,使之产生与你交往的欲望。

自识,即有自知之明。在肯定自己长处的同时,还应严格地剖析自己的短处。这种实事求是、一分为二的自我评价,才能令人信

服,从而对你产生信任感。

自谦,即在肯定自己的长处时,要留有余地,不要说得太"满",不宜用"很""最""极"等表示极端的字眼,以免给人留下"狂妄自大"的感觉。

(3)独具创意。避开千篇一律的介绍,独辟蹊径,选择既顺口自然又使对方感到意外的内容,采用幽默风趣的语言把自己"推销"给别人,定会给人留下良好的印象。例如:

有位才女,叫竺重。她把自己的姓名设计成谜语,让别人猜,"有人就'笑'——这是我的姓,'千里相逢'——这是我的名。"("竺"加上"人"才是"笑","重"是"千"与"里"相迭而成)很有创意。

"百家姓中我为先,诗圣大名在中间,再选屈原一个字,加在姓名最后边。抗日战争得胜利,我出生前三十年,赤橙黄绿青蓝紫,是我业余好伙伴。"

用八句顺口溜介绍了自己叫赵甫原,1975年出生,喜爱绘画。

用这种方法进行自我介绍要注意:使用的谜面不要过于难懂,应选人们熟知的人物、事物,让人一听就懂。另外,还要注意场合的问题,一般庄重、严肃、正式的场合不宜采用这种方式。

(4)幽默生动。语言生动,幽默风趣能给人留下更加深刻的印象,同时也比较容易引起人们的好感和认同,产生与之接近的愿望。例如:

台湾著名艺人凌峰在中央电视台举办的春节联欢会上是这样介绍自己的:"我就是光头凌峰,我是以丑出名的,中华5 000年的沧桑和苦难都写在我的脸上。"话音刚落,台下掌声、欢呼声响成一片。

凌峰的自我介绍之所以产生这样好的效果,是因为他抓住自己的形象特征,并把它加以夸大,既风趣幽默,又出人意料。别人不好说他丑,他自己说出来;别人能说出的,他又夸大了;别人想不到的,

他不但说出来了,且说得很妙,令人愉悦,使人发笑,且笑过之后,还有余味。这本身就是一种艺术,给晚会徒增了一层浓烈的喜悦气氛。

在并不严肃的场合,语言诙谐幽默对活跃气氛很有帮助。

(二)居间介绍的内容和语言技巧

戴尔·卡耐基说:"作为一个交际者,应学会如何做介绍、充当中间人。学会了这一点,会使你的交际左右逢源,成为一个成功的交际人士。"

1.介绍顺序

居间介绍,是介绍者站在第三者的立场,使被介绍双方相互认识并建立关系的一种交际活动。在居间介绍中,介绍者既要做好"媒人",促进双方关系的建立,又要兼顾自己同双方关系的发展。交际礼仪中的居间介绍遵循"尊者居后"的原则,尊者有权先了解别人,顺序不宜颠倒。

具体地说,介绍顺序是:

先把男子介绍给女子;

先把职位低的人介绍给职位高的人;

先把年轻人介绍给年长者;

先把未婚者介绍给已婚者;

先把公司同事介绍给客户;

先把非官方人员介绍给官方人员。

如遇有交叉两难的情况,需要灵活掌握。

单独介绍两人认识,应先了解他们是否想结识对方,或衡量一下两人是否有相识的必要,免得造成不必要的尴尬。

2.介绍内容

(1)要选择双方都感兴趣的内容进行介绍,才能引起双方的注意,促进双方的结识。例如,你把一位老师这样介绍给一位生意人:"这位是小王,她是学校的老师。"这位生意人一定会不以为然。但是,你换上另一种说法:"这位是小王,她是位老师。她丈夫是贸易公司的经理。"这样介绍,选择双方都感兴趣的内容,促进产生相识的愿望,就搭起了双方结识的桥梁。

（2）介绍内容还应根据双方的情况，有所侧重地介绍双方的爱好和特长，尤其是有共同爱好的更应如此。例如："小张也很喜欢钓鱼，有机会你俩可以切磋切磋。"这种介绍对促进双方了解、建立友谊是非常有益的。

3. 居间介绍的语言技巧

（1）直接陈述，简洁明了。介绍他人时，要避免拐弯抹角，故弄玄虚。正确的方法应该是用简洁明快的语言，三言两语勾画出被介绍人的轮廓。如："这位是我的朋友老李，他是搞电视艺术的。""这位是小李，很喜欢唱歌，你们肯定会谈得来的。"

（2）征询引见，得体有礼。即采用询问句式，征得同意后再引见。这种方法不仅能显示出你对双方的尊重，而且询问的语调使人产生一种亲切感，易于为双方所接受。如："王先生，我可以介绍张小姐与你认识吗？""李经理，你想了解××产品的供求状况吗？这是××产品的推销员，他可以回答你的问题。"

无论是自我介绍，还是居间介绍，都应注意：一是介绍时应镇定自若，落落大方；二是音量适中，口齿清晰，语速不可太快；三是不要以作怪相来掩饰慌乱，更不能扭怩作态。

介绍虽属细节，但如果掌握得体，会使被介绍双方感到十分愉快，并受到应有的尊重，为彼此之间的友好往来牵线搭桥，穿针引线，创造良好的基础。同时也显示出介绍人教养有素，具有较高的人际交往水平。

二、交谈

交谈，是人类语言表达活动中一种最基本、最常用的方式。交谈就是两个或两个以上的人以口头语言为工具，以对话为基本形式，面对面进行思想、感情和信息交流，达到互相了解的一种语言表达活动。

交谈活动以对话为基本形式。每一个对话的组成，都包括发话者、受话者和对话内容三个方面。三者缺一即不成为对话。

在交谈活动中，对话的主体和客体不具有固定性，而且有互换性。也就是说，语言表述的进行不呈单向性，而呈双向性或多向性。

唯有如此，方能称为交谈，而不是演讲或报告。要使交谈顺利进行，对话内容应该是交谈各方所能理解的，否则也不能构成交谈。

广泛的交谈可以沟通信息，获得知识；可以联络感情，增进友谊；可以洽谈业务，创造效益；可以明辨是非，伸张正义。掌握和提高交谈的语言艺术，可以使每个人走向成功。

（一）交谈特征

1. 即兴性

交谈是面对面接触后才开始进行的，所以不能事先做好准备，即使有些涉及工作的交谈，可以事先考虑一个交谈的中心，但也无法做详尽的准备，因为交谈的双方在交谈的过程中，每个人都有各自的想法。在交谈的同时，还会产生新的想法，这就决定了交谈往往是边想边说的即兴发言。即兴说话思考时间短，出语快，所以交谈者必须听辨灵敏、反应迅速，否则会使交谈受阻不畅。

2. 相互性

交谈是由双方或多方共同进行，所以交谈双方都受对方的制约。交谈中，必须使自己的话与对方的话相呼应，否则会驴唇不对马嘴，导致交谈失败。这就要求交谈者要注意倾听对方的谈话，而后做出恰当的反应，方能达到"酒逢知己千杯少"的境地。

3. 灵活性

交谈有时没有明确的中心，只是自然而然地任意交谈各种话题。有时有中心，但由于时间、地点和交谈对象的变化，不得不改变话题，或者发现自己原先考虑的意见不合此时此境，而决定改变交谈内容和说话方式，避免造成误会和损失。交谈的灵活多变性，要求交谈者具有灵活的应变力，切合时宜地寻找和转换话题。

4. 并行性

交谈是一种双向传递信息的语言活动，双方互为发言者，互为听众，所以交谈者不仅要善于说，还要善于听，而且是边说边听，互换进行的。从某种意义上说，听比说还要重要，不会听话的人，往往也不善于说话。

（二）交谈开头

万事开头难，好的开头是成功的一半。唱戏的讲究开场，只有

精彩的开场,才能引起观众的兴趣。与人交谈也是这样,开头的好坏,是决定这次交谈能否顺利进行,能否达到交谈目的的关键因素。因此,开始交谈的最初几句话,是十分重要的;或者说开始的几分钟,是交谈的关键时刻。特别是在与陌生人交谈时,你能在交谈开始的几分钟里,紧紧地吸引交谈的对方,引起他的兴趣,那么,也许你的人生将会因此而改变。

交谈伊始,给对方留下的第一印象如何很重要,对方会根据对你的印象做出或是积极的,或是消极的反应,从而决定交谈的成功与否。

交谈如何开头?八仙过海,各显其能。善谈者各有各的办法,交谈的开头是绝不相同的。

但一般来说,交谈开头应该注意以下八点。

1. 专心

要专心致志地注意交谈对象和交谈话题。有些人一开始交谈就东张西望,漫不经心,没有人会喜欢同这种人交谈。专心,集中注意力是对他人的重视和尊重。也只有集中精力与人交谈,才能在谈话中得心应手;而只有得心应手,才能反过来更增强自信心。

在他人与我们一开口说话时就应加以重视,尤其是对方或介绍人的第一句话特别值得认真去听。如遇上陌生人,介绍人可能会说:"这是陆先生,他刚从法国留学回来。"这句话十分简单,但它已提供了一些有益的线索,帮我们寻求到了谈话的突破口,从而使交谈过程顺利而愉快。而假如我们不专心,没听清介绍人的这句话,也许谈话会难于开口。

"陆先生对公共关系学很有兴趣。"如听到了第二句关于陆先生的介绍,无疑会对对方有更多了解,并有更多的谈话题材。"他近来正在筹办一个公共关系学会。"假如这是第三句介绍的话,我们知道的信息就更多了,可谈的也就更多了。总之,专心倾听对方或介绍人的任何一句话,都有利于与对方进行成功交谈。

戴尔·卡耐基说:"成功的交谈,并没有什么神秘。专心地注意那个对你说话的人,是非常重要的,再没有比这么做更具恭维效果的了。"

2．兴趣

既要对别人感兴趣,也要引起别人的兴趣。对发生的一切,所谈的一切,都要表示很有兴趣。如有可能,交谈前要尽可能了解对方的有关情况,预先设计交谈的方式和程序,投其所好,因势利导,这一点尤为重要,否则就会"话不投机半句多"。所谓投机就是找到共同语言。如《红楼梦》中薛宝钗同贾宝玉谈"四书五经",他便兴味索然;而贾宝玉与林黛玉谈《西厢记》就很投机。

3．自信

可以确立自己的形象,并刺激对方交谈的欲望。但是自信绝不是自大,盛气凌人。

4．友好

有人问一群大学生,交谈时他们最厌烦的是什么? 答复是:"让人厌烦的既不是话题也不是谈话的人,而是他们的态度。"他们发现和态度友好的人交谈很容易,和武断固执的人谈话很难。

友好的语言,宛如和煦的春风,荡开对方的心灵。一般来说,人们都愿意亲近那些喜欢他们的人。如果你对在场的人表露不满,对他们的谈话挖苦讽刺,交谈通常难以进行下去。但友好的话语一定要发自内心,不要惺惺伪善比不友好还令人讨厌。

5．面带微笑

微笑是一种感兴趣的友好表现,说话时要流露出你对别人的好感。把愁容留在家中,别把自己弄得像个受损害、被误解的可怜虫,让大家都来围着你。

6．得体

常言说三思而后行。交谈中应在说话前多想而不是事后追悔。由于我们不知道别人的敏感点,有时难免会伤人感情。我们应尽量避免因粗心造成对他人的伤害。

7．灵活

谈话的话题是经常变化的。成功的交谈者应随机应变。

8．稳重

特别是同陌生人交谈,不仅说话要稳重,态势语言也要稳重,避免刺耳的、庸俗的话题,满嘴的脏话,切忌高兴时手舞足蹈,痛苦时

捶胸顿足。

衡量交谈开头好坏的标准，首先是你能否在短短的几分钟里，与对方建立起感情的第一座桥梁；其次，是否创造一个和谐的交谈气氛，唤起对方的交谈欲望和情绪；再次，是否打开了局面，引起对方的高度注意。

当然要使交谈圆满成功，仅满足于和停留在好的开头是不行的，如果没有深入的交谈，就难以获得完整的印象。

（三）成功交谈的技巧

1. 善于寻找话题

两个人在一起聊天、交谈，如都不知从何说起，就会出现沉闷的尴尬。因此，作为交谈者，可以从以下几个方面着手寻找话题，打破尴尬局面，活跃气氛。

（1）寻找共同点。要善于从交谈者身上寻找共同点，并由此引出话题，这样就会引发亲近感，越谈越投机。例如：

1984年5月，里根访问上海复旦大学，在与大学生座谈时，由于双方在地位、语言等方面的差别，使座谈会一开始便出现了双方不知从何谈起的局面。这时，里根使用了寻找共同点的方法。他说："其实，我和你们学校有着密切的联系，谢希德校长同我的夫人南希是美国史密斯学院的校友，照此看来，我和各位自然也就是朋友了！"话音刚落，全场响起热烈的掌声，座谈气氛自然融洽起来。

（2）从聊天场地寻找话题。谈话总在一定的环境中进行，可从聊天场地呈现在眼前的事物寻找话题。如房间布置、字画、书籍、摆设、树、花……以此说上几句，使聊天轻松自在。与陌生人谈话时总不免会出现一些"冷场"，不时地沉默下去，忽然觉得没有话源。主要是因为谈话双方的注意力没抓住眼前，没从现场发展他们的思路。谈话开始时要从眼前开始，什么时候断线，注意力就要立刻回到眼前，断了的线就会接起来了。若懂得这一点，见了什么人都有话可讲，发挥得好，还可以滔滔不绝。例如：

　　第二次世界大战期间，美国科学家萨克斯去请求总统罗斯福拨款以研制原子弹。萨克斯百般陈述利害，罗斯福仍然不为所动。临走时，萨克斯发现罗斯福办公室的墙壁上挂着一幅画，上面画着一艘潜艇，顿时计上心来："19世纪，曾有人向拿破仑提出过制造潜水艇的建议，拿破仑觉得很可笑，没有采纳。如果拿破仑采纳这个建议，今天欧洲的历史就要重写了。"罗斯福听罢，立刻改变了态度，同意研制原子弹。

　　这里，萨克斯正面论述受挫，不能再正面谈了，只有转换话题，他从聊天现场的一幅画说起，针对罗斯福的总统身份，转谈拿破仑的故事，表面上转换了话题，实质上想通过拿破仑来说服罗斯福回到主题，不知不觉中说服了罗斯福，达到了目的。

　　2. 善于转换话题

　　谈话一般没有贯穿始终的话题，要注意把握转换时机。当一个话题正是交谈中心时，不应随意转换，免使对方摸不着头脑，不知所云，影响交谈气氛。

　　3. 善于委婉表意

　　遇到批评时，可以采用委婉的语言表达自己的看法，帮助对方克服弱点。例如：

　　一位老师做家访，本意是要告诫家长关心孩子的学习，但她没有直接表述，而是对家长说："你的儿子很聪明，将来必定大有作为。"家长听了这话，心里十分高兴。老师接着说："你的儿子成绩考差了，不敢把考卷拿给家长签字，便模仿家长的笔迹自己签字。上课时，手在书桌下面搞小动作，但面部表情却似在认真听课。这种才能不是每个孩子都有的，这反映出你的儿子很聪明。如果引导得当，将来必成大器。"这位老师家访并未直接告状，而是在笑谈中提醒家长多关心孩子的学习情况。由于老师巧妙地使用婉言表意法，使家访在轻松愉快的闲聊中达到了目的。

　　又如：

一天早晨,华盛顿的秘书迟到了,借故说:"对不起,先生,我的表出了点毛病,以致我以为时间还很早。"华盛顿却说:"恐怕你得换一块手表,否则,我就得换一个秘书。"华盛顿接过秘书的话,风趣地提出两个解决的办法。既不使对方难堪,又能使对方意识到问题的严重性。

4.善于诙谐幽默

要使交谈轻松愉快,需要使用幽默风趣的语言,创造愉快的交流气氛,并在说说笑笑中讲明道理。例如:

重庆谈判时,毛泽东曾与文艺界人士座谈聊天,有人问:"毛先生有没有信心战胜蒋先生?"这是当时国人关注的焦点。毛泽东机智而又不失风趣地笑答:"蒋先生的蒋字,是将军的将字上加一棵草,他不过是草头将军而已。我的毛字,不是毛手毛脚的毛字,而是一个反手,意思是,代表大多数中国人利益的共产党,要战胜代表少数人利益的国民党,易如反掌。"这原本是一个严肃的话题,却让毛泽东在谈笑中轻松地解决了,收到了意想不到的效果。

5.善于自我解嘲

聊天中,会由于对方失言或突发的干扰而出现难堪,如处理不当,则会使双方感到尴尬,令人扫兴。相反,如能处变不惊,从容镇定,运用幽默风趣的语言,把双方从尴尬中解脱出来,则不仅能维护和谐气氛,而且能为聊天增添新意。

自我解嘲往往是把自己的短处、缺点由自己展示并加以夸大和突出。例如:

马克·吐温有一次乘火车旅行,中途列车员过来检票,马克·吐温翻遍身上所有口袋,就连座席和地板也仔细搜寻了一遍,可还是没有找到车票。这时列车员已认出这位大作家,便安慰说:"算了,先生,别找了。您回来时把车票让我看一下就行了。如果实在找不到,那也无妨。"马克·吐温却十分焦急地说:"怎么无妨呢?要

是找不到这张车票,我怎么会知道今天我是上哪儿去呢?"马克·吐温丢了车票不假,为此也挺难为情,可他怎么也不至于连自己去哪里都忘得一干二净。面对列车员的宽慰,他灵机一动,干脆嘲弄自己一番,简直把自己夸大成一个白痴。这样一来,不仅机智地解除了眼前的尴尬,还通过幽默的调侃暗示列车员,自己确实有票,只是一时间找不到罢了。

6.寻找话题上的误区

有些人认为寻找话题是一件很难的事,这是因为他们对选择话题存在着误区。

(1)以为那些不平凡的事情才值得一谈,绞尽脑汁想说些惊天动地的爆炸性事件,或是一些令人捧腹的大笑话。其实,人们除了爱听一些奇闻逸事之外,也很愿意和朋友们谈一谈日常生活的琐事,这同样是很好的交谈题材。

(2)以为谈些深奥高雅,很有学问的话题,才能使人肃然起敬。如果开口闭口抽象的哲学理论,或是原子结构、相对论,那一定很难找到兴趣相同的说话对象。事实上,人们更多谈论的是发生在身边的事情。

因此,谈什么都合适,足球、乒乓球、真理、道义、食物、饮料、书本、皇帝、小说、电影、电视、菜市场、所得税、新闻事件和国家政策等。只要不是滔滔不绝地去揭别人的隐私,对陌生人谈论自己的私生活,在大庭广众数说家人或朋友的缺点使他们丢脸,抓住一个话题唠叨没完,你尽可以海阔天空的谈。不必因为怕人说你没有独特见解而犹豫踌躇,不敢表示同意别人的观点,也不必因为怕人说你唱对台戏而吞吞吐吐,不敢反对别人的意见。但是要记住,在表达不同意见时态度要友好,使谈话可以继续下去。

(四)交谈结束

一般情况下,谈话者无论谈得多么高兴,多么畅快,都最好能在适宜的时候妥善结束,因为人的注意力不可能永无休止地保持高度紧张状态,而且,我们与人谈话,是建立在不妨碍对方工作,不扰乱对方生活秩序的前提下的,特别是对于那些工作非常紧张或是生活纪律非常严格的人,我们更应该把握时间。

有的人发现,从与某些人的谈话中能得到快乐与兴趣,便一再延长,希望获取更多,结果往往因小失大,连已经得到的效果都被破坏了。就像有些演说者,因为看见听者反应不错,便想多享受一下自己的成功,谁知就因这"贪"字,没有"见好就收",结果反而使自己的演讲逊色,甚至"砸锅"。

一次好的交谈,欲达到"与君一席话,胜读十年书"的效果,也要有一个好的结尾。余音绕梁,三日不绝。因此,当与他人交谈时,尤其要善于把握结束的时机。该结束的时候,若能爽快地结束,就会给今后再次的交谈留下无穷的诱惑与吸引力。

(五)交谈中的八大禁忌

1. 不要片面武断

避免作笼统的概括。如"政客都道德败坏"。一竹竿打翻一船人。说话要适当,如说:"权贵都容易变得道德败坏。"就仔细周到,同时要注意口气不可武断。

2. 不要自命不凡

自以为高于一切,比谁都优越的态度,显然会使你立刻陷于孤立。

3. 不要争辩

不要盛气凌人动不动就争吵。不要为辩论而辩论。有不同意见时,做一个"友好的反对者"。

4. 不要死气沉沉

要对对方的俏皮话有所反应。不要迫使他一个人承担全部的谈话任务。两人参加的交谈,一个半心半意,就毫无乐趣。

5. 不要虚情假意

要赞扬别人,但不要过分。不要滔滔不绝言过其实,令人作呕。赞美该赞美的东西。

6. 不要以我为中心

不要给人一种印象:你认为宇宙在环绕着你转。

7. 不要力争去当社交场合的中心人物

我们佩服有口才的讲故事者,聪慧过人的才子,还有富有幽默感染力能使晚会笑声不断的人物。但决不要因此认为我们的每一句话必须是一则笑话,认为交谈的主要目的就是大笑。有益的交谈

可以是轻快的,也可以是严肃的。

8.说话时不要含糊不清

口齿要清楚,声音要响亮。

(六)交谈训练

训练如何交谈的练习很少。讲故事、替人作介绍都可以事先预演。但训练交谈的最好方式就是交谈本身。

1.与家人进行练习

如果你觉得自己的弱点是找话题困难,那就谈论大家都看过的戏剧、电影或电视节目。尽量多谈一会儿。从当天报上刊登的事情中去找谈话内容,找出五六个可谈的题目,带到餐桌上去。

2.和朋友进行练习

邀请几位朋友到家中来玩。在安排活动时,留出一部分时间大家谈谈。如果你觉得生来好客是你的长处之一,并想发挥这个长处,那么对别人的谈话要态度和蔼、兴趣盎然地倾听。

3.和陌生人进行练习

把你学到的那些原则付诸实践。随时留意对你有用的启迪。要适应对方的情况,尽量多说。做一个精神抖擞、兴致勃勃的听众和谈话人。

4.努力寻找交谈的机会

(1)寻找扩充交谈内容的合适机会。遇见朋友和生人时应有健康的精神面貌和积极的态度。每一次说话的机会都是一次锻炼的机会。随着你谈话水平的提高,你会越来越体会到有益的交谈所给予你的激励和娱乐。

(2)正式谈话场合要事先做好准备。倘若你要去参加一次业务会议,或者要去面试,尽可能熟悉这方面的问题。倘若要去见陌生人,尽可能事先了解他们的情况。即使是临时遇上这种情况,也可以作好这种准备,可以先考虑后开口。但不必事先考虑或预习某一个具体场合中要用些什么词句,因为这是徒劳的。你永远无法预料谈话会转入什么内容。还有,采用学过的内容时,别指望一下子就会使你越过下一次谈话中的障碍,以及以后的一切障碍,这不可能。但只要你掌握了交谈的原则,有过一些实践经验,那么对任何情况,

你都可以沉着应付。

第二节　拜访与接待

在社交活动中,拜访与接待是两种常见的形式。借助这种交际活动,人们可以达到相互了解,沟通信息,加深感情,增进友谊的目的,而要充分实现这个目的,则需掌握拜访与接待中的语言技巧。

一、得体的拜访语言

拜访是指为了礼仪或某种特定目的而进行的访问、访晤。按其性质区分,拜访有公务拜访和私人拜访之别。

公务拜访,大多与国家、社会的政治、经济、文化等密切联系,至少也关系一个部门、一个单位的工作与发展,所以是一种严肃的、正式的交际活动,一般都要事先安排,甚至精心组织。

在人际交往活动中,走亲访友是一种常见形式,属于私人访晤。私人拜访不但是必要的,也是有益的。

私人拜访,从形式上看,有初访、重访、回访之分;从内容和特点上看也可分三类:礼仪性拜访、事务性拜访和随意性拜访。初访,往往比较郑重;重访,是关系趋密的表现;回访,则体现了"来而不往,非礼也"的传统民俗和道德观念。

至于礼仪性拜访,主旨在于融洽人际关系;事务性拜访,大多为了解决某些具体事务,例如,委托事宜、邀约等;随意性拜访,一般发生在至亲好友之间,可以聊天谈心,拉家常。

不同形式、不同特点的拜访,会话语言自然千变万化。然而,它们在结构上也存在着共性。拜访语大体上包括进门语、寒暄语、晤谈语和辞别语四个部分。

(一)进门语

到了亲友家门口,要先轻轻地敲门,或者短促地按一下门铃。即使门开着,也应很有礼貌地问一声:"请问,×××在家吗?"或者问:"请问,屋里有人吗?"听到回答后再进入,不要贸然闯入。

同主人见面后,要立即打招呼。至于怎么打招呼应根据拜访的形式和内容而定,然后再跟着主人进房。

(1)初访者,一般用比较客气的话打招呼。如:"一直想来拜访您,今天如愿以偿了!""初次登门,就劳驾您久等,真不好意思!""真对不起,给您添麻烦来了"。关系比较密切的,可以随便一点。

(2)重访者,打招呼就不必多礼,一般简单地说一句"好久没有来看您了",或者说"我们又见面了,真高兴。"关系密切的,不妨以玩笑的口吻说:"我又来了,不招您讨厌吧!"

(3)回访大多出于礼仪或答谢,打招呼要考虑这个特点。如"上次劳驾您跑了一趟,我今天登门拜谢来了。"或者说:"上次托您办事,一定给您添了不少麻烦,今天特地登门拜谢。"

(4)礼仪性拜访大多与唁慰、祝贺、应酬等有关,进门语要与有关内容联系起来。如说:"听说您生病住院,今天特地来看望您。""好久不见,借您走马上任的东风,给老朋友贺喜来了。""听说您的儿子已被××大学录取,特地赶来祝贺!"

(5)事务性拜访,进门语就要从本次拜访的目的考虑。

(6)随意性拜访一般无拘无束,双方关系密切,所以进门语可有可无。

(二)寒暄语

寒暄语是人们见面时打招呼的用语。寒是寒冷,暄是温暖,兼顾问寒问暖两个方面。在社交活动中,寒暄是双方见面叙谈家常的应酬语言,带给人们的是关心、亲切的温暖之情。

寒暄语,应注意以下三个问题。

(1)话题应自然引出。

(2)寒暄内容一定要符合情境、习惯,不可以随心所欲,信口开河,避免犯禁忌。

(3)寻找共同点,建立认同心理。建立认同心理,就是主人和客人都要善于挑选对方都有兴趣或都有共同感受的话题,以求得心理上的接近与趋同。这样,可以沟通感情,为双方进一步交谈创造一个融洽、和谐的气氛。例如:

客:这副对联是你自己写的吗? 写得真不错!

主:你过奖了。我不过是跟××老师学过一段时间。

客:你也是××老师的学生,我也曾跟他学过。

主:太好了。看来我们应该称师兄弟了。

这段寒暄语,话虽不多,却缩短了双方的心理距离,使双方在感情上靠拢,为进一步交谈营造了和谐的气氛。

(三)晤谈语

在拜访晤谈中应注意以下三个方面。

1. 节制内容

寒暄之后,客人应选择适当的时间,用言简意赅的语言说明来意,以免耽误主人过多的时间。一般交谈时间以半小时为宜,随意性拜访除外。谈得太多,既可能影响拜访主旨的表达,又可能出现"言多必失"的情况,影响拜访目的的实现。

2. 节制音量

登门拜访时,无所顾忌,高谈阔论,会搅乱主人及其家属安静的生活,引起主人的反感。因此,客人谈话应降低音量,保持适度,千万不要敞开嗓门说话。

3. 节制体态语

主人对客人的印象来自听觉和视觉。客人应举止文明,避免得意时手舞足蹈,不安时频繁走动,痛苦时捶胸顿足、号啕大哭,或说话时指手画脚等不雅动作。

(四)辞别语

即告别语,有以下几种:

(1)同进门语相呼应。

(2)表示感谢,请主人留步。如"感谢热情款待,请留步。"

(3)邀请对方来自己家作客。

(五)拜访的注意事项

(1)时间的选择对于实现拜访目的有很大影响。一般来说,清晨、吃饭、午休和深夜均不宜登门拜访。

(2)万不得已作了不速之客,一见面就要说:"真抱歉,没打招呼

就这么跑来了。"

(3)交谈的用语和口气,要顾及对方的辈分、地位等,还要看相互间的关系。

(4)不要忽略适当同主人的家属交谈。

(5)多人拜访,不要一个人抢着说话,要让大家都有机会说话。

(6)对主人的敬茶、敬烟应表示感谢,自己要抽烟,应征得主人的同意,说:"对不起,我可以抽烟吗?"

(7)遇到另有来客,应前客让后客,说:"对不起,我有事先走了,你们谈吧。"或"对不起,我有点事,失陪了。"

(六)拜访时,遇到下列情况该怎么办

(1)进门前发现门口铺着一块脚垫。

注意:要将鞋底在上面蹭干净,因为主人家可能铺着地板砖或地毯,至少地面一定擦得很干净。

(2)茶几上没有摆放烟灰缸或烟灰缸没有经常使用的迹象。

注意:尽量不吸烟,实在想吸的时候要征得主人同意。

(3)开始谈话的时候主人还有问有答,过了一会儿不再主动发问,只是简单回答你的问话或干脆只听你说。

注意:主人或是对交谈已不感兴趣,或是有什么其他事要办,你该告辞了。

(4)主人正看电视,你进去之后他并没有把电视机关掉,只把音量放小。

注意:说明主人很想继续看电视,如果不是十分必要的拜访,你应该尽快告辞。

二、热情好客的主人

不善言谈的人,在客人面前会手足无措,使客人尴尬。所以,你应做热情好客的主人。

(一)塑造主人热情好客的形象

生活中,有不少人见了某人或登其家门后,就不太愿意再见其人或再登其门了。原因何在?主要就在于主人待客时没有做到热情真挚。人都是有感情的,你冷冰冰的样子,爱理不理的神气,或是

漠视他人的模样,哪个舒服?谁能接受?正是:你有什么了不得?下次不见你,不再登门就是了!

对待客人,应该热情真挚。对于下述客人,更要如此。

初次相遇的客人,初次登门的客人,远方来的客人,久而未见的客人,职位、经济条件低于自己的客人,等等。

那么,作为主人,怎样才能体现热情真挚呢?大体可归纳为五点:

1. 笑脸相迎

笑是文明的表现,也是好客的标志。笑是主人赠给客人珍贵的见面礼。宾主相见,尤其是初次相见,客人首先看到或注意到的,往往是对方的面部表情,并从中判断对方是否欢迎自己,对自己是否友好。主人面带笑容,哪怕是微微一笑,起身上前迎接宾客,客人就收到了主人珍贵的"见面礼",也就会高兴、愉快。

一般来说,面对长辈、前辈,笑脸相迎是必不可少的。就是不速之客,也要笑脸相迎。对于来访者的进门语应礼貌周全、热情地应答,可以表示慰问或感谢。

2. 主动搭话

作为客人,到他人家去,总不如在自家随便,免不了有些拘束,放不开手脚,有时真不知说些什么才对,因而显得局促不安。这时,主人要细心观察客人,主动与他搭话,这会显得你亲切,平易近人。否则,客人就会拘束,甚至产生被冷落了的感觉。一句话,主人应学会与客人寒暄。

搭话的内容,当然应因人因时因地而异。一般来说,对于长辈、前辈,应从身体状况谈起;对于同龄人,尤其是中青年,最好先从对方的工作、生活情况谈起。这样,客人就会感到主人对自己很关心,自然会心生愉快之情。

3. 谦和有礼

礼貌是一个人有修养的表现,谦和是人们交口称赞的美德。不言而喻,谁都希望与谦和有礼的人相处。作为主人,要想赢得宾客,谦和有礼是十分重要的。

如果主人和气谦让,处处有礼有节,客人就会感到主人好客,感到对方尊重自己,因而也就乐意与主人亲近。

主人谦和的言行有：用尊称称呼对方，用商讨的口气说话；不在客人面前炫耀自己，多褒扬客人；不计较对方言词，心胸豁达、大度。

主人礼貌的言行有：主动与客人握手，请客人入座；沏茶递烟、拿糖、点心、水果等；吃饭让客人先吃完；出门送客，道声"走好哇"，"有空再来玩"之类的话。

4．诚心款待

在交际往来中，免不了有些吃喝等开销。对待客人，诚心招待，一般来说，客人不会忘记，你会得到回报，从而增进友谊。有时应挽留客人吃饭住宿，陪着逛街、看电影，代购车船票等，也是应尽之谊。

5．创造和谐气氛

面对一些特殊场合，如自己正忙做事或与他人交谈，家里气氛紧张等，见有客人来，主人应说些能够创造和谐气氛的幽默风趣的话，或者开个适当的玩笑，以消除紧张气氛，进而招呼客人。

客人较多时，主人要善于将他们互相介绍，注意协调好他们之间的关系。同时，应注意自己的中心位置，既不要主不如宾，也不易让人感到厚此薄彼，等等。

（二）待客礼节

会见客人时，要仪容整洁，蓬头垢面，或穿着睡衣短裤等会客是不礼貌的。客人进门，首先应主动问好，然后备茶让座。如事先得知客人要来，应洒扫门庭，整理内务，备些糖果糕点。如客人不约而来，也应将紊乱的物品赶紧收拾一下，并向客人表示歉意。

只对来看望自己的客人热情，对前来拜访家里其他成员的客人漠不关心，态度冷漠，也是不礼貌的。

不要当着客人的面与家庭成员争吵，这等于下"逐客令"，是很不礼貌的行为。有矛盾，待客人走后再解决。即使客人来时恰巧你正与家人争执，也应立即"化干戈为玉帛"，热情迎客，不要向客人诉苦，更不要让客人当"裁判"，辨明家庭是非，置客人于难堪的境地。

假如客人把你家里的东西搞坏，或者把环境弄脏了，千万不要露出讨厌的神情，客人弄坏或弄脏了东西，心情很内疚，应加安慰："不要紧，没关系的。"

与客人交谈时，不要总看钟表，客人以为你在催他快走。

客人要走,一般应婉言相留,急于送客,是不礼貌的,如客人真心要走,告辞的态度坚决,也不要强留。强行留客看起来是热情好客,实际上常使客人陷于走不得、留不得的难堪境地,同样是不礼貌的。有时强行把客人留下,说不定还会耽误客人很多要办的事,造成损失,而客人又有苦难言。

送客时,应等客人起身后,再起身相送,不能客人一讲要走,主人就率先站起来,给人留下"巴不得快走"的坏印象。送客一般应送到门口或路口,特别是初次来的客人,应主动介绍自家附近的车辆,交通情况,帮助选择便利的回程路线,或送到车站。

客人来访时,常常会带些礼品。送客时,应有所表示,相应地回赠些礼品,绝不能若无其事,理所当然似的。

客人来访,如临走时突然下雨或气候变冷,应主动关心客人,拿出雨具或御寒的衣服。

去车站、码头送客时,如无特殊情况,一般要等火车开动,轮船起锚方能离开,过早地撇下客人离开,是不礼貌的。

(三)家来了客人,像下面这样做好吗? 应当怎样做?

(1)你家铺地毯,你主动问客人:"要不要换上拖鞋?"

注意:这句话应当由客人说。因为客人可能汗脚,脱鞋怕"污染空气",也可能是袜子不干净,甚至破了,不愿"露丑"。你应当让客人随便些,给人以宾至如归的感觉。如果地毯脏了,你只能事后清洗,别无他法。

(2)并不是真的有事,只是希望人家离开,于是有意看手表。

注意:不够礼貌。你可找个借口,用委婉的话劝客人"下次再来"。用言语明说比用动作暗示要显得大方,也不会引起误解。

(3)来了几位客人,其中有一位默默地坐在一边,只是听,不开口,于是你关心地问她:"你怎么不说话呀?"

注意:有些冒失。这样的人一般都比较羞怯,你越这样问她,她越紧张,反倒会更局促。你可以多用眼神同她招呼,也可以从赞美她的衣着或某件装饰引她说话。

(4)你的几位老同学来做客,不一会又来了两个他们不相识的新朋友,于是你又忙不迭地招呼新来的客人,又是送饮料又是削苹

果,忙得不亦乐乎。

注意:不妥,应先介绍两批客人互相认识。如果有两间屋也可以在简单介绍之后把新来的客人让到另一间去。

第三节　劝慰与道歉

一、劝慰

当同事、朋友、亲属遇到了麻烦,遭到了不幸时,理应伸出援助之手,努力排忧解难,给不幸者以安慰鼓励,这就是劝慰。

(一)劝慰的基本要求

给予不幸者以劝慰,是为人处世的一种美德。但是,要使我们的劝慰真正收到实效,必须遵守劝慰的基本要求。

1. 要同情,不要怜悯

人遭到挫折和不幸的时候,十分需要别人的同情。真挚的同情,是站在完全平等的地位上交流思想感情,给对方以精神和道义上的支持,并分担对方的感情痛苦,使不幸者痛苦、懊丧的消极情绪得以宣泄,并有助于消除心理上的孤独感,使他们增强战胜困难的信心。

怜悯不是平等的思想感情的交流,而是对不幸者的感情施舍。这种施舍只能有两种结果:一是刺伤不幸者的自尊心,激起他们的反感,从心理上拒绝接受;二是使不幸者更加心灰意冷,无法振作精神,重新站起来。

所以,应注意的是,劝慰必须是真诚的,是发自内心地想要帮助不幸者分忧解愁,让对方摆脱痛苦,而不应是被迫的,出于某种礼节的应酬。这样,你就会自然地知道该怎么说,该怎么做了,也才能给不幸者以安慰,否则只能给人带来伤害。

即使面对残疾人,你也不能用怜悯的目光,茫茫然然的眼神,因为残疾人不是畸形动物,而是有感情的人。

2. 要鼓励,不要埋怨

遭遇不幸和挫折的人,由于一时无法摆脱感情的羁绊,往往会

垂头丧气，消极悲观。此时，最重要的是要通过积极的鼓励，给对方信心和勇气，让他在困难的时候看到光明的前景。消极埋怨只会使不幸者更加悲观，个别情感脆弱的甚至会酿成悲剧。例如：

有一个考生一连两次参加高考都只因为几分之差而名落孙山。在第二次高考失败后，他心灰意冷不想再考了，这时，他的一个同学鼓励他说："你两次考试都只是几分之差而落榜，这说明你的底子还是厚实的，尤其是你的数理功底好，只要在英语上再加一把力，我想你会跨过这道坎的！"听了同学的激励之言，这个考生加紧复习，终于在第三次高考后迈进了高等学府。

这个考生本来十分想取得高考的成功，只是因为失败而造成一时间的心灰意冷，这时，他特别渴望得到别人的鼓励，而他的同学正好顺其心愿，通过摆事实讲道理，让这个情绪消沉的考生一下子又见到了光明，闻到了花香，马上神清气爽，干劲倍增。

每个人的一生中都难免有缺憾和不如意，也许我们无力改变这个事实，而我们可以改变的是看待这些事情的态度。

人首先要能够正确面对人生的缺憾，要在最短的时间内接受下来。不要纠缠在里面，一遍一遍地问天问地，这样只能加重你的苦痛。

其次，要尽可能地用自己可以做的事情去弥补这个遗憾。如果一个人不能接受这些遗憾，将会导致什么样的后果呢？

一种遗憾可以被放得很大。放大遗憾的后果是什么呢？那将如印度诗哲泰戈尔所说："如果你因为错过太阳而哭泣，那么你也将错过星星了。"

于丹《〈论语〉心得》中曾提到英国著名网球明星吉姆·吉尔伯特的故事。

这个女孩子小的时候经历过一次意外：

一天，她跟着妈妈去看牙医，这本来是个很小的事情，她以为一会儿就可以跟妈妈回家了。但是我们知道，牙病是会引发心脏病

的。可能她的妈妈之前没有检查出来存在这种隐忧,结果让小女孩看到的是惊人的一幕:她的妈妈竟然死在了牙科的手术椅上!

这个阴影在她的心中一直存在着。也许她没有想到要看心理医生,也许她从没有想过应该根治这个伤痛,她能做的就是回避、回避、永远回避,在牙痛的时候从来不敢去看牙医。

后来她成了著名的球星,过上了富足的生活。有一天她被牙病折磨得实在忍受不了,家人都劝她,就请牙医到家里来吧,咱们不去诊所,这里有你的私人律师,私人医生,还有所有的亲人陪着你,你还有什么可怕的呢? 于是请来了牙医。

意外的事情发生了:正当牙医在一旁整理手术器械、准备手术的时候,一回头,吉姆·吉尔伯特已经死去。

当时伦敦的报纸,记述这件事情时用了这样一句评价:吉姆·吉尔伯特是被四十年来的一个念头杀死的。

这就是心理暗示的力量。一个遗憾能被放大到多大呢? 它可以成为你生命中一个阴影,影响到你的生命质量。

当然很多人不见得会面临上述这种极端的例子,但大家一定听到过这样的说法,一个人在愤怒或忧虑的时候,如果用一个测量仪来检测你呼出来的空气,它是灰色的,其中的二氧化碳会特别多。所以,长期困扰人生的遗憾不解除,对一个人的生命质量是有所损害的。卡耐基的学生曾讲过一个故事,对我们很有启发:

有一天,我们在科学实验室上卫生学,任教的波尔·希朗得韦因博士在讲桌上摆上一只牛奶瓶。我们不明白:我们的课程与牛奶有何关系呢? 正在迟疑时,博士突然起身将牛奶瓶拿到洗手槽边,有意无意地重重放下。牛奶瓶一下子破了,博士大声说道:"不要为打翻的牛奶懊悔!"

接着,博士把我们叫到洗手台边,指着那只已破损的瓶子说道:"请你们仔细看! 我希望诸位在以后的岁月中始终铭记这个教训——牛奶已流到下水道去了,任你如何顿足懊悔,也无法收回一滴来。假如事先稍加小心,也许不会把瓶子弄破,但现在谈'假如'

为时已晚了,我们所能做的乃是:把这件事完全忘记,将自己的精力转移到下一件事情。"

这件事告诉我们一个实用的生活法则,事先须小心,不要使牛奶受到损失,如果牛奶已流到下水道去了,就应该彻底忘却。

因此,面对遭到不幸和挫折的人,你不应埋怨,而应告诫他:不要徒自伤悲,不必流无谓的眼泪。即使是一代英雄拿破仑都有三分之一的战役是失败的,我们这些常人又谁能无错?要记住,覆水难收,不要为往事伤心过度!不要为打翻的牛奶哭泣,你要能够承受打击而不能被打击击倒。

萧伯纳说:"要使自己更悲惨的秘诀就是,花很多时间去想自己是幸或不幸。"莎士比亚告诉我们:聪明的人不徒自感叹自己的损失,而是以愉快的心情寻找补救之道。

3. 要安抚,不要训人

当一个人遇到某种挫折,精神处于迷惘状态时,很需要有人给他真诚的开导。就是要针对对方的心理,情真意切地循循善诱,积极引导,动之以情,晓之以理,帮助对方解除忧愁,驱散烦恼。给对方以心灵上的抚慰。如果以教训的口吻讲大道理,只能引起对方的更加不安,甚至产生破罐破摔的情绪。例如,当孩子高考失利了,有的家长是一味地责怪:"真是个笨蛋,没出息!只配去扫垃圾。"有的家长则是同情安慰,积极开导:"这次虽然没考上,但你已经尽力了,我们理解你的心情,好好总结经验教训,明年再考。或者边工作边自学,自学也能成材嘛。"两相对比,显然前者的态度只能使孩子倍增痛苦,后者的态度才是孩子进一步成长的催化剂。

4. 要选择时机,不要火上浇油

劝慰的效果好坏,在很大程度上取决于能否选择恰当的时机。对生老病死等突发事件要注意及时安慰。当一个人的情绪处于失控的状态时,任何人的安慰都听不进去,要等他冷静下来再交谈,不要火上浇油。

(二)劝慰的技巧

1. 劝慰病人的技巧

生病的人都会心情烦躁,有的还会顾虑重重,住院病人常感到寂寞、孤单和愁闷。因此,探望病人时,要根据情况决定谈话的内容,达到让病人精神愉快的目的。探望病人,即使友情很深,也不能在病人面前露出哀伤的情绪,以免给病人造成精神上的压力和负担,而应同病人交谈愉快的事情,多讲些安慰、鼓励的话。尤其应激励病人热爱生活,增强求生的欲望。有没有求生的欲望,其结果是完全不一样的。例如:

一位局长和一位农民,患一样的病,住同一间病房,由于两人心态不同,求生欲望不同,最后的结局也不同。那位局长,每天来看他的人很多,有领导、有同事和下属,大家都对他说:"你就安心养病,工作上的事,你不用操心,我们会安排好的,放心吧!"家人、朋友也对他说:"家里什么事都不用你牵挂,你就安心治病吧!"时间一长,这位局长觉得自己已经是一个多余的人了,谁都不需要他了,有没有他都无所谓,工作会照常进行,家人也一样会生活得很好。于是,他变得消极颓废起来,丧失了求生的欲望,很快病情恶化去世了。而那位农民,没有人来看他,只是隔十天半个月,他的妻子翻山越岭地从农村来看他一次,每次来时,他妻子都向他请教一些农事上的事,于是,这个农民想,我不能死,我一定要活下去,我的家人离不开我。在这种信念的支撑下,这个农民竟奇迹般地活了下来。按说,这两个人的经济条件,生活状况无法相比,局长的条件肯定更有利于疾病的治愈,但结果却恰恰相反,这就很好地说明了一个人的精神状态对战胜疾病所起的作用有多么重要。

2. 劝慰被人歧视者的技巧

那些因生理缺陷或因其他原因被歧视的人,往往都存在着共同的心理缺陷——自卑。与残疾人谈话必须牢记一个要点:他只是有残疾,不是快要死了,除非他提出要求,不要主动去帮助他。不要心神不定,讲话也不必压低嗓门用哀伤的语调。因为残疾人能及时学

会应付自己的苦恼,但由于他们的苦恼而使别人感到困惑,那简直是无法忍受的。劝慰时,应多讲些有关类似的名人事迹,唤醒他的自尊心和自信心,鼓励他不向命运屈服。使他们坚信只要充分发挥自己的主观能动性,便能够争取人生的幸福,实现人生的价值。

3. 对事业上屡遭挫折,失败者的劝慰技巧

最重要的是对其事业心的充分理解和支持。劝慰的原则是:理解多于抚慰,鼓励多于同情。最好的安慰,是帮助总结经验教训,分析面临的诸多有利和不利条件,克服灰心丧气的情绪,树立必胜的信念。

4. 劝慰丧亲者的技巧

希伯来人有句关于逐步消除哀痛的谚语——如果你抑制悲痛,你将永远不得缓解。"把悲痛讲出来",莎士比亚说:"无处投诉的哀痛,会向负担过重的心灵窃窃私语,把人的心揉碎。"因此,安慰这一类不幸者,应当注意倾听对方的回忆与哭诉;让其悲痛的心情得以宣泄、释放,这样有利于较快恢复心理平衡。同时,还应多谈谈死者生前的优点、贡献,以及对他的敬仰怀念。因为对死者的评价越高,其亲属就越感到宽慰。

5. 特殊的技巧

用善良的谎言去安慰别人。有时,善良的谎言胜过不该说的真话。这种方法尤其适用于那些感情脆弱、意志薄弱和身体虚弱的不幸者。据《生活时报》报道,美国著名的心理学家马丁·加德纳,原来是位医生。他竭力反对把实情告诉癌症患者。他认为,在美国 630 万死于癌症的病人中,80% 的人是被吓死的,其余才是真正病死的。

二、道歉

生活中,当我们自己做错了事,就应该及时承认,及时道歉。如果我们每个人都能这样做,就会减少许多不必要的矛盾和纠纷,那样,整个社会的人际关系就会和谐、融洽得多。

"如果你错了,就要迅速而热诚地承认。这样比为自己争辩要有效和有趣得多。"

"承认你的错误,并且老实地说出来,为你的错误道歉。这样可

以有助于解除反对者的武装和减少他们的防卫。"

有道是："人非圣贤,孰能无过。"有了错误,又想改正,就要向对方表示歉意。道歉是缓和矛盾,重建友谊的灵丹妙药。道歉是一种勇气,也是教养好的表现,是人际关系中必不可少的润滑剂。

在许多场合,一声真诚的"对不起"有排山倒海的力量。真正的道歉不只是认错,而且是表示承认自己的言行破坏了彼此关系,这关系对大家都很重要,所以希望重归于好。

衷心道歉不仅可以弥补破裂了的关系,而且可以增进感情。当别人用信件或亲自当面向你诚挚地道歉时,谁能不感动呢? 一般情况下我们会立即原谅人家,敌意会立刻烟消云散,甚至可以成为终生不弃的好友。

有时我们想道歉,又怕人家不原谅,碰了钉子又下不了台。这种情况令人越发难堪痛苦,事实上,这种情况也是有的。但是,既然是自己错了,人家生气也是完全合理的,那么承认错误也是应该的,这颗苦果还是自己吞下为好。

原谅别人的错误能消除心中的怨恨情感。难道你终生愿意受怨恨折磨吗? 宽恕是一种对健康、对情绪大有好处的事。

要使我们的道歉为对方所接受,还必须讲究道歉的技巧。

(一)先道歉后解释

有错就应先认错、道歉,以诚恳的态度取得对方的谅解。千万不要为自己找借口,强调客观原因,为错误做过多的辩解、开脱,那样,只能使对方怀疑你的诚意,从而扩大裂痕,加深隔阂。即使对方表面上接受了,但仍会心存芥蒂。如确有非解释不可的原因,应该在道歉之后再作解释,以表示自己的诚意。例如,你与朋友约会迟到了,见面后就应先道歉:"真对不起,我来迟了,让你久等了,抱歉!抱歉!"然后再解释迟到的原因。总之,无论你应该负全部或部分责任,都没关系,只要你心甘情愿地担负起责任,就会被对方看作是宽宏大度的人,就能使对方心情舒畅,而这恰是道歉的目的。

(二)抓住时机

如果应该向别人道歉,自己也决定道歉,就马上去做。时间越长口越难开,等到时过境迁,将追悔莫及。万一在你未道歉时,人家

出了国或天南海北地址不明,甚至逝世,你会悔恨一辈子。这样做,也表明你对对方是否原谅你很在意,这便给对方一种心理上的满足。当然,这并不是说不分场合地点,一味求快。道歉时要注意选择对方最能接受的心理状态和周围环境。比如,对方刚好在火头上你去向他道歉,人家若不给你脸子看,那才怪呢!

(三)利用第三者转致歉意

当双方成见很深,而对方又正处在火头上,什么话都听不进的时候,最好先请第三者转致歉意,待对方火气平息之后,再当面赔礼、道歉,互相沟通。

(四)道歉时的语气和态度

道歉并非耻辱,而是真挚、诚恳、有教养的表现。古时的廉颇、蔺相如,第二次世界大战中期以后丘吉尔、杜鲁门都曾用赞誉的方式道过歉。何况我们呢?

真诚的道歉,应该做到语气温和,态度坦诚而不谦卑。当你说"对不起"时,不要低头望着地面,要把头抬起来,目光友好地看着对方,一定要让对方看到你真诚的歉意,从而原谅你的过失。同时,道歉的语言以简洁为好,只要表明自己的态度,对方也表示谅解就行了,切忌婆婆妈妈地一而再,再而三地向对方表示歉意。如果你是男性,向女性道歉,更应注意这些方面,否则,对方会对你啰里啰唆的行为感到厌烦。虽然接受了你的道歉,可同时,她会认为你不像一个真正的男子汉,而使你形象受损。

(五)没有错,有时也需要道歉

这种情况常适用于管理者。当你的下属在工作中未能恪尽职守,致使某一方面的工作未尽如人意或造成损失与影响,为了促使下属进一步反省,也为了挽回单位的信誉,作为管理者应坦然自若,不卑不亢地向公众表达歉意,以求得公众的理解。

但应注意,如果自己没错,不必为了息事宁人而认错。这种没有骨气的做法,对双方均没什么好处。道歉认错与遗憾,二者的概念也是不同的,遗憾的事不用道歉。

道歉的方法多种多样,要根据具体的情况选择适当的方式方法,才能取得对方的谅解,重新获得友情。

人能不做一点错事吗？不可能,所以,我们还是学会道歉的技巧为好。

第四节　拒绝与应对

一、拒绝

拒绝,是指在人际交往中对做不了或做不好的事采取的回绝态度。心理学研究表明,当一个人明确地表示否定的时候,他的整个身心都收拢起来进入一个抗拒的状态;而提出要求遭到拒绝的一方,更会因此而产生紧张和不愉快的情绪。在这种情况下,双方的情绪都会影响交际的发展。怎样才能打破这种交际障碍呢? 这就需要掌握委婉拒绝的技巧。

通常的拒绝方式是明确地说"不",它能防止误解的产生,使问题迅速澄清。

但在现代社交过程中,常常会遇到这种情况:对方向你提出某种请求,例如,一个品行不良的朋友向你借钱,你知道如果借给他便是肉包子打狗一去不回;或一个相熟的商人向你兜售物品,你明知买下了就要亏本……诸如此类的事你必定要加以拒绝,但你又碍于情面,或拒绝之后,就要断绝交情,引人恶感,被人误会,甚至种下仇恨的种子,使你难以直接明确地拒绝。这时,就需要采用一些巧妙而委婉的拒绝方式,既表达了自己的意愿,又将对方失望与不快情绪控制在最小范围,不影响彼此之间的人际关系。

明确地拒绝,说个"不"字,需要的是勇气;而委婉的拒绝,则需要讲究技巧。

(一)直截了当地拒绝

有些人在拒绝对方时,因为感到不好意思,而不敢据实说明,殊不知语意暧昧,模棱两可,反而容易引起对方误会,甚至导致彼此关系破裂。因此,在你拒绝别人的时候,应尽量明快而率直地说明实情,这才是最根本的拒绝方法。运用这种方法时,一定要注意语气要温和诚恳,含有歉意。例如,一位科长要给他的下属介绍女朋友,

这位下属这样直截了当地拒绝了他：

> 这件事情我恐怕要让你失望了，实在抱歉！因为，现今的我，实在还谈不上结婚的条件，况且我的事业尚未有所成就；我想，总要等我有经济基础了，再来谈结婚之事比较妥当。这完全出自我自身的考虑，绝非关系介绍对象的好坏，希望你能谅解。

（二）委婉地拒绝

当你必须拒绝对方的要求，但又碍于人情关系、利益关系等原因，很难说出一个"不"字，就需要"婉拒"，即委婉地加以拒绝。委婉拒绝可以帮助你打破进退两难的僵局。主要有6种方法。

1. 诱导否定拒绝法

当对方提出的要求，不急于回答时，可采用迂回战术，提出一些条件或发问一个问题诱使对方自我否定，从而自动放弃原来的要求。例如：

> 有一次，一位记者问基辛格："你们有多少潜艇导弹在配置分导式弹头？"基辛格回答说："我不确切知道正在配置分导式多弹头的'民兵'导弹有多少。至于潜艇，我的苦处是数目我是知道的，但不知道是不是保密。"记者说："不是保密的。""不是保密的吗？那你说是多少？"记者愣了一下，笑了。

2. 预埋伏笔拒绝法

对于对方的要求，先不拒绝，而是充分阐明不利因素，埋下伏笔，让对方有足够的思想准备，再在适当的时候用恰当的方法加以拒绝。例如：

> 某人托你介绍一份工作，你又无法办到。你可以这样回答他："你的学历没有达到规定要求，何况名额少，竞争激烈，难度较大。不过，我会尽力争取的。但你不要抱太大的希望。"其中"没达到学历、名额太少、竞争激烈"已充分展示了对方的不利条件，为拒绝对

方埋下了伏笔。

3. 幽默拒绝法

在交往中,幽默能使气氛活跃,可以缓冲某种紧张情绪,可以使人摆脱困境。例如:

前美国总统罗斯福在当海军军官时,一位好朋友向他询问关于美国新建潜艇基地的情况。罗斯福不好正面拒绝,就问他的朋友:"你能保密吗?"回答:"能。"罗斯福笑着说:"我也能。"对方听后就不再问了。

4. 拖延拒绝法(缓兵之计)

对一些不便于立即回绝的请求,可以用拖延的方法加以拒绝。可以这样对他说:"你是不是让我想一想?""这事我还得同××商量后才能回答你。"时间的拖延,可使对方的请求变得没那么迫切。

5. 转移话题拒绝法

对方提出的要求一时难以回绝时,还可以采用顾左右而言他、转移话题、答非所问和寻找借口等方式,暂时把对方说话的焦点转移开而达到拒绝的目的。例如:

24届奥运会时,中国代表团一到汉城(今首尔),记者就缠着李梦华团长问道:"中国能拿几块金牌?"

李梦华回答:"10月2日之后,你们肯定能知道。"记者又追问:"新华社曾预测能拿11枚金牌,你认为客观吗?"李梦华答道:"中国有充分的言论自由,记者怎么想,就可以怎么写。"这种避实就虚,似答非答的方法,既达到了在要害问题上拒绝答复的目的,又显得落落大方、无懈可击。

6. 妙喻拒绝法

一次,钱钟书先生在电话里对想拜访他的美国女士说:"假如你吃了个鸡蛋觉得不错,又何必认识那下蛋的母鸡呢?"用下蛋的母鸡

比喻自己,不但巧妙生动,而且表现了钱老平易和蔼的性格,委婉而风趣地拒绝了拜访。

除上述方法外,还有诸如沉默,推诿等其他方法。但是,不管使用什么方法,也不管怎样"委婉"地拒绝别人,必然会在对方心理上造成失望与不快。我们所要做的,就是把由于拒绝而造成的失望与不快控制在最小的限度之内。

二、应对

问与答是矛盾的统一体。回答,是对提问的反馈。问是一门学问,答也需要高超的技巧。真正妙答,绝不是对方问什么,你就答什么,他怎么问,你就怎么答。

一个有经验的交谈者能在接到对方的提问后,迅速思考并选择一个最佳的回答方法。回答对方提问,需要头脑冷静,不能被提问者牵着鼻子走。对于提问,能答即答,不愿回答的可以设法回避。

答话的技巧主要是在提问的前提里,在回答之前一定要认真分析对方的问话。如果不加分析,随口即答就可能被对方所控制,掉进"语言陷阱"。一个有口才的人,总是力图运用答问技巧,努力改变自己的被动局面,既答得好,又答得巧。

答问技巧可概括为以下七种。

(一)答非所问

有些提问者出于某种不良动机,企图通过提问使你处于难堪的境地,面对这样的问题,如直言回答,便会中了对方的圈套。因此,就必须采取巧妙的回避办法。例如:

在第48届纽约笔会年会上,中国作家陆文夫走上讲台侃侃而谈。突然,台下有人问:"陆先生,你对性文学怎么看?"陆文夫镇定自若地清了清嗓子说:"西方朋友接受礼物时,往往当着别人的面就打开来看,而中国人恰恰相反,一般要等客人离开以后才打开盒子。"

陆文夫在此并未正面回答问题,而是运用了一个幽默生动的比

喻,以中国人与西方人不同的生活方式,表明文学作品应体现民族特性和伦理观念差异的观点,既含蓄又简练。陆文夫的巧答赢得了阵阵掌声,会场气氛热烈异常。

(二)避而不答

对于某些敏感的问题,由于某种原因,不便回答,或不能回答,就应采取避而不答的方式,巧妙拒绝。例如:

缅甸前总理克立问周总理,为什么"文化大革命"时不戴毛主席像章而戴"为人民服务"像章,而"文化大革命"后却又戴上毛主席像章?

周总理幽默地避开了对方的锋芒,回答说:"克立先生对中国的像章很有兴趣。我知道您想要我这枚像章,送你了。"

总理在此运用改换命题的手法把问题化小,避开了实质性问题的回答,又不影响双方关系的融洽沟通。

还有总理对西方记者"中国人民银行有多少资金?"的回答,也是这种方法。

有一次,周恩来在北京举行记者招待会,介绍中国经济建设的成就及对外方针。一位西方记者突然问道:"请问,中国人民银行有多少资金?"这实质上是在讥笑中国的贫穷落后。如果总理直说的话,便正中西方记者的圈套,但不回答也不行。怎样把不利于自己情况的谈话变为有利呢? 总理借题发挥,妙语以对,他说:"有18元8角8分。"对此回答,记者们不禁愕然。总理却不慌不忙,细作解释:"中国人民银行发行面额为10元、5元、2元、1元、5角、2角、1角、5分、2分、1分的10种人民币,合计为18元8角8分。中国人民银行是中国人民当家做主的金融机构,有全国人民作后盾,信用卓著,实力雄厚,它所发行的货币,是世界上最有信誉的货币之一,在国际上享有盛誉。"此话一出,语惊四座,激起了场内听众雷鸣般的掌声。

又如:

王光英飞赴香港创办光大实业公司时,刚下飞机就遇到一位香港记者的发问:"请问,你这次带来了多少钱?"王光英见对方是个女记者,便答道:"对女士不能问岁数,对男士不能问钱。小姐您说对吗?"一句话既回答了对方,又化解了难堪。

(三)以问代答

以问代答,顾名思义就是不直接回答对方提出的问题,而是用提问来代替回答。实验物理大师法拉第有一次在大庭广众面前做电磁学的实验表演。实验刚结束,忽然有人站起来高声责问:"这有什么用呢?"法拉第看了一下提问者反问:"请问,新生婴儿有什么用呢?"提问者暴露了他对科学的无知,而法拉第的以问代答则隐含着对提问者在科学上缺乏预见的嘲弄。例如:

丹麦著名童话作家安徒生一生简朴,常常戴顶破旧的帽子在街上行走。有个不怀好意的人嘲笑道:"你脑袋上面的那个玩意是个什么东西,能算是顶帽子吗?"

安徒生回敬道:"你帽子下面那玩意是个什么东西,能算是个脑袋吗?"安徒生用与对方结构、语词都相仿的话语,颠倒了几个关键词的位置来反问对方,显得对立色彩格外鲜明,以其人之道还治其人之身。

(四)怪问怪答

有时候提问者为了有意为难,往往提些古怪难题,让你防不胜防。面对这样的问题,我们应打破正常思维的模式,反常妙答。例如:

1935年,在巴黎大学的博士论文答辩会上,主考人向年轻的中国留学生陆侃如提出一个怪问题:"《孔雀东南飞》中为什么不说'孔雀西北飞'呢?"陆侃如应声而答:"西北有高楼。"陆侃如引用古诗"西北有高楼,上与浮云齐",孔雀自然飞不过去,只好向东南飞了。真是问得怪,答得也怪,令人捧腹叫绝。

（五）双关妙答

有个笑话说，纪晓岚与和珅同朝，纪晓岚任侍郎，和珅任尚书。一次，两人同饮，和珅指着一条狗问："是狼是狗？"纪晓岚知和珅在辱骂自己，他泰然自若地回敬道："垂尾是狼，上竖是狗。"和珅在问话中运用谐音双关，将"是狼"谐"侍郎"，而纪晓岚同样运用谐音双关，将"上竖"谐"尚书"，随口答问，反守为攻，显示过人的才智。

《周总理妙语答记者》中有许多精彩的应对：

60 年代，一个美国记者在对周总理进行采访时，发现他的办公桌上放着一支美国生产的"派克"牌钢笔。这位记者用几分讥讽的口吻说："请问总理阁下，你身为一个大国的总理，为什么还要用我们美国人生产的钢笔呢？"

周总理微微一笑，风趣地说："谈起这支钢笔，话就长了。这是一位朝鲜朋友的战利品，是他作为礼物送给我的。我觉得这礼物也的确很有意义，就收下了这支钢笔。"这位美国记者讨了个没趣，满面通红，无言以对。

（六）委婉曲答

在回答时，既不愿直言自己的意思而得罪对方，又要使对方理解自己的本意，这时可采用委婉曲答的技巧。例如：

英国作家王尔德在未成名时很贫穷，有一个贵族想聘请他当家庭教师，在谈到食住条件时，贵族问他是否愿意和他的家人共同进餐，王尔德回答说："那全看进餐时懂不懂礼貌了。"虽没正面作答，但实质上则委婉表明了王尔德的潜在顾虑——看贵族的家人是否尊重自己。

（七）即兴智答

要求答问者反应迅捷，思维机敏，对突如其来的问题迅速做出判断，急中生智地妙语作答，答得快，答得好。例如：

1972年尼克松访苏。一次，在苏联机场上飞机准备起飞时，突然一个引擎发动不起来。此时，在场的勃列日涅夫又急又恼，指着民航部长问尼克松："我应该怎样处分他？"尼克松说："提升他。因为在地面发生故障总要比在空中好。"尼克松的即兴智答含义深刻，饶有风趣，且为东道主保全了面子。

又如：

几位顾客在某西餐馆就餐，点了一道"炸蜗牛"，因上菜时间拖得太久，顾客有些不耐烦了："我的菜还没做好吗？"服务员回答："这是因为蜗牛是行动迟缓的动物……"双方都笑了。

如服务员照直回答："菜没做好，我有什么办法。"那么就很可能会发生争吵，影响餐馆的生意与声誉。看得出来，上面这位服务员是很讲究语言艺术的，他在"蜗牛"上动了脑筋，来了个借题发挥，把话题从厨师的慢转移到蜗牛的慢上，造成了一种诙谐气氛，调节了顾客的情绪。

再如：

清朝翰林学士纪昀，有一次，脱衣光背，头顶辫盘，伏案校读《四库全书》的书稿。忽然乾隆皇帝向院内走来，他穿衣服已来不及了，便一猫腰钻在案下，将桌布拉好，想等皇帝走了再出来。谁知乾隆皇帝看见了，便示意众人安静下来。

纪昀见没有动静，又热得难受，便撩开桌布露头问："老头子走了吗？"

这话惹恼了乾隆："纪昀，何故叫我老头子？有说则生，无说则死！"

纪昀不慌不忙，从容答道："皇帝称万岁，岂不是'老'？皇帝居万民之上，岂不是'头'？皇帝贵为天子，所以称'子'，故而叫'老头子'"。

乾隆听了，哈哈大笑："好个能言善辩的纪昀！"

提问要巧，回答要妙，机智的妙答是一个人智慧的综合化，是高层次口才艺术境界。要想答得妙，必须注意生活感受积累，加强对语言艺术的修养。妙答，将使你成为一个令人瞩目的机智人物。

第五节　赞美与批评

在人的一生中，取得成绩时需要有真诚的赞美，犯了错误时需要善意的批评。赞美是鼓励，批评是督促，二者缺一不可。

一、赞美

心理学研究表明，爱听赞美是人们出于尊重的需要，是渴求上进，寻求理解，支持与鼓励的表现，是一种正常的心理要求。赞扬就像暖人心灵的阳光。在社交中，适时给予别人真诚的赞扬和夸奖，别人会感到喜悦、兴奋，从而与你亲近、友好。人们常说：给点阳光就灿烂，给点河水就泛滥。为什么不给他点阳光呢？这对你并没有损失，何乐而不为呢？

戴尔·卡耐基说："夸奖别人，一定要多夸奖别人，即使是用最普通、最平常的语言夸奖别人。对于你来说，是平常又平常的事，但对于别人来说，意义却非同凡响，它可以使人愉悦，使人振奋，甚至可以因为这句话而改变自己的一生。"

人在取得成功或者春风得意时，特别希望得到别人的认同和赞赏，使自己的人生价值得到社会的承认，这是一个人最高层次的心理需要。如果你面对这样的交谈对象，恰如其分地对他的成功予以赞赏，那么，你的赞语一定会像甘露一样滋润对方的心田，使其在内心感到更加甜美舒适。因此，不要吝啬你的赞美之词。例如：

青年小王的文学作品参加省级竞赛获得了一等奖，然而，单位里的人们却一无所知。没有人与之分享成功后的喜悦，小王觉得很憋闷。后来，小张知道了这一消息，十分理解小王的心情，便大张旗鼓地在办公室里公布了这条喜讯，并向小王表示祝贺，由衷地夸奖和赞颂他才华横溢。小王在欣喜和陶醉之余，向小张投去了感激的目光。

这里,小张不是像某些人那样,在他人获得成功时生发妒意,而是顺乎小王的心理意愿,巧妙地运用夸赞的方式,使小王在众人面前大放光彩。此时此刻的小王心里能不像饮了一杯芳香凉爽的甘露吗?因此,赞美别人也需要胸怀坦荡,真诚待人才能做到。

在现代人际交往中,赞扬他人已成为一门独立的学问,能否掌握和运用这门学问,使之符合社会的要求,是衡量现代人素质的一个标准,也是衡量交际水平高低的重要标志之一。

赞扬作为一种交际行为和手段,作用在于:一能激励人们不断进步;二能对人的一生产生深刻的影响;三能沟通人与人之间的感情。

(一)赞美别人的技巧

1. 实事求是,发自内心

赞美别人,贵在真心实意。当你言不由衷或毫无根据地、虚情假意、夸大其词地赞美一个人时,不仅会使被赞美者感到莫名其妙,还会觉得你油腔滑调,随口敷衍,甚至把你的夸赞误解为讽刺挖苦,产生反感。所以,应发自内心,符合事实。比如:"李老师,你真是太辛苦了,你这样一定比别人长寿!"前半句是赞美,后半句就成了挖苦与嘲笑。再如:"你是世界上最美的女孩儿",这句赞美空洞无物,容易使对方误解,认为你是言不由衷。如改为"你是我心中最美的女孩儿",就比较恰当。类似的例子还有很多,如"你是世界上最好的编辑和老师",不如说"你是我所见到的最好的编辑和老师"。

2. 赞美之词要能满足对方的自我意识

要使赞美得到对方的好感,必须弄清对方希望怎样被夸奖,以便在赞美时满足对方的自我意识,如果在尚未确定对方的好恶时,就轻易夸赞,结果会弄巧成拙。例如:

某单位小王,一次见到自己的同事小李和夫人在散步。由于小李长得老相,而夫人却保养得好,显得十分年轻,于是便对她赞美说:"李夫人好年轻啊,看上去能比小李小 20 岁,若是不知情的人,准以为你们是父女关系……"话未说完,小李和夫人就脸色大变:

"你胡说什么呀。"说完，顿足而去。小王之所以好心没好报。就在于没有弄清对方的心理，赞美词语太夸张，让小李觉得自己很老，而"父女关系"更是让人不愿听。所以小李夫妇心中产生怨恨，也就是很自然的事了。

3.雪中送炭

最有实效的赞美之词不是锦上添花，而是雪中送炭。最需要赞美的不是那些早已美名远扬的人，而是那些不引人注目而有自卑感的人。他们平时难得听到赞扬，一旦被人当众赞美，就能唤起他的自尊心和自信心，使之精神焕发。若能发现蕴藏在他身上还鲜为人知的优点，并对其进行赞美，就能满足对方扩大自我的需求，使赞美收到独特的效果。

4.内容具体

赞美要具体，不要含糊其辞。含糊其辞的赞美可能会使对方混乱、窘迫，甚至紧张。赞美越具体，说明你对他越了解，从而能拉近人际关系。比如，同是赞美一个人的口才好，甲说："我真羡慕你驾驭语言的才能，说话简洁流畅，我要是能达到你的水平该多好。"乙说："你的口才真是了不起，我看没有人能同你相比。"假如被赞美的是你，你喜欢哪种赞美？当然是甲。因为甲说得比较具体，也有分寸，而乙则说得比较空，有些夸大其词。此外，还应注意值得赞扬的不仅是他身上众所周知的长处，更应是那蕴藏在他身上既可贵又鲜为人知的优点。

5.恰如其分

恰如其分是要注意赞美的度。适度的赞美使人振奋、鼓舞，反之，使人难堪、反感，或视之为恭维、奉承，或疑心你在讽刺、挖苦。赞美的内容要适度，要恰如其分；赞美的方式、地点要适宜；赞美的频率要适当。

（二）赞美别人的方式

1.借用第三者的口吻来赞美

在一般人的观念中，总认为"第三者"的话比较客观、公正、实在。因此，以"第三者"的口吻来赞美，更能得到对方的好感和信任。

2. 直接赞美

这是赞美他人最常见的方式。特别是上级对下级,老师对学生,长辈对晚辈。特点是及时、直接。直接赞美又有个别赞美和当众赞美之分。前者使对方感到亲切,便于进行思想交流;后者较庄重、严肃。一般地说,当众赞美比个别赞美作用更大。直接赞美应根据不同人的身份、年龄和层次进行不同的赞美。如身份不对,即使赞美对方,也会弄巧成拙,贻笑大方。比如,下级赞美上级:"王局长,你这一段工作学习都还不错,以后继续努力。"显然不合身份。

3. 间接赞美

(1)不当面赞美。就是当事人不在场时,背地说些赞美他的话。一般情况,间接赞美的话语都能传达到本人。在日常生活中,如我们想赞美一个人,不便对他当面说出或没有机会向他说出时,可以在他的朋友和同事面前,适时地赞美一番。据心理学家调查,间接赞美的作用绝不比当面赞美差。此外,直接赞美的度不足会使对方感到不满足、不过瘾,甚至不服气,直接赞美过了头又会变成恭维,而用间接赞美的方法则可以缓和这些矛盾。因此,有时与其当面赞美不如通过第三者的间接赞美效果好。

(2)不正面赞美。初次见面,不要针对对方的人品和性格发表赞词,而应对过去的业绩,或身上的饰物等已成型的具体事物做适当的赞美。初次见面,了解不多,就赞美人品,易使对方产生怀疑与戒心。夸赞过去的业绩,或衣物、饰品,是对既成事实的评价,与交情深浅无关,对方也能接受。

4. 含蓄赞美

以抽象的含有多层意思的话夸奖异性能使对方不自觉地向好的方面解释,避免误会。如当你夸奖一位姑娘眼睛很漂亮时,可以告诉她:"你的气质很好。"这种含有多层意思的话,会使她十分高兴。

赞美别人是一门语言艺术,需要长期实践,不断学习。但有一点最为重要,那就是真诚。

(三)自赞的技巧

首先要符合实际,实事求是,符合自身的成长规律。自夸自赞

应目的明确,有的放矢。如果你的优点、长处非对方所需,那么自夸自赞犹如隔靴搔痒。

自夸自赞既可直接出自当事人之口,也可转借他人之话,最好还辅以奖状、奖品、名人评价和新闻传播媒介的表彰等旁证,以增强可信度和说服力,避免直接自夸自赞过多,引起听者的逆反心理。

要避免给人留下自吹自擂、狂妄自大的嫌疑。自赞自夸不要过满,应承认有待改进之处,这样体现了实事求是的态度,给人以谦虚的印象,无损于自己美好的形象。

二、批评

戴尔·卡耐基在《美好的人生》中指出:"当面指责别人,这只会造成对方顽强的反抗;而巧妙地暗示对方注意自己的错误,才是有效的方法。"

指出别人的缺点,并讲清危害就是批评,人人都喜欢表扬,称赞,批评总是令人难堪的。但是"人非圣贤,孰能无过"?发现别人的错误,没及时地指出,甚至还随声附和,那么,我们也同样犯了错误,内心也会同样感到不安。所以,批评,或者说忠告对人对己都非常重要。正如有一个故事所说的:

有几个人围坐在一起聊天,其中一个人说:"智纳,你很聪明,说说世上什么最有价值?""忠告。"智纳不假思索地回答道。另一个人想了想又问:"世上什么最没价值?"智纳又答:"忠告。"于是大家就笑他。智纳连忙解释说:"忠告被人接纳时,它是吐出的无价之宝,而不被接纳时,它就一钱不值了。"

但怎样批评、忠告,才能让人接受,这就需要掌握一定的技巧,批评是交际中最难把握的一种表达方式。"忠言逆耳利于行"这句话经常被用来告诫人们要虚心接受批评,不应计较批评的方法。但是会批评的人却能做到忠言不逆耳,让受批评者听着顺气,想着是理,改着有劲。从这一点上说,批评也是一门语言艺术。

（一）怎样去批评别人

1. 目的出自善意

批评必然抱着善意的态度，出于帮助的目的，那样才容易被接受。任何讽刺挖苦，诋毁攻击，造谣中伤都不属于批评的范畴，因此，也绝收不到批评的效果。我们可以分析下列对照语句，来认清它们的不同：

甲："你身上的衣服皱皱巴巴，这可跟你的风度气质不相称，熨平了穿上多漂亮。"

"瞧你这身穿戴，脏兮兮褴褴巴巴的，跟要饭的似的，不怕丢人现眼。"

乙："喝点水吧，是不是也让别人发表一点意见，光我们滔滔不绝，可有一点一言堂的味道。"

"打住吧，就你能白话，今儿这会整个让你包了，这会不叫座谈会，叫听广播得啦，真不觉闷。"

丙："你应该冷静，注意态度，让人家说完，我们再解释也可以嘛！"

"你这人真差劲，沾火就着，这么大人了，没点涵养，听点批评死不了。"

一比较，你就明白了什么是善意的批评。

2. 先赞扬后批评

戴尔·卡耐基说："矫正对方错误的第一方法——批评前先赞美对方。"如在批评前，先抓住对方的长处给予真诚的赞美而后批评，就能化解被批评者的对立情绪，使批评在和谐的气氛中进行，达到预想的效果。这一方法尤其适用于个性倔强的人。例如：

20 世纪 20 年代的美国总统柯立芝批评女秘书时，是这样说的："你今天穿的这件衣服真漂亮，你是一个迷人的年轻小姐。"然后接着说："你很高兴，是吗？我说的是真话。不过，另一方面，我希望你以后对标点符号稍加注意，让你打的文件跟你的衣服一样漂亮。"女

秘书非常愉快地接受了他的批评。

3. 实事求是

批评要以事实为根据，不能道听途说，不能推测估计，不能夸大其词，任何事实上的出入都会减少批评的效果。如一个人迟到了，我们批评他说："你怎么总是迟到？"或者说："你一贯是这样。"他就会不服气，就不会接受你的批评。

4. 恰当的时间和场合

选择恰当的时机和场合（时间、地点）是使批评收到良好效果的重要一环。

（1）待双方交谈比较融洽时再批评。批评前，可找较轻松愉快的话题闲聊，待双方感到比较接近，谈得很投机时，便提出忠告或建议性批评。

（2）待双方冷静后再批评。当事人较激动时，须稍加等待。一方面批评者本身冷静下来，言词就会缓和，避免偏激；另一方面，被批评者冷静下来，可以比较客观、公正地反省自己，认识自己的错误。

（3）尽可能避免在大庭广众面前指名道姓地批评别人，那样容易让人下不了台，自尊心受到伤害。他甚至会认为你故意让他当众出丑，自然增加了抗拒心理。公开场合宜采用模糊式批评。例如：某单位为整顿劳动纪律，召开员工大会。会上领导说："最近一段时间，我们单位的纪律总的是好的，但也有个别同志表现较差，有的迟到早退，也有的上班聊天……"这里，用了不少模糊语言："最近一段时间""总的""有的""也有的"等。这样，既照顾面子，又指出了问题。没指名，说话又具有某种弹性，比直接点名批评效果更好。

另外，别人悲伤、高兴或专注于什么事时，也不宜去批评他，情绪的影响会降低批评的效果。吃饭时、睡觉前和过节的时候，最好也别批评人，那样对身体和情绪有害。

5. 批评方式因人而异

年轻人涉世未深，思想上不够成熟，对他们要语重心长直接批评，不宜转弯抹角，含含糊糊，以免误解批评的意图。对于自觉性较

强的中年人,对其缺点、过失,宜选择适当时机、场合,略为提醒,没必要多言多语。下级对上级,晚辈对长辈,难于启齿,不妨以自责来促使对方深思反省,以自我批评的方式达到委婉、含蓄地批评对方的目的。对性格外向的人,可以采取激将式的批评,调动起他争强好胜的欲望;对性格内向的人,采取掰开揉碎的批评方法,道理要讲充分,错误要谈得准确,"细雨润物",潜移默化地改变他的看法。

6. 批评时巧用幽默

在批评过程中,使用富有哲理的故事、双关语和形象的比喻等,缓解批评的紧张情绪,启发被批评者的思考,增进感情交流,不但达到教育目的,同时也能创造一个轻松愉快的气氛。这种批评在于启发、调动对方的积极思考,以不太刺激的方式点到对方的要害之处,含而不露,令人回味无穷。但是,使用这种方式不要牵强附会,生拉硬扯,否则,将弄巧成拙。

欣赏《卡耐基批评人有技巧》:

掌握批评的技巧相当重要,笑里藏刀的批评法不失为一种好的批评法,在心情舒坦中改正自己的错误,而且批评也会收到良好的教育效果。

卡耐基批评其学生及其属下有一种绝妙的技巧,使对方心服口服地接受批评,同时在以后也很少再犯此类错误。例如:

有一天,来自加利福尼亚旧金山的一位保险商向卡耐基发火:"我接受了你的课程后,发觉自己的推销才能的确有进步,但为什么还是不能把我的业务搞上去呢?"

卡耐基此刻露出了微笑,他告诉这位经销商:"有一棵苹果树,它接受了阳光、雨露、养料,春天开花,夏天结果,秋天成熟,成熟的时候,并非所有的苹果都会在一块儿成熟。有些苹果早已红透了,而有的依旧青春待熟,并非它不会成熟,而是时间还没有到而已。"

一年后,卡耐基收到加州这名商人的一封信,信中有张感谢信,滑稽的是,还有一张他的业务单,居然是当时加州保险业之最,并且

在信中雄心勃勃地说要将保险事业推到全国。

（二）批评方式

1. 请教式批评

有一个人在一处禁捕的水库内捕鱼。远处走来一位警察，捕鱼者心想这下糟了。警察走近后，出乎意料，不仅没有大声训斥，反而和气地说："先生，您在此洗网，下游的河水岂不被污染了？"这情景令捕鱼者十分感动，连忙诚恳地道歉。若是警察当场责罚他，那效果就不一样了。

2. 安慰式批评

年轻的莫泊桑向著名作家布耶和福楼拜请教诗歌创作。两位大师一边听莫泊桑朗诵诗作，一边喝香槟酒。布耶听完后说："你这首诗，句子虽然疙里疙瘩，像块牛蹄筋，不过我读过更坏的诗。这首诗就像这种香槟酒，勉强还能吞下。"

这个批评虽严厉，但留有余地，给了对方一些安慰。

3. 暗示式批评

某单位工人小王要结婚了，工会主任问他："小王，你们的婚礼准备怎么办？"

小王不好意思地说："依我的意思，简单点，可是，丈母娘说，她就这一个女儿……"

主任说："哦，我们单位的小李、小张也都是独生女啊！"

这段对话双方都用了隐语。小王的意思是婚礼无法不操办。主任没有直接批驳小王，而是暗示别人也是独生女，但能新事新办。

4. 警告式批评

如果对方犯的不是原则性错误，或者不是正在犯错误的现场，我们就没有必要"真枪实弹"地批评。可以不指名道姓，用较温和的

语言,只点明问题。或者是用某些事物对比、影射,也就是常说的"点"到为止,起到一个警告作用。但是,如果遇到自我意识差,依赖性大,不点不破,不明说不行的人,也可以用严肃的态度,较尖锐的语言直接警告他。

综合训练

1. 日常生活中,哪些方面需要特别注意口才技巧?

2. 阅读下面材料,然后回答问题

陶行知任上海育才学校校长的时候,处理过这样一件事:有一天,他在校园里看到一个小男孩手拿砖头在追赶另一个同学,就赶忙制止了,并告诉小男孩过一会儿到校长室去。等陶行知回到办公室的时候,看见小男孩已经在等他了,陶行知从兜里掏出一块糖递给他:"这是奖给你的。因为你比我来得早。"小男孩惊奇地接过糖。陶行知又掏出第二块糖:"这也是奖给你的。我不让你打人,你立刻住手了,说明你很尊重我。"小男孩将信将疑地接过糖果,慢慢地低下了头。陶行知又说:"据了解,你打同学是因为他欺负女生,说明你有正义感。"陶行知遂掏出了第三块糖给他。这时小男孩哭了:"校长,我错了,同学再不对,我也不能用砖头砸他。"陶行知又拿出第四块糖说:"你已经认识到自己的错误,这很好,再奖你一块。我的糖奖完了,我们的谈话也该结束了。"

——选自《演讲与口才》2006 年第 3 期

(1)为什么陶行知自始至终没有一句批判的话,却使小男孩认识到了自己的错误?

(2)陶行知的"四块糖"教会了小男孩什么道理?

3. 以前并不认识的几个大学生在一个偏僻的小火车站等车,火车晚点了 1 个多小时,为了排遣无聊,他们聊了起来。请模拟他们打招呼、介绍、聊天的情景。

4. 你的同学高考发挥失常,没有考上大学,心情很沮丧,请你去劝慰他(她)。

5. 作为一个家长,面对近一段时间内经常缺课、上网吧玩游戏的孩子,应该如何进行批评教育?

6.一位平时学习、表现都很差的学生,在一次偶然的机会救起一名落水的儿童,请对这位同学进行赞美。

演练要求:①拟出提纲;②10分钟内完成。

7.你刚买了一台笔记本电脑,你最好的朋友向你借,你不愿意借,又不好直说,你准备用什么方法来拒绝?

实用口才（下）

[学习目标]
1. 掌握求职面试口才技巧,提高求职应聘口才水平
2. 掌握采访与主持的语言技巧
3. 掌握推销口才的语言技巧
4. 掌握导游口才技巧,能灵活地进行解说

第一节　求职面试口才

当今社会,人才济济,竞争激烈,求职者在就业市场中处于任人挑选的被动地位。要想得到一份称心如意的工作,要想在众多的求职者中脱颖而出,你必须把握好谋取工作的每一个步骤,尤其是面试这一环节。面试一般由用人单位的业务部门、劳动等主管部门共同组织进行,是用人单位考察录用毕业生的重要环节。成功与否,从根本上说是由毕业生本人的实力决定的。掌握面试的一些技巧本身也是实力的组成部分。

面试时个人简介不再是重要的因素,毕业生的仪表,举止与谈吐变得同等重要。能否在面试时表现出落落大方的举止,谦虚而不自卑,自信而不骄傲的人格;实事求是与严谨的品格;敏捷的思维和分析能力;出众的口才;等等,都要靠平时的学习和训练。

一、面试前要有充分的准备

面试前没有准备,面试时不知自己该说什么或提出什么问题,显得紧张窘迫,非常被动,就会给人留下不好的印象。因此,应做好充分的准备。

(一)材料上的准备

材料准备有两个方面:一是准备好个人的全面材料,包括简历(或自传)、推荐表、公开发表的文章、取得科研成果的证明、各种获奖证书、学历学位证书以及担任过某种社会活动职务的证明等。二是搜集有关用人单位的一些背景材料,做到知己知彼。如:用人单位急需什么样的人、有什么特殊要求、工资待遇、生活福利、整体素质、发展潜力和前景等。

(二)思想上的准备

认真考虑用人单位可能会提出哪些问题,做到心中有数。做好充分的思想准备,到时才能应付自如。

二、注意仪表、举止、态度

一般情况下,招聘者在见到应聘者二三分钟后就已决定取舍了。由此看来,求职面试的最初4分钟十分重要,如能把握好第一印象这张王牌,那么你与之交谈的这个人将有可能认为你所做的每件事都是正确的。4分钟,研究告诉我们参加面试的紧要关头就应树立好形象。对方多倾向于看到的和听到的东西,诸如服饰、眼神、活动和说话的速度、声音等,并依此做出判断。

你搞坏了第一次面试,由于多种原因,老板会错误地认为你有毛病,更糟糕的是,他不可能拿出时间给你第二次机会。你必须通过你的穿戴、姿势和面部表情及言行这些最能引起注意的方式达到你的目的,使关键的4分钟充分发挥作用。

(一)穿着恰当得体

注意仪表并不意味着一定能找到工作,但不适当的仪表必定找不到工作。有一个女孩,穿着T恤衫,牛仔短裤去面试,一见面就被拒绝了。在推销自己的时候,我们的外表非常重要,而且永远不可

忽视,因为人们都是根据外表形成对别人的最初,有时也是永远的印象的。如果老板对你的最初印象不好,那你要求职成功就困难得多。

要使外表吸引人,穿着很重要。为了找工作而去面谈,应该穿上班的衣服,不要穿去看球类比赛的便服。因为现在许多人已把穿着意识同较强的自尊心和工作的满意程度联系在一起了。穿着得体实际上是为了树立职业形象。所以,你还没有说话,接见者就会从你的衣着上得出结论。他会注意到男子衣服式样和质地的好坏,女子的衣饰搭配是否协调。你出门前用挑剔的眼光照照镜子。如发现有不合适的地方,就立刻改进,使你的外表在求职中起到积极的作用。

然而许多人都不了解树立职业形象的重要性。例如:

一个在美国首都华盛顿的一家大型清算公司工作了10年的32岁的行政管理员,她的科长在退休时,她申请了这个职务,可是她没通过面试。于是她去问科长秘书为什么会这样,那位秘书告诉她不符合当公司经理的形象。他建议她在申请下一份工作前改变一下服装,换下那条宝石蓝色的裙子,摘下那副悬挂式耳环。听到这话,她震惊了,她觉得她所申请的工作与自己的穿戴没有任何联系啊。

在工作时应忘掉你的个性,你的服装必须反映出你有能力,可信赖,并且具有权威。

不要只想你需要什么样的工作,还要想想你在找工作时应穿什么。如你到一家不熟悉的公司面试,你应先找一份该公司的年度报告,研究一下员工现在穿什么衣服,或以前穿什么。

(二)控制体态语

你的动作和姿势对于你在会谈时的第一印象有很大的影响。在一项交际研究中,心理学家考察了来自人体自身语言的感觉和姿势等几百种信息,有38%来自人体的声音,竟然有55%来自人体的面部表情。事实上,当你用面部表情或声音帮助争论时,听众的注意力会更多地集中在表情和声音上。

有些言谈往往会给别人留下坏的印象。你应该知道自己有哪些坏习惯，这样你就可以避免。比如说，在面谈中，不要为了表示自己不受拘束，随便讲些不负责任的话；要友好但不要过分；少做手势，那样会分散考官的注意力；不要抚弄头发，不要老看着自己的指甲，不要搔耳朵，也不要老盯住挂在考官身后墙上的画。最忌讳的是掏出烟盒，点着烟，看到没有烟灰缸，就把烟灰掸在地上。

控制好你的体态语言以保证你看起来不像是极度渴望得到这份工作。在美国佐治亚的一位26岁的市场专家，想申请一份推销工作，她参加了面试，并得到了那份工作。她说："我特别高兴，对这份工作表现的过于热情，使得老板发觉我的激动，他知道我不会放弃这份工作。因而他给了我比所想象的低得多的基薪。我确信我应得的要比这所得到的多得多。"

较强的交际能力也是相当重要的。经验表明，有较强交际能力的候选人被认为是较机灵的、可靠的、有自信心和尽责的人。

（三）表明内涵

你的表现要自信并被人相信。第一次求职面谈时，你的技能还不为人知。未来的老板认为训练具体工作人员所需时间往往较短，但令人讨厌的性格，则需要长时间才能纠正。所以老板宁愿雇用有积极个性的人，也就是今后工作中可以依赖的人，而不要那些个性消极的人。

诚实是所有老板要求其雇员的基本品质。诚实不仅指不偷、不说谎，还意味着准时，尊重他人权利，有正义感，为人公正，而且无人监督也能整天自觉地工作。未来的老板不会直接问你是否诚实，但他会从你的谈吐，举止中寻找这方面的迹象。留下好的第一印象是靠你的言行一致来实现的。如果它们不一致，老板就会对你做出错误的判断。

关于这一点，戴尔·卡耐基年轻时应聘销售员工作的经历对我们很有启发。

1908年4月，卡耐基去应聘销售员工作。经理约翰·艾兰奇在

问了姓名和学历后,又问道:"干过推销吗?"

"没有"卡耐基答道。

"那么,现在请回答几个有关销售的问题。"约翰·艾兰奇开始提问:"推销员的目的是什么?"

"让消费者了解产品,从而心甘情愿地购买。"戴尔不假思索地答道。

艾兰奇先生点点头,接着问:"你打算对推销对象怎样开始谈话?"

"今天天气真好"或者"你的生意真不错。"

艾兰奇先生还是只点点头。"你有什么办法把打字机推销给农场主吗?"

戴尔稍稍思索一番,不紧不慢地回答:"抱歉,先生,我没办法把这种产品推销给农场主,因为他们根本不需要。"

艾兰奇高兴得从椅子上站起来,拍拍戴尔的肩膀,兴奋地说:"年轻人,很好,你通过了,我想你会出类拔萃!"

艾兰奇心中已认定戴尔将是一个出色的推销员,因为测试的最后一个问题,只有戴尔的答案令他满意,以前的应征者总是胡乱编造一些办法,但实际上绝对行不通的,因为谁愿意买自己根本不需要的东西呢?

德国诗人海涅有一句名言:"生活不可能从谎言中开出灿烂的鲜花。"诚实,是做人的基本准则;诚实,是取得他人信任的基础。

在面试时,考官很可能即兴而设定一些诱惑性情节,进行逢场作戏式的考试,看你上不上钩。如果你有一丝犹豫,弄虚作假,就会落入考官预设的陷阱,人品缺陷暴露无遗,面试自然也就失败。

三、要讲究说话艺术

(一)紧扣问话中心

紧扣主考人员问话中心,言简意赅地回答问题。回答问题要直截了当,不绕弯子,忌答非所问或啰里啰唆。

(二)要从肯定的角度回答问题

单位招聘人才,必须是能积极为单位工作的人,这样的人在任何时候,对任何事物都会采取积极而不是消极的态度。不要回答:"随便","什么都行",那就会给人一种消极而无个性的感觉。在面试中,应聘者回答对自己的未来,对人生,对他人的看法时,必须用肯定的方式,从正面加以议论,表明自己的观点,切不可采取否定的玩世不恭的态度。否则,用人单位对你说的"奋斗""贡献"等话语就会持怀疑的态度。

(三)语言力求生动流畅

挑选最合适的词和句子表述思想,去掉口头禅,发音要清楚、响亮,语速不能太快,但要流利而简短。

四、常见问题的回答技巧

对可能被问的问题,应及早做好回答的准备,尽最大可能做明智的回答。

(一)谈谈你自己的情况

提示:这往往是开场白。要求你自我介绍学历、简历等。注意介绍时要强调专业性的优势,说出自己的理想、向往与所求工作的投合之处,焦点要集中在最近的收获上。语言要简练。不要过多涉及其他方面,时间以三四分钟为宜。

自我介绍还应注意把握好"度",做到恰到好处,不当会引起反感。例如:

有一个青年到一家公司应聘时,对自己的才能作了过度渲染:"我拥有很突出的写作能力,我的作品遍地开花……"这一溢美之词引起了公司招聘人员的极大关注,他们让这位青年出示发表过的作品。然而公司招聘人员看到,该青年所谓的"遍地开花"的作品仅限于县、市两级的报纸,且缺乏厚重之作,文字功底也显得稚嫩、肤浅,根本不像其自诩的"有很突出的写作能力"。由于青年人自我"推销"时过于夸大和虚假,公司的招聘人员很是反感,觉得此人不可靠。于是该青年在这家公司的就业成了泡影。

因此,自我介绍一定要恰到好处。否则,若缺乏"火候"地把栋梁说成是椽子,或"过火"地把椽子说成栋梁,都会与己不利:前者会埋没自己,后者会被人认为不诚实、张狂,最终都会失败而归。

(二)你为什么想干这份工作

不明智的回答:我想干这份工作,主要是我的女朋友在这儿。这里的薪水也不错,并且离我家也近。

明智的回答:我一直都羡慕贵公司。我欣赏你们的成功之道,我想只有贵公司才能使我得到其他任何地方都得不到的技术和不同凡响的经历。我更欣赏贵公司鼓励员工积极进取的做法,这就是我愿意到贵公司工作的原因。

前者开口闭口不离"我"如何如何,让人觉得你到该公司来仅仅是为了自己的一己私利;而后者强调了公司的环境为自己提供了良好的发展机会,表现了应聘者对公司的信任。因此,在自荐应聘时,要清楚地表现对招聘单位的好感,不能"顾己不顾彼"。

(三)请简单地描述一下自己好吗

"本人身材虽小,激情却高;说话不巧,心态却好;学历不高,经验不少;欲望不高,决心不小。"

此题旨在考察应聘者是否能够辩证客观地看待自己。一般应聘者在回答问题时,会置题目中的"简单"二字和自己已经显现出来的缺点于不顾,大谈特谈自己的"闪光点"。而这位应聘者巧妙地运用对比手法,客观地对自身的外形和内在素质作了一个简单的描述。骈体式的短句,短小精悍,幽默风趣,值得主考官咀嚼回味。

(四)你期望的薪水是多少

对薪水问题贸然回答是错误的。除非你是对方急需的人才,一

般让你去"面试"的单位是不会让你在薪水问题有很大的谈判余地的。也就是说，你只能按照其薪酬标准行事。应届大学毕业生在面试中谈薪酬是个大忌。在一般大公司看来，没有经验的大学生没有资格谈薪水。况且新人的基薪都一样，你谈了，人家也不会给你加薪反而会招致反感。即使对方问你对薪水的期望，你也应谨慎应对，可以说："各单位都有自己的规矩，依单位的规定。""对于工资及福利待遇我没有具体要求，我更注重的是工作带来的机会与挑战。我相信公司会根据每一位员工的工作业绩给予恰当合理的报酬，以体现多劳多得、优劳优得和奖勤罚懒的原则。"或者干脆用"我相信公司会承认我的工作价值"之类的话，这样，既回避了相对敏感的问题，同时也体现了你的修养和对对方的尊重。

如果一定要谈这个问题，商谈之前应了解自己所从事工作的合理的市场价值，另外，商谈薪水的时机不应在面试时，而应在对方基本认同你，准备和你签订协议之前。

（五）掌握反向提问的表现机会

"今天的面试就到这儿，你还有什么问题吗？现在你可以向我提关于公司的任何问题。"

这是求职面试者最后一个表现自己的机会，不要害怕成为发问者，几乎每个人都喜欢回答问题。千万不要说："没有。"这样的回答可能会被理解为求职者对该公司没有多大兴趣。你应该回答："当然。"并通过你的问题进一步了解这家公司、这次面试和这个职位的信息。下面这些问题可以供你参考：

（1）这项工作的具体职责是什么？

（2）您考虑这个职位的合适人选应有一些什么素质？

（3）关于我的资格与能力问题，您还有什么要问的吗？

（4）我大概在什么时候可以得到关于这次面试的消息？

另外，如果你确实对该公司进行过深入的调查、研究，并有自己的看法，你也可以在最后向面试官谈谈你的建议或指出对方的不足。

通常情况下，求职应试总是要说恭维话，以引起对方的好感而达到谋职的目的。但一味说好也未必能打动人，指出对方不足之

处,且令对方心服口服,常常能达到求职的目的。南京大学一名女毕业生在参加宝洁公司主考官最后一轮面试时,大胆指出宝洁公司的不足并列举国外的事例加以佐证,使对方不得不折服,结果她被首先选中。面陈其"过"之所以能胜过别的求职者,不仅是因为技巧新,由"贴金"转为说不足,而且表明:一方面,你已经在关心、研究该单位,并投身于该单位未来发展之路的探索了;另一方面,你想到这个单位来态度是认真的,目标是专一的,而不是抱着"进来再说,不行拉倒"的心态来随便试试看的。而且,如果你说得令人信服,还表明你研究之深、水平之高。这些都能帮助你获得求职的成功。但必须注意,面陈其"过"必须态度诚恳,着眼于对方做得更好,具有建设性,且实事求是,说到点子上,具有可行性,切不可故弄玄虚,不懂装懂,那样会适得其反。

五、挑战性问题的回答技巧

从某种意义上说,面试过程是一个智力较量的过程。面试会提什么样的问题,既无硬性规定,也无统一定式。面临激烈的市场竞争,许多单位对人才的素质要求越来越高。不仅要求应聘者具有基本业务能力和一般的素质,还要求能从容自如地面对各种困难,积极妥善地解决比较棘手的问题。因此常别出心裁地出一些富有挑战性的偏题、难题、怪题,有意"刁难"应聘者,通过"察言观色"考察一个人的品质、潜质和创造性,考察应聘者的快速反应能力、逻辑思维能力以及特殊情况下的应变能力等,甚至包括自我控制能力与情绪稳定性。面对这类问题最重要的是要透过现象看本质,看清楚、弄明白出题者的本意,别让刁钻面试乱了方寸。应聘者只要站在人格的立场上,冷静地整理好思路,就可以从容作答。

(一)机智反问

一个求职者应聘一家电视台的记者一职,面试中考官指出:"你说你爱好写作,可是我看了你填的报考表,在'自我评价'栏中居然出现了三处语法错误,现在没有多余的表格,也不准涂改,你怎么办?"该应聘者听了吃了一惊,心想写自我评价时自己是字斟句酌

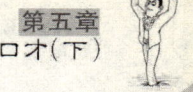

的,怎么会有三处语法错误呢? 但面试时不允许他多想,他思索了一下,镇定地回答:"为了弥补失误,我可以在表后附一张更正说明,上面写上:'某某地方出现了三处错误,实属填表人的粗心,特此更正,并向各位致歉。'不过——"他顿了一下说:"在发出这份更正说明之前,我想知道是哪些错误,因为不能无的放矢,错误地发出一份更正说明,我不愿再犯这种错误。"

听到他的机智反问,面试官笑了。事实上他的自我评价中并没有错误,这只是考官设下的一个圈套,他用机智的回答证明了自己的自信和敏锐的反应能力,赢得了考官的赞赏。

(二)预设前提

面试考官提问有时会布下"陷阱",巧妙伪装,让你上当。面对这类问题,应想办法避开"陷阱"再作回答。

比如,"你是计算机专业的,肯定是这方面的专家,请你谈谈目前计算机方面发展的趋势。"其实这里就有一个"陷阱"。有的同学说:"好的。"这等于承认自己是专家。讲得好,是理所当然;讲得不好,就是自己故意卖弄。对这种问题最好预设前提,可以这么回答:"不,我不是专家,作为计算机专业的学生,我可以谈一点粗浅的认识……"这样谈得不好,也没很大的关系,不是专家嘛;谈得好反而让人觉得你很谦虚。

"你明天要去旅游,机票已订好,公司突然要求你去加班,你怎么办?"不少同学说:"把飞机票退了,明天去加班。"如果这样回答,肯定不会被录用,考官会认为你在喊口号,口号叫得越响到时候跑得越快。最佳的答案应该是根据具体情况作答,所以应该预设前提,可以这样回答:"我可以先问一下,这个加班是不是非得我去,其他同事可不可以代替,或者等我旅游回来再去,如果两者都不可以,我只能将飞机票退了,去加班。"

(三)坚持己见

许多用人单位喜欢有主见的下属,而不是会说话的机器人。有一家公司招聘办事处人员,老总对每位通过初试者都说了这样一句话:"如今,像我们这样好条件的单位不多,你运气真好,已经跨进了一只脚。"结果所有赞同此话的应聘者均被淘汰,只有一位持不同意

见者反倒入选。她说："其实我并不觉得贵公司条件有多好，只是感到比较适合我的专业，而且我觉得最后能不能入选，关键在实力而不在运气。"老总对此大加赞赏，认为像这样有主见、敢于提出不同看法的表现，难能可贵。

再如：

有一个初出茅庐的女孩去应聘，顺利地通过了初试和复试，在决定能否聘用的面试中，招聘方总经理当面告知她没被聘用，理由是她的形象不适合她所应聘的公关业务。原来，该女孩那天穿了一身日常的衣服，素面朝天，相貌平平，说实话确实很不起眼。听到这样的话，女孩只能转身离去，又觉得很伤自尊、很憋气。本来那扇门已经在她身后关闭了，她却头脑一热，突然转身又打开了那扇门，对主持面试的经理说道："主动权掌握在您手里，说起来我没有讨价还价的资格。本来，您不需要任何理由就可以决定我是否被聘用，但您给了，而且给我的理由恰恰是一个不能让我接受的理由。我可以用一分钟换一套衣服，用两分钟换一种发型，但我的知识和内涵才是真正可贵的，我头脑冷静，随机应变的特质，才是公关职位真正需要的东西，而这是我多年来磨炼的结果，是无法用服装、发型等外在形象因素改变的。"本来，女孩想，既然已落聘，何不放下一切顾虑去反驳一下，直抒胸臆，出出气呢？结果，第二天，公司与女孩联系，告诉她被录用了。

故事中，女孩很不同意总经理关于公关职位只要外表形象而不要内在素质的观点。在落聘的情况下，她杀了个回马枪，直抒胸臆，进行反驳，打动了考官。女孩之所以能打动考官，主要有两个方面原因：一是敢于反驳，勇气可嘉。在面试中，一般情况下，求职者总是说话谨慎，尽量去掉锋芒，顺着考官说的话，不敢反驳，而考官的理由和观点也非全部正确可行，那么你敢不敢反驳？尽管女孩是在无所顾忌的情况下进行了反驳，但这也是一种勇敢的表现，也非一般人所能做到的。二是她反驳的理由正确。确实，一个人的外表可以在短时间内修饰、弥补而改变，但更主要的起关键作用的还是长期修炼提升的内在素质。这是关键的一点，否则，就不能打动人。

摩托罗拉公司会故意问你几个难堪的问题，如结婚否？啥时要小孩？男朋友标准？等等，以问题为个人隐私为由拒答者，公司持赞赏态度，他们认为这些应聘者不会因个人的眼前利益而屈服压力。有个性，有尊严，表现在工作上就会少受诱惑，坚持原则，始终以公司利益为先。

（四）顶住压力

面试中也可能会出现"你的学历太低，达不到我们的要求，你还是到别的地方看看吧。""你的专业根本不适合这项工作，你认为呢？""这个职位来应聘的优秀的人很多，你被录用的可能性很小。你还要坚持进行面试吗？"等"呛人"问题。

有一本书中写了这样一则趣谈：

一位29岁的女学生，在一家福利待遇都很不错的大型英资企业接受面试。她说自己在面试室等了30多分钟以后，才被带去见一位经理模样的人。经理的问题是："你的简历根本没分量，我们公司需要的是能力很强的人，你认为能胜任这个工作吗？""你没有我想要的工作经验，我为什么用你？""看看你的年龄如果我们雇用你，得花钱送你去培训，而不久你就要辞职结婚，我们为什么要在你身上浪费时间呢？"女生被这些呛人的问题吓蒙了，只说了几句话就哭着出来了。她走的时候，那位经理对她说："走吧，等你长大了再来吧。"事后这位经理说他期待的反应是："对不起，我认为自己就是这个职位的合适人选，我的理由是……"

从上述例子中我们可以看出，这些"呛人"的问题很可能是故意给你施加的压力，看你的自我控制能力、你的情绪稳定性如何，看你是否有足够的自信。因此，遇到这类问题要顶住压力，迅速调整自己的心态，沉着、自信地回答面试考官。例如：

小王是一个普通大学毕业的学生，为了求职，他四处奔走。一次，他在网上看到沿海一家报社招聘记者，于是满怀希望地赶去应聘。到了才知道跟他一同去应聘的，还有许多重点大学的毕业生。

负责招聘工作的是一位30多岁的男士。当他递上简历时,那位负责人只瞟了一眼,便将简历退还给他,并说:"对不起,我们要重点大学和名校的学生……"这位学生很生气,心想,难道我花了100多元钱,辛辛苦苦坐了一天车,就是为了让他看一眼我自荐材料的封面吗?他很不甘心。于是据理力争道:"可你们招聘广告上明明写着,应聘者的条件是普通高校中文或新闻类的本科毕业生,并没有注明一定要重点大学或名校的学生!"那位负责人看了他一眼,有些不屑地说道:"是的,应聘的条件确实是这样,但你没看到这里有这么多重点大学和名校的毕业生吗?我们的名额有限,当然要选最好的……"这位学生接着说:"仅凭一所学校的名气就可以完全判定那所学校所有学生的好坏吗?我不敢说我们学校所有学生都非常优秀,但我们学校的确有很大一部分学生是优秀的,完全有可能超过一些重点大学和名校的学生。您只认校名,不看材料,没有笔试,也没有面试,甚至连最简单的交谈都没有——就这样选择人才,我认为,对你们报社,对所有应聘者都是不负责任的!"那位负责人沉默了一会儿说:"好吧,让我再看一下你的材料。"小王再次递上简历和大学期间在各大报刊发表的百余篇作品。看完他的应聘资料后,那位负责人略略有些歉意:"小王,明天你来参加笔试吧。"笔试之后不久,小王接到那位负责人打来的电话,说他们共录取了三个人,小王是其中的一个,要他去签约,还说递交简历时的表现,是他们特意设置的面试题,小王的表现很出色……

面谈中,你可能发现,根据所讲的具体情况,你不想要或者感到不能胜任那份工作时,你就要直截了当地告诉他们,你认为你不是他们所要的人。如果你转弯抹角地说"还有其他公司要我去工作,""我再到其他公司去试试看,"等等,这不仅浪费时间,还表明你缺乏诚意。

六、求职故事赏析

(一)曾荫权第一次求职的故事

因为家境贫寒,现任香港特别行政区长官的曾荫权在年仅20岁时就辍学踏入了社会。其时,正是经济萧条时期,要想找一份较为理想的工作极为艰难。一家知名医药企业刚刚贴出招聘科员的启事,就引来了数十名应聘者,曾荫权也在其中。

面试时,数十名应聘者被编了号,曾荫权因来得较晚而被编在了后面。

面试开始不久,几位先参加面试的应聘者阴沉着脸从招聘办公室走了出来,他们沮丧地说:"招聘条件很苛刻,没有大学文凭和两年以上的从业经验者,一概不收!"

在门外等待面试的应聘者听后,呼啦一下散去了很大一部分。曾荫权虽然也不符合条件,但他却没有跟着他人一起走掉。

不久,又有几名年龄与曾荫权相仿的应聘者阴沉着脸从招聘办公室里走了出来,他们更为沮丧地说:

"他们的条件很苛刻,不仅要求有大学文凭和两年以上的从业经验,而且还要求年龄在25周岁以上!"

剩下的应聘者听后又散去了一部分。但曾荫权仍然没有走,继续耐心地排队等待。

这时,曾荫权身后的一名应聘者小声地问曾荫权:"小伙子,你符合他们的应聘条件吗?"曾荫权回答说:"一条也不符合。"

那人说:"既然如此,你肯定会被淘汰的。不如走掉算了!"

曾荫权听后,笑了笑说:"机会难得啊!即便是不符合条件,也应该有试一试的勇气啊,说不定就被录取了呢!"

那些没走的应聘者听后,觉得他有些自不量力。

但随后的结果,却让那些认为曾荫权自不量力的应聘者们大吃一惊:不符合应聘条件的曾荫权,虽然未被招聘为科员,但却因超于常人的勇气和伶俐的口齿,而被破格录用为药品推销员。

后来,已成为香港政要的曾荫权在一次答记者问时,间接地回答了他此次成功应聘为药品推销员的诀窍——曾荫权说:"从前,人们都说从尖沙咀坐船到中环是不可能的,因为湍急的水流往往会让乘船者偏离航向。但我不相信,就试了一次。这一试,让我意外地发现,虽然坐船到不了中环,但却可以到达湾仔和西环。这不同样是很好的落脚点吗?"记者听后,若有所思地"哦"了一声说:"曾先

生,我明白了,你的意思是说,什么事情只要尝试了,就会有意想不到的收获! 我说的对吗?"曾荫权满意地点了点头。

一些求职者在应聘时,常会犯这样的错误:因为招聘单位苛刻条件的限制和自身的缺憾及不足,就轻易地放弃了眼前的机会,打起了退堂鼓,以致连试一试的勇气都没有了。而曾荫权本人却以自己的经历告诉了我们这样一个求职道理,那就是——求职要有勇气,成功始于尝试!

(二)几步之差定胜负①

萧兵和魏勇一同去参加某外资企业举办的招聘会。

他们原来是大学同学加好友,文采都很出众,才华也不分伯仲,加上临场发挥极为出色,均顺利地通过初赛和复赛,最后携手进入决赛。

公司这次只招聘一名市场开拓部主管人员——也就是说,他们二人最后只能有一人胜出。到了这个份上,任何人都不想放弃——即使是朋友,也只能刺刀见红,一拼到底了。

何况,这是两人毕业后的第一场较量,谁都不想败给对方。

决赛的主考官是公司总经理——一个精干的中年人。他看了进入决赛的两个年轻人一眼,提出的问题简单至极:"请告诉我,你们在几楼下的电梯? 为什么?"

原来,该公司为避免电梯逐层停靠以节约时间,将电梯程序设定为停单层不停双层。当天的考场设在 14 楼,也就是说,萧兵和魏勇要么是从 13 楼走出电梯上行,要么是从 15 层楼走出电梯下行。

萧兵小心翼翼地答道:"我是从 15 楼下的电梯。"想想,他又补充道:"从上面往下走,稳便顺利,快捷从容,又无须花多大力气。"

总经理点点头,目光转向魏勇。

魏勇清清嗓子说道:"我是从 13 楼下的电梯。因为我认为早出

---

① 选自《演讲与口才》2005 年第 10 期。

电梯，从下往上跑几步，不仅能节省时间，而且还能锻炼身体，激发活力，使我有种攀登向上的奋斗感。"

总经理稍事沉吟后宣布：魏勇被录用了。随后，他说出了选人的理由："公司要拓展，就需要那种有时间观念，不贪图享受、不安于现状，勇于进取、奋发有为的年轻人。你们两人能进入决赛，说明你们均有出众的才能，而到了我这一关，只需要看你们谁更有进取心。显然，魏勇正是我们所需要的人。"

萧兵这才明白，自己只是输在几步路上。

在常人看来，一句话、一个微笑、几步路都是微不足道的，但这些微不足道的东西，有时候却能决定着我们求职甚或事业的成败，因为它能凸显出我们思想境界的高低，能暴露出我们灵魂深处的隐秘。

（三）应聘：他们是这样成功的

名人不是一下就成为名人的，也不是一步就走向成功的。他们之中的一些人，也经历过应聘的曲折和求职的坎坷。

下面我们介绍几位名人的应聘经过，相信他们的成功经验，会给求职者以启示。

史蒂文斯：败后感谢，疑无路时花又明

史蒂文斯以前是程序员，听说微软公司招程序员，他就信心十足地去应聘。面试时考官问的问题是关于软件未来发展方面的，这点他从来没有考虑过，故而惨遭淘汰。史蒂文斯觉得公司对软件业的理解令他受益匪浅，就给公司写了一封信表示感谢。这封信后来被送到了总裁比尔·盖茨的手中。3个月后，该公司出现空缺，史蒂文斯收到了微软的录取通知书。十几年后，凭着出色的业绩，史蒂文斯当上了微软的副总裁。

求职面试难免遭遇暂时的失败。面对失败如果对应聘单位或单位负责人心生怨言，不仅会显示出求职者心胸的狭窄，而且也于事无补；而如果摆正心态，以一颗感恩的心去对待应聘单位，则有可

能为自己下一次应聘的取胜赢得机会。

史蒂文斯在失败后不但没有埋怨公司淘汰了他,反而觉得公司对于软件业的理解让他获益匪浅,于是就给公司写了一封信表示感谢。他的这种行为,让公司总裁比尔·盖茨看到了他的良好心态——这一心态对从事任何工作都是大有裨益的,所以,当公司再次招人的时候,就首先想到了他——史蒂文斯的求职道路,因而在一度"疑无路"之后,又"柳暗花明"起来。

恰科:品性优良,于细微处显精神

法国银行大王恰科年轻时,先后 52 次到一家银行找董事长谋职。当他最后一次被拒绝后失魂落魄地从银行走出时,看见银行大门前的地上有一根大头针,便弯腰把它捡了起来。出乎意料的是,银行在第二天给他发来了录用通知——原来,恰科弯腰捡大头针的行为,被董事长看到了。

善于为他人着想可以使人际关系变得和谐,而精细小心则可使一个人将工作做得尽善尽美——这二者是任何一家单位都欣赏的精神品质。

于细微处显精神,恰科弯腰捡大头针的行为,凸显了他善为他人着想和精细小心的品质。董事长从他弯腰捡大头针的行为中,看到了他的道德修养和高度的责任感,看出了一名优秀员工应当具备的素质。恰科在求职道路上的事实说明,高尚的道德修养和优良的精神品质,可以帮助求职者获得理想的工作岗位。

憨豆先生:急中生智,关键时刻亮奇招

憨豆先生在成名前,到英国一家著名的马戏团应聘滑稽演员。考官面试的题目是当场让人捧腹大笑。憨豆又讲笑话又演哑剧,可考官没有一人露出一丝笑意。憨豆急了,亮出绝招,转身打开面试房间的门,对着外面其他等候面试的应聘者们大叫:"喂,你们都可以回家吃饭了! 他们已决定录用我了!"这时,已经憋了很久的考官们一下大笑了起来。憨豆终于找到了一份可以发挥自己特长的工

作,最终成为世界著名的滑稽大师。

急中生智能让求职者想出招聘方负责人欣赏的谋略,说出招聘方负责人欣赏的话语,做出招聘方负责人欣赏的事情。

面对有着抗御逗笑心理准备的考官,憨豆先生亮出了常人难以想到的"奇招",一句"你们都可以回家吃饭了!他们已决定录用我了",让已经憋了很久的考官们得以展颜一笑,同时也让他们领略了应聘者的智慧。憨豆先生的敏捷思维,帮助他找到了一份可以发挥自己特长的工作,也帮助他一步步成为世界著名的喜剧大师。

由以上几位名人的求职经历我们可以看出,求职者只要能够鼓足勇气不轻言放弃、摆正心态不怨天尤人、提高修养不自私自利、思维敏捷不拘泥呆板,迟早能在求职应聘中胜出。

(四)吹毛求疵,吸引眼球

世界首富比尔·盖茨上高中时,曾到一家软件公司应聘,因为年纪太小而遭拒绝。他没有气馁,半夜跑到那家公司的垃圾堆里,找到了公司废弃的程序资料,并逐一修正,然后毛遂自荐跑到公司求职。公司老板被他小小年纪就有这样的才华所折服,破例给他安排了一个重要职位。

想方设法找到自己心仪公司的"软肋",并依靠自己的实力大胆地吹毛求疵,以此吸引对方的眼球,可以提高应聘的成功率。

(五)突出个性,赢得青睐

一家广告公司为了扩大业务进行招聘。参加面试的人排成了长队,有位年轻人排在第37位。面对众多的竞争者,他在考虑对策。过了一会儿,他拿出一张纸,认真地在上面写了一行字,并找到秘书小姐,恭敬地对她说:"交给你的老板,这非常重要!"秘书小姐尽职地交给了老板。老板展开纸条看后微笑了一下,因为纸条上写着:

"先生，我排在队伍的第37位，在你看到我以前，请不要做出决定。"当他与老板面试交谈后，他得到了这份工作。

在求职面试中，如果不能给对方留下深刻印象，就很难求职成功。这位年轻人求职中突出了自己的个性，而且正是他的创意，让老板发现了他。广告公司就应该启用善动脑筋、富有创意的人。这位求职者成功地展示了自己的个性和独创精神，从而赢得了老板的青睐。

（六）锲而不舍

日本松下电器公司总裁松下幸之助，年轻时家境贫寒，为了养家糊口，他到一家大电器公司求职。由于矮小瘦弱，衣服又破又脏，被公司的人事部门主管谢绝了："我们现在暂时不缺人，你一个月以后再来看看吧。"本是推托之辞，可一个月后他真的来了，那位负责人又推托说有事，过几天再说。隔了几天他又来了，如此反复了多次，主管只好直接说出了真话："你这么脏是进不了我们公司的。"于是他立即回去借钱买了一身整齐的衣服穿上再来。负责人看他如此实在，只好告诉他："关于电器方面的知识，你知道得太少了，我们不能要你。"不料两个月后，他再次出现在人事主管面前："我已经学会了不少有关电器方面的知识，您看我哪方面还有差距，我一项项弥补。"这位人事主管盯着态度诚恳的他看了半天，才说："我干这一行几十年了，还从未遇到像你这样来找工作的。我真佩服你的耐心和韧性。"结果，松下幸之助的毅力终于打动了这位人事主管的心，最终如愿以偿地进入那家公司工作。

有时候，学历、长相、衣着和语言等，可能都不重要，重要的是态度，一种锲而不舍、不达目的不罢休的态度。有些公司就非常看重实在肯干的人，求职者的态度完全有可能创造奇迹。

（七）诚实使我站上了世界屋脊的讲台①

师专刚毕业时，为了找到工作，我东奔西忙，没少碰壁。恰巧，西藏昌都的一所中学要招聘一名语文教师。得知这个信息时，已经有 13 个人报了名。我是第 14 名。

招聘有两个步骤，先是试讲，再是面试，择优录取。试讲时每人随意抽一篇课文，备课、讲课共一个小时。经过三天的比试，我进入了前五名，好不容易挤进面试的范围。

面试，是我的弱项。我最怕单独与领导交谈。在面试前，我想到了领导所有可能问到的问题，在心里做了充分的准备。

面试开始了，担任面试主考的是校长。应试人一个一个地进去了，又一个个从另一个门出去，最后才轮到我。我第一次近距离接触领导，心里有点紧张。校长一脸严肃，好不容易才露出一丝微笑，说："你好，你是最后一位了。现在我问你一个问题：假如现在要你来当我们学校的校长，你将如何管理？"说完，他仍是那样严肃地看着我。

这个问题不在我的预计范围之内。我心里纳闷，又不是招聘校长，这是什么问题呀？这次是没有希望了，前面四位肯定回答得很完美。在学校里，我只知道学习语文专业知识，读作品、写文章，从没去学习学校管理方面的知识。但是无论怎么样，我得说话。我收起了沮丧的心情，坦然地说："校长，很抱歉，如果让我来当这所学校的校长，我真不知道如何来管理。首先我对这个学校的老师、学生、周边环境都没有一个全面、透彻的了解，再加上我没有太多的管理知识，要管理一个学校，可愁死我啦！我这点水平，教一个班，当个孩子王就不错了。"

一旦抱定没戏的想法，我也不顾虑什么了。我平实简洁的回答，居然使校长的脸色"多云转晴"。他满意地点了点头，说："说心里话，如果你也像前面四位一样，滔滔不绝地跟我讲一套管理方法，我还真不知道该录用谁呢。其实，做一名教师最重要的品质是诚

---

① 选自《演讲与口才》2005 年第 12 期。

实,不知就是不知,不管自己面临的是什么利害得失,都应如此。你具有这种品质,很不错!"后来才知道,前面四位应聘者其实也没学过管理知识,为了应付面试,便自以为是地说了一通。

这次应聘,我谋到的不仅是一份教师职业,更重要的是,我刻骨铭心地明白为人师表的内涵。是诚实使我有幸站到了世界屋脊的讲台上。

第二节　采访与主持

一、采访

采访即采集访问,就是到采访现场采集资料,访问采访对象。它是一种以访谈为主要形式,以采集所需资料信息为主要目的的特殊的调查活动。不论采访使用什么方法,采取什么形式,明确采访目的是保证采访圆满进行和取得成功的先决条件。对于采访者来说,在采访前要明确采访是出于什么原因、达到什么目的和材料将说明什么问题等。

(一)采访前要做好案头的准备工作

准备主要是指熟悉采访对象。如采访一位名人,事前就要了解其籍贯、年龄、家庭状况、基本经历、成就、身处的领域和现状等。如一概不知,对采访对象的特点一点不了解,就难免让采访对象产生一种不被重视的感觉,难免会问一些外行话,这会影响采访的效果。

在世界采访史上,有一个著名的案例:

费雯丽在美国好莱坞拍的影片《乱世佳人》获得了11项奥斯卡奖提名之后,一举成名。当这个电影无限风光,首次去欧洲巡演的时候,费雯丽乘坐的班机降落在伦敦停机坪上,许多记者在下面围着。

有一位记者冲在了最前面,他非常热情地向刚刚走出舷梯的费雯丽说,请问你在这个电影里扮演什么角色? 这一句话使费雯丽转

身进了机舱,再也不肯出来。

在对采访对象毫无了解的情况下提出这样的问题,只能导致这样的结局。

再如《一次失败的采访》:

一位青年记者采访一位中年女科学家。

记者:请问,您毕业于哪所大学?

科学家:啊,对不起,我没有进过大学,我搞科学研究全靠自学。我以为,自学也能成材。

记者:(愣了一下)听说,您成果累累,又成功地完成了一个项目,请问,您研究的新课题是什么,能告诉我吗?

科学家:看来您并不了解我的工作。我一直致力于原来这个项目的研究,目前,只是在这个课题上有了一些突破,但远远没有成功,所以谈不上有什么新课题。

记者:(想转移话题,缓和气氛)您的孩子在哪儿读书?

科学家,我早已决定把毕生精力贡献给自己所从事的事业,所以我一直独身至今。请原谅,这个问题我不愿多谈。

记者:(语塞)啊……

科学家:好吧,我工作很忙,恕不奉陪了。

很明显,这次采访之所以失败,原因就在于记者没有做好采访前的准备工作,对科学家的情况一无所知。

(二)拟定采访提纲

采访提纲,是指以书面的方式将大体的采访步骤、方式、采访的部门、人员名单及先后顺序、时间、地点和注意事项等罗列出来,并尽可能将要提的问题划成几大块,确定每一块问题的重点,及每一块问题间的联系。提纲尽可能拟定得细致、全面和系统,这样可在感觉上觉得有可靠的保证,在采访中尽可能处于主导地位,不至于因为采访对象可能出现的变动而使自己心理活动紊乱;也不至于在采访中因时间限制而丢三落四,或因问题不着边际而问烦采访对

象。例如：

一次，美联社记者尤金·莱昂斯采访斯大林，事先因故未写采访提纲而最终导致采访失败，莱昂斯后来回忆说："两分钟过去了，我发现斯大林并不着急，而我却没有一个提问的提纲。我在斯大林的办公室里待了差不多两个小时，但在这种令人兴奋的最佳环境中，我却没能提出重大的问题，对这一点我永远感到内疚。"

成功的案例也屡见不鲜。

以报道中国革命风云闻名于世的美国新闻记者、作家埃德加·斯诺，在1936年第一次深入中国陕北解放区采访时，写在笔记本上的采访提纲就有数十页。他每一次采访前都要仔细研究有关资料，确定采访重点以保证采访的成功。比如，他在采访提纲中准备的问题涉及政治、经济、军事、文教和农民、士兵等多个方面，这些问题也是当时国际上"关心东方政治及其瞬息万变的历史的人议论最多的问题"。正是有了如此细致和系统的采访提纲，斯诺才能写出《红星照耀中国》(中译本为《西行漫记》)这一轰动全球的名著。

(三)善于随机应变

采访是双边活动，采访者可循纲提问，但采访对象未必都因问而答，如采访对象临时改变话题，采访者就必须随机应变，灵活使用事先拟定的采访提纲，以保证任务顺利完成。比如，采访对象是老年人，一般从退休生活谈起，青年人一般先从最热门的话题谈起，女士可先谈谈她的小孩或爱人，谈谈她喜爱的时装或美容等。但假如你到了一位老年人的家中，他正在看世界杯足球赛，你可从足球赛导入采访话题；而你到了一位中年女士家里，她正在拖地板，你最好从女士的勤劳和能干打开采访的口子。这样做，既自然，又便于入题。例如：

1980年8月21日至23日，法拉奇两次采访当时担任中共中央副主席的邓小平同志。她在采访时，一改原定采访提纲中的开头提

问,而从邓小平同志的个人生活谈起,她先祝贺邓小平同志的生日。

邓:我的生日?我的生日是明天吗?

法:不错,邓小平先生,我从你的传记里知道的。

邓:既然你这样说,那就算是吧。我从来不知道什么时候是我的生日。就算明天是我的生日,你也不应祝贺我呵!我已经七十六岁了,七十六岁是衰退的年龄啦!

法:邓小平先生,我父亲也是七十六岁。如果我对他说那是一个衰退的年龄,他会给我一巴掌呢!

邓:他做得对。你不会这样对你父亲说的,是吗?

这样的采访气氛轻松、融洽,这种氛围中采访对象很少有对抗、回避等消极心理。

(四)注意采访用语

1.精心斟酌采访用语

采访很大程度上是语言的艺术,精心斟酌采访用语是采访者必须注意的问题。采访用语分为三部分,即开头用语、中间提问用语和结束用语。

开头用语要自然、得体,一般是问候,语言要显热情、谦逊。

口头访问的开始很重要。因为记者和采访对象大多不熟。对一个不熟悉的人,要用一两个小时或顶多一天的时间把他的心里话挖出来是很困难的。开始如果弄不好,往往造成以后的被动。人民日报著名记者艾丰根据自己的采访经验,总结开头的窍门是八个字:"求同存异,以同攻异。"见面第一个任务是搭桥,然后要材料。即上来先从相同的地方说,建立了心灵之间彼此了解、信任、沟通的桥梁后,再要情况。相同的东西越多越好。如艾丰成功采访的例子:

湖南省地矿局工程师骆正常,发明耐磨钻头,获地矿部重奖,并被称为"地矿部第一状元"。有记者去采访他,双方话不投机,结果不欢而散。艾丰到表彰会上采访他,迅速打量了骆工程师后,问:

"老骆,您今年四十几了?"

"47 岁了。"

"巧了,咱们是同龄人! ——你哪年大学毕业?"

"1962 年。"

"我 1961 年毕业,但入学都是 1957 年,我学文科 4 年,你学理工科 5 年,对吗?"

"对!"

就这样三言两语找到了双方的共同点,无形中缩短了与采访对象的距离,得到了采访对象的接纳。接下来的采访自然就很顺利了,骆工程师滔滔不绝地回答记者的采访,还不时插话:"这事谁都不知道,别的记者我没说过。"可见双方的融洽程度。艾丰由此获得不少"独家材料",写出了优秀的通讯——《"耐磨钻头"骆正常》。

有人去采访小学老师,上来就问:"张老师,你们小学老师都是什么文化程度?"这一句话就问砸了,人家会认为你看不起他,不会跟你讲心里话。如果见面时这样问:"张老师,小学老师我没当过,但是对小学老师的地位和作用我有这么一个看法,我认为,无论多么伟大的军事家、政治家、科学家,包括我们记者,都得经过小学老师的启蒙。"你这一句话就会使他认为这个记者不错,不仅没有看不起我们小学老师,而且充分理解我们的地位和作用。这样他的心里话就愿意跟你讲,他的愿望、甘苦等就愿意向你倾诉。这就是建立在共同理解上的心灵沟通。

提问、访问的核心是问,记者首先是问者,问不出来就没法儿记。"七分采三分写""善问有术新闻来"。记者应善于与不同的采访对象进行谈话,通过巧问,打开对方的"话匣子",获得好新闻。记者的技巧主要就是巧问的技巧。判断一个好的提问有四个标准,即问得关键、自然、简明和有特色。

(1)关键。所谓关键,指问题的内容。问题要少而精。艾丰在《新闻采访方法论》里讲了一个哲学概念,叫"抓关节点"。他认为,任何事物的结构都可分成关节部分和一般部分,任何事物的结构都是这两者的对立统一。之所以说它是哲学概念,因为这种结构既可概括自然,也可概括社会,又可概括思维。对我们认识事物来说,最

关键的是要抓住关节部分，不要在一般部分用太多的精力，这样的采访就能多快好省。艾丰在襄樊时采访了一个厂长。因为他当时要采访整个城市落实知识分子政策的情况，所以在这个工厂不能待太久，只采访了15分钟。他在厂里看了10分钟，然后和厂长谈了5分钟。就这么5分钟时间，如果乱问，那将什么也问不出来。所以他只能提一个关键性的问题。这个厂长是老工人出身，当时他已提出不当厂长。他和厂长见面第一个问题就是："厂长，你什么时候有了不当厂长的想法？"厂长说："我原来从没想过不当厂长，这厂子是我和一帮老哥们干出来的，后来安上了现代化的新机器。我文化不高，机器出了问题，工人来问我，我说不出来，结果耽误了生产，从那时起我想我应该让位了，让位给有文化的人。"他讲得很生动，风格也很高。艾丰就提了这么一个问题便抓住了问题的实质，就是因为抓住了关节点。所以问题提得关键很重要。

（2）自然。自然指提问的口气、气氛，不要审问式的。言词既可婉转也可直率，但总要使对方乐于接受，乐于被采访。

（3）简明。既简单又明了。拉拉杂杂，对方听不清，在有些场合，这样冗长的问题根本就没有机会提出来。

（4）有特色。所谓有特色就是该问谁的问题去问谁。例如：

1961年，苏联宇航员加加林乘宇宙飞船上天回来之后，很多人去欢迎他。记者提了两个问题，非常有特色。第一个问题："你在失重的情况下有什么不舒服的感觉没有？"加加林答："没有，我感到很正常。"第二个问题："你在宇宙飞船上看地球是什么样的？"加加林答："我们的星球是一个蓝色透明体，非常漂亮。"回答得非常好。

这两个问题都只能问加加林，因为当时只有加加林离开过地球到宇宙太空转了一圈，所以这两个问题提得很有特色。还有一个问题是大家想到的，但不能问他，即"为什么你跑这么老远跟地球联系还不中断，还能回来呢？"这问题应该去问地面设计总工程师，如问加加林就是没有特色。

结束用语要简洁。可顺势作结，也可是告别语，或感谢的话。

2. 提问方式

在口头采访中,要学会使用两种提问方式。提问的内容是无限的,而其方式只有两种:一种是开放式,一种是闭合式。

开放式提问,即将问题提得较为概括,范围限制不严格,被采访者有较大的自由发挥的空间。比如,外国总统访问中国,我们的记者去采访这位总统,问道:"总统先生,请问您这次访问我们国家有什么感想?"这就是开放式提问,它概括、抽象,可以敞开谈,余地很大,不受约束和限制,也可谈得很少,或不谈实质性的问题,甚至可以避而不谈。

所谓"闭合式提问"就是问题提得具体、单纯,范围限制得较为严格,给对方自由发挥余地很小,被问者一般只适合做直接回答。如尼克松访问中国时,一个外国记者问尼克松夫人:"请问,你喜欢北京这座城市吗?"这就是闭合式提问,回答可以说喜欢或不喜欢,一般不会作较多的阐述,问题小,回答少。尼克松夫人说:"我很喜欢北京这个城市,正像在美国我喜欢华盛顿而不喜欢纽约一样。"

两种方式各有各的用处。开放式问题较平缓、宽泛,给对方以主动权,让对方谈得比较多,但是容易拖沓,自己不掌握主动权。闭合式问题较简练,针对性强,适于深挖一些问题,引导谈话的方向,限制对方回避问题。

一个好的采访应是两种提问巧妙结合,该开则开,该合则合,既有利于对方自由发挥,又不至于跑题太远,记者的技巧就在这里。这种方式叫"漏斗式"。例如:

1998 年 3 月 19 日九届全国人大一次会议举行记者招待会。在这次会议上香港凤凰卫视中文台的吴小莉提了两个问题:一是去年亚洲金融危机,香港的危机也开始显现,现在香港经济回升,股市的指数又创新高,请问,香港如果出现困难,中央政府会采取什么措施帮助支持? 二是人们称您为"经济沙皇",您对此有何感想?

这类提问既划定了一个范围,又给朱镕基以很大的发挥空间,为采访的顺利进行奠定了基础。

初学采访的人，提开放式问题较多，不善于提闭合式问题，往往提些有什么感想有什么经验等问题。提开放式问题提问者省事，而回答者就难了。开放太大了往往使对方感到老虎吃天无从下口。有"世界采访之母"之称的意大利记者法拉奇曾采访过世界上多位知名政治家，如基辛格、甘地夫人、霍梅尼、卡扎菲、阿拉法特和瓦文萨等。她以提尖锐问题见长，问问题不顾情面，甚至尖刻。她在访问邓小平时，提的问题大部分是闭合式的。没有像"请你谈谈中国的形势如何"这种问题。第一个问题是："请问你们天安门前的毛主席像是否永远挂下去？"邓小平答："永远挂下去！"这一问一答内涵有多深哪。闭合式问题包含更多的技巧，要做许多基础工作。法拉奇到中国来之前用了两个月时间研究中国情况，看了几十公斤重的材料。不然她也提不出那么深刻的问题。不了解情况的人只能泛泛而论，只有了解情况才能提出有分量的闭合式问题。

二、主持

主持是指主持人对某一节目或某一活动的幕后策划和台前指挥，通常看到的主持人主要是其在台前的现场指挥。主持人的水平主要表现在两方面："串联"能力和"控场"能力。前者主要表现为对节目的连接缝合，后者主要表现在对整个活动的现场协调和发动等。主持人语言水平的高低又直接决定主持的成功与否，正如中央电视台主持人倪萍所说："一台节目，主持人是门面，主持人砸锅了，一台节目全得报废。而主持人是否出色，是否成功，很大程度上取决于主持人的口才。"

（一）主持人的语言特点

1. 口语化

主持人的语言来源于生活但不同于生活口语。主持人面对的是不计其数的观众和听众，且在有限的时间里要传播尽可能多的信息，这就要求主持人的语言是经过反复加工、精心锤炼的生活用语。例如：

著名电视节目主持人杨澜和相声艺术家姜昆共同主持节目的

开场白就能体现这一特点。

杨：各位来宾，电视机前的热心观众朋友们，你们好！

姜：也许你刚刚脱去一天的疲惫，泡一杯浓茶坐在电视机前；也许你正觉得无聊，想不出家门就能看到外面的世界；也许你刚刚做完老师布置的作业，希望在休息之前从我们这里得到一点精神享受。

杨：那好吧，就让我们带着您跨越时间和空间造成的障碍，到世界各地去领略异国的风情，聆听美妙的音乐，因为——不看不知道，世界真奇妙！

2. 大众化

语言表达的效果如何，不仅要看语言形式是否恰到好处地表达了主持人的思想感情，还要看听众或观众是否理解和接受了主持人的语言表达。若观众或听众不接受，主持人的语言表达就失去了意义。而要观众或听众接受主持人的语言表达，主持人在组织语言时就必须熟悉观（听）众，把握他们的心理，弄清他们的欣赏要求和欣赏水平。努力使自己的语言大众化、平民化，故作高深的语言表述是难以使人喜欢的。即使是面对文化层次较高的听（观）众群体，主持人的语言也不可过于文雅而给人卖弄感。例如：

中央电视台主持人倪萍和特邀主持人侯耀文共同主持第22期"综艺大观"时，在男女混唱《拥抱春天》节目前的一段话，既抒情又大众化。

倪：三月的南方早已是春暖花开，春的脚步正匆匆地走向北方的大地。春天，是播种的季节，也是生长的季节，在春天里不仅可以找到生命，而且可以找到理想和希望。

侯：特别是年轻的朋友还可以找到心中的恋人。

倪：对，因为春天是个可以找到爱的季节。今天是我们综艺大观开播一周年的日子。

侯：也许大家还能记得，去年三月的这一天，第一期综艺大观和观众见面了。当时我们全体演员怀着一种不安和希望的心情播下

了这一粒种子。一年以来，在广大电视观众的爱护之下，这粒种子已经长成一株亭亭玉立的小树。

倪：是的，在今天，在又一个春天到来之际，让我们一起拥抱春天……

3. 个性化

第一，主持人的语言表达要与其身份相符。第二，每一位主持人都应有体现自己个性的语言。我们强调口语化、大众化，但我们更强调个性化的语言风格。因为个性化实际上就是要求主持人的语言应符合其身份。因为不同的主持人年龄不同，性别不同，主持节目的内容不同，这就要求主持人要说"自己"的话。

电视台的著名节目主持人的主持风格各不相同，语言风格也各具特色，倪萍亲切得体；刘纯燕活泼清纯；敬一丹稳重严谨；水均益大气儒雅；陈铎温文尔雅；崔永元寓庄于谐；白岩松严肃尖锐；杨澜机敏活泼；孟非睿智幽默，严谨又不失亲切；赵忠祥舒缓有序，他独特的语言总让人想起"动物世界"里走在冰天雪地的北极熊……

（二）主持人的语言技巧

主持人在开场、串联、应付突然事故和结束四种情况下亮相。因此，其语言技巧也就突出表现在这四种场合中。

1. 工于开场

好的开端是成功的一半，对主持人而言，最大的难度也表现在开场白上。这就要求主持人在事前要作充分的准备工作。若要设计好开场语言，就要考虑到观众或听众是哪些人，他们是抱着一种什么心理来的，他们对节目可能有哪些要求，他们的爱好是什么，我的开场白要达到什么效果，开场白与第一个节目如何连接，开场白对这场晚会或活动将要起什么作用等，考虑好了这些内容，就能够清楚地知道自己的开场白该用什么语句了。

某高校邀请评剧《光绪政变记》中慈禧太后的扮演者郑毓芝作演讲，主持者是这样开场的：

"同学们：今天，我们好不容易把'老佛爷'慈禧太后请来了（掌

声、笑声,听众的情绪顿时热烈起来)!'老佛爷'郑毓芝在戏台上盛气凌人,皇帝、太监、大臣见了都诺诺连声、磕头下跪,在台下却和蔼可亲、热情诚恳。她方才和我谈起,还曾扮演过《秦王李世民》中的贵妃娘娘,话剧《孙中山》中的宋庆龄。她是怎样把这些截然不同的人物演得栩栩如生的呢? 下面就请听她的演讲(听众凝视主席台,热烈鼓掌)。"开腔第一句话就博得了听众的掌声和笑声。

好的开场白应该做到三点:一是要富有诱导性和启发性,要能引导参与者进入角色,进入境界;二是要能提纲挈领,恰当地介绍活动的主题、目的;三是要能调动全场情绪。 总之,优秀的开场白要灵活精巧,周到得体,使全场观众情绪高涨,注意力集中,形成共鸣。

成功的开场白,必须坚决摒弃那种陈旧、死板、千篇一律的套套:"现在开会,请××上台讲话……""××文艺晚会现在开始,第一个节目……"可根据活动的内容,或讲形势,或巧说环境、季节,或道特点,或提要求,或讲一讲"历史上的今天",或从参与者的情况等喻示主题,总之要因境制宜,做灵活的设计。而特别不能忘记的,是能够在诙谐幽默之处,尽量来点诙谐幽默,使听众发出会心的微笑。

2. 巧于连接

主持一场节目,少不了主持人用语言"穿针引线",使整场节目形成一个有机的整体。这就要借助多姿多彩的串联词来达到目的,展示出节目的凝聚力。串台词是一种动态的过渡,它衔前接后,调动观众感官,控制现场气氛,使不同的节目互相关联,使整个活动成为一个不可分割的整体。例如:

在中国第三届"金话筒"奖颁奖晚会上,上海东方电视台节目主持人袁鸣有这样一段串联词:"作为节目主持人,话筒是我们的生命,因为它连接了你和我,通过它,搭起一座心与心的桥梁,观众的心是我们的舞台,我不能没有你,下面请欣赏歌曲《我不能没有你》。"

可谓连接的天衣无缝。

3.灵于应变

主持人是否灵于应变,对整个活动的成功起着举足轻重的作用。众所周知,无论主持人事前的准备多么充分,都无法保证所有的节目或整个活动完全按照主持人的设计举行。任何一场节目或者任何一次活动都有不可预期的外因会导致一些变化出现。当出现意外时,主持人应当沉着应变,临乱不慌,用得体的语言化解意外。例如:

《正大综艺》主持人杨澜,1991 年 9 月 19 日晚在广州市天河体育中心演出时,戏到中途,不慎在下台阶时摔倒在地。众目睽睽之下出现这种情况,确实令人难堪。但杨澜却沉着地爬起来,对台下的观众说:"真是人有失足,马有失蹄呀。我刚才的狮子滚绣球还不熟练吧? 看来这次演出的台阶不那么好下哩! 不信,你们瞧他们。"灵活的一番话语为杨澜带来了全场爆满的热烈掌声。

4.重视结尾

一次成功的活动应该是头尾相连,结尾时要把活动推向高潮。即所谓的"虎头豹尾"。无论前面的活动主持的怎样,优秀的节目主持人都不会对结尾掉以轻心。因为只有结尾结得好,整个活动才算最终取得了成功。结尾的语言常常有以下几种:用抒情的方式获取共鸣;用议论的方式引人思考;用点题的方式总结全程。不论使用哪种方式结尾,都要长话短说,恰到好处。

第三节　推销口才

一、什么是推销

推销就是从事产品或服务的销售工作。从事这项工作的人员就是推销员。在市场经济条件下,推销越来越显示出对企业、个人和社会的巨大影响。美国学者桑德尔认为:推销已经成为企业成功的决定性因素,它主宰着利润、投资、生产和就业。

戴尔·卡耐基说:"生活是一连串的推销。我们推销货物,推销

一项计划,我们也推销自己。推销自己是一种才华,是一种艺术。有了这种才华,你就能安身立命,使自己处于不败之地。你一旦学会了推销自己,你就可以推销任何有价值的东西。"

对推销,人们有许多误解,以为推销只是就产品而言,实际上推销至少有三个层次:一是推销产品,二是推销企业,三是推销品牌。推销只是推销员外在的显性的任务,除此之外,推销员还承担着建立公司良好形象、搜集市场信息、沟通公司与顾客良好关系、为顾客提供一系列与产品相关的服务等。也有一些人认为,推销员只是公司的代言人,因此,将推销员与顾客对立起来,这样对于顾客接受公司的产品是极为不利的。事实上,推销员应该是公司与顾客之间的桥梁和纽带,对公司和顾客均负有责任。推销员应该在推销的过程中,在公司利益和顾客利益之间找到共同点,应该让顾客得到应得的利益,也使公司的利益得到维护,只有这样,才能得到顾客的信赖,才能使推销活动得以成功。

二、推销成功的基本要素

推销的过程是一个人各种素质和能力得以综合体现的过程,只有全方位地具备推销的基本素质,才能保证推销成功。

(一)不断增进人际交往技能

很多人都有这样的切身感受,当有人向你推销产品时,你会下意识地设置一些人为的障碍,以此影响推销的进程。因此,推销事实上是一种特殊的人际交往过程,其中运用好交往技能将使你为被推销者所理解,甚至使他被你吸引,从而达到推销的目的。

(二)不断丰富商务知识储备

在推销的过程中,必然要向顾客介绍有关商品的知识,包括性能、原理、价格、公司情况和售后服务等,如果你由于缺乏商务知识的储备而对这些顾客关心的问题无从回答,那么,你很可能失去顾客的信任最终导致推销活动的失败。据美国一家杂志对100家工业企业采购人员的调查,所有采购人员都认为,具有丰富的产品知识是优秀推销员最重要的特征。推销人员必须了解"产品是怎样生产出来的? 产品具有哪些特征? 怎样使用产品? 怎样与相关产品配

套使用？产品能为顾客带来哪些利益？企业能够为顾客提供哪些服务？谁是我们的竞争对手？"等问题。

（三）不断提高语言表达能力

"如果你想把推销成绩提高到最大限度，那么你首先应该做95%的推销员都没做的事情——语言训练。"这是美国著名推销专家齐格·齐格勒对广大推销员的忠告。语言表达能力是推销员的基本能力，一个语言含糊、表情达意不准确、不明确、不善于说服顾客的人很难承担推销员的重任。

（四）不断增强自信心和自我控制能力

自信心是成功的重要保证。在推销的过程中，一定要不断提醒自己："我是最棒的。"在推销中，我们也经常会遇到具有反对甚至抵触情绪的顾客，在这样的情况下，具有很强的自我控制能力显得尤为重要，学会控制自己的情绪，始终以平和热情的态度面对各种顾客。内心不能丧失自信心，要知道，被拒绝、被抵触在推销活动中是寻常又寻常的事情。当然，自信心更是来自于你的知识和对信息的掌握程度，所以不断地学习是培养自信心的重要举措。

（五）不断增强观察能力和应变能力

有人将推销活动中顾客对推销的态度分为五个阶段，即感觉阶段、知觉阶段、认识阶段、记忆阶段、形成态度及采取行动阶段。在推销中，推销员遇到职业不同、年龄不同、性别不同的顾客对于推销员的态度会不同，对产品的好奇点也不一样。作为推销员，要具有敏锐的观察力，能够通过顾客的穿着、言谈举止等快速估计其兴趣点、心理和动机，并且及时应变自己对产品的介绍方式，这是推销成功的重要保证。

三、推销的语言技巧

有推销就须有接受，怎么使人们能更好地接受呢？除了推销技巧等诸多因素外，语言是一个重要方面。话怎么说才有助于推销，本身就是一门艺术。说得好，转得圆，生意马上成交；说得差劲，甚至恶劣，推销便立即失败。下面从实用的角度，就推销的语言艺术进行几个基本要素方面的学习和训练。

（一）引用最新信息

市场是在变化的,信息的更替以非常惊人的速度呈现。很多时候,顾客并不了解你们公司产品的质量和销售业绩的变化,此时,及时提供相应资料是重要的。例如:

顾客:"我对目前使用的产品很满意,没有必要另换一个供应商。"

推销员:"A公司的确是一家不错的公司,但去年我们的销售比最接近我们的公司还高3倍。最近由权威机构所做的一项调查表明:求购我公司产品的企业比任何同行都要多。"

人都有从众心理,大家争着买的东西可能就是好东西,提供公司销售业绩的信息就能促使顾客对产品做出重新选择。

（二）以赞扬的角度说话

真心诚意而自然得体地对对方进行赞扬,能沟通双方的感情,适当地满足对方自尊的心理需求,使之产生"自己人"的认同感和信任感,从而较顺畅地接受你发出的信息和观点。

当然,以赞美的角度说话并不是美言相送,随随便便夸上几句。正确的做法是要恰如其分,有感而发,切忌信口开河,无端夸大。否则,极容易使对方觉得你别有用心,阿谀奉承,甚至还可能被对方认为是对他的讥讽和嘲弄。例如:

美国著名的柯达公司的创始人伊斯门决定捐赠巨款在罗彻斯特建造一座音乐堂、一座纪念碑和一座戏院。为了争夺这些建筑物内座椅的订单,许多制造商使尽浑身解数,但均是乘兴而来,败兴而归。后来"优美座位公司"的经理亚当森也要求会见伊斯门经理,伊斯门经理的秘书警告他说:"如果你占用我们经理5分钟以上的时间,您的生意也就完了。"亚当森进入伊斯门经理的办公室后,先是仔细观察了办公室的精致装修,接着他凭着自己以往从事室内木工装修的体会高度评价和得体地赞扬了这间他"从来没有见过的装修得这么精致的办公室"。他的赞扬激发了作为这个办公室的设计者

的伊斯门的兴奋点，伊斯门谈兴大发，边带领亚当森参观室内的所有陈设，边如数家珍地介绍了装修的木质、比例、工艺和价格，接着又推心置腹地讲述起自己的苦难童年和艰难创业经过，亚当森则不时对其事业心、功德心表示由衷的赞叹。两人一说就是两个多小时，最后，伊斯门不但盛情邀请亚当森到其家中共进午餐，和他签了大量的订单，而且和亚当森结下了终生的友谊。

又如：

一位外国客人来到中国南方的一家书画店，营业员一看对方背的两个大提袋已塞满了中国的各种民间工艺品，马上迎上去热情地说："先生，您好，来中国旅游吧！您买的东西可真不少啊！来，我帮你放下，好好歇歇！"外国客人听了很高兴，自豪地说："我最喜欢中国的艺术品了，我每次来中国，都要买一批。现在我家里客厅的博古架上，中国的工艺品都琳琅满目啦！"此时营业员灵机一动，接下去说："先生，您看这个条幅，一个'艺'字，把您这种苦心追求的精神境界和您所悉心收藏的艺术珍品都概括进去了！"外国人听后更加兴奋了，他快步走到条幅跟前，左看右看，时而若有所思，时而眉飞色舞。忽然，他眼睛一亮，说："多少钱？我买了！"

（三）不逆向说话

即不逆着对方说话，不与其顶撞。在对方说话时，不打断，不争论。真正的推销精神不是争论。争论的结果往往是即使你驳倒了对方，也未必能使他接受你的推销，其内心会有种不服气的感觉。最好是尽可能使他多说，从中了解他的需求，把握主动，在适当时加以引导，强调双方的共同点，使对方尽可能不说"不"。

顾客购物时，总是要追求两个目的：既想廉价，又求物美，当两者不能统一时，他就可能提出看法。这时售货员不要去争论去反驳，和顾客形成对立，而应当先倾听顾客的意见，然后再舍一端，取另一端，加以说明。顾客说："哎呀，怎么这样薄，恐怕不结实。"这时

不要说:"谁说的！怎么不结实,你难道连这点眼力都没有?"而不妨先接纳顾客的意见,然后舍去"物美"不谈,只在"价廉"上做文章:"是呀。薄是薄了点,但便宜呀;再说现在穿衣服,只要穿一两年,就要换新样式,用不着太结实。"这样说,表示尊重顾客的意见,显得可信。同样,如果顾客对"价廉"提出质问,售货员就应该舍弃"价廉"而只谈"物美"。如顾客问:"怎么这样贵?"如果答:"嫌贵就别买。""这还贵呀,那种才贵呢!"这样就会引起顾客的反感,打消买此物的念头。要是说:"贵是贵了一些,但您看这质量、这样式,一等品。花钱还不就是买个地道货,您说是不是?"这样就使顾客感到此物确实值得买。例如:

顾客说:"这抽油烟机又涨价了,上月才380元,现在却涨到410元,太贵了,买不起。"这里的"涨价"是顾客说"买不起"的理由。售货员并没有反驳顾客的意见,而是抓住"涨价"为基点,改换了一个角度,从市场供求关系及其与物价的关系角度顺势说:"对,现在大家生活水平提高了,都害怕油烟影响健康,加上这种牌子质量好,大家争着买,供不应求了,价格自然上涨。但从抽油烟机的市场行情看,这种牌子的抽油烟机还得涨。现在不买过一段时间会更贵,说不定还会脱销呢?"顾客一听,觉得有道理:"涨价"本身说明质量好,需求量大;供不应求的商品只能继续涨价或脱销。此时不买,更待何时? 生意成交了。

(四)从对方的角度说话

要使对方接受你的想法,就不仅要考虑自己,更要转到对方的立场上,考虑能为对方解决什么问题,满足对方哪些要求,这样站在对方的角度说话,会使对方对你产生一种"理解我并为我着想"的印象,对你的想法产生较强的认同感,进而从内心产生主动性,变"接受"为"需求"。要记住:推销中最重要的不是推销者说了些什么,而在于对方相信了什么;不在于告诉对方所要推销之物如何至高无上,十全十美,而在于让对方了解其有什么适应自己需要的好处。例如:

　　一家生产滑雪用品的企业派了一位推销员到一家旅游用品商店，向经理展示了各种各样的滑雪用品，大谈其如何质优价廉，可经理不为所动，婉言谢绝。晚上，推销员在旅馆中算了一笔账，第二天他又去找这位经理，告诉他说："假如你开设一个滑雪用品部，贵店就将成为本市旅游用品最齐备的唯一商店而名声大震，并吸引更多的旅游者慕名而至；另外销售的旺季将延长到原来比较萧条的冬天，把那些想安排冬季滑雪度假的人吸引过来。他们来到贵店，不但会对滑雪用品感兴趣，还可能对其他一些旅游用品感兴趣。我替你算了一笔账：在此地滑雪度假的人每年约 20 万人，就算有 5% 的人买你的滑雪用品，以每套滑雪用具赚 5 元计算，你就可以多收入 5 万元，何况其他旅游用品的销售量也要随之增加，何乐而不为呢？"推销员这一番有理有据的估算诱发了商店经理对商店贸易前景的丰富联想，他沉思了一会儿，伸手一拍推销员的肩膀，说："好，信你的！请你把订单给我再好好看一下。"

　　在求职这一较典型的自我推销中，不少求职者总是一个劲地谈"我"："我"的文凭、"我"的才能、"我"的抱负和"我"的要求等，而忽视了对方的意识，没从对方的角度说话。而重视对方意识，从对方角度说话，在求职的自我推销中是很重要的。例如：

　　某一军事院校到某艺术大学毕业生中招聘音乐教员，来应招的很多。在作自我推荐时，甲说：我在省声乐比赛中获过一等奖。乙强调：我在市器乐比赛中获过优秀奖。丙把几个证书和一份材料放在招聘者面前说："这些证书中有一个是我在学院大合唱获得的指挥奖，在我的材料中写着我担任过学生会干部，我是系里的文艺部长，上大学之前，我做过一年的音乐教师。我想我的情况也许更适合你们的需要。"简短的几句话，打动了招聘者，我们需要的就是专业能力、组织能力兼备，又有教学经验的人。最后，丙在激烈的竞争中成为一名军事学院的音乐教员。

（五）巧说应变话

推销被许多人认为丰富多彩充满挑战性,其中一个重要原因是推销的对象和实际所碰到的情况的多变性。酝酿成熟的既定方案,在推销过程中往往会遇到突如其来的变化,把原来构思的方案全部打乱了。这就要求推销者有较强的应变能力,有高超的口才,随机应变。话要说得与具体多变的情况相一致。总之,不可忽视应变在推销中的作用。例如:

一位推销员当着一大群顾客推销一种钢化玻璃酒杯。他先是向顾客进行商品介绍,接着开始示范表演,就是把一只钢化酒杯扔在地上而不碎,以此来说明杯子的耐用。可是他碰巧拿了一只质量不过关的杯子,猛地一扔,酒杯"砰"一下碎了,这样的异常情况在他的推销生涯中从未碰见过,真是出乎意料,他自己也感到吃惊。而顾客更是目瞪口呆,因为他们信服他的说明,只不过是想再验证一下。面对如此尴尬的局面,推销员急中生智,他压住内心的惊慌,反而对顾客笑笑,用沉着而富于幽默的语气说:"你们看,像这样的杯子我是不会卖给你们的。"大家一听,都轻松地笑起来,场内的气氛变得活跃多了,推销员乘机又扔了五六个杯子,都取得了成功,一下子博得了顾客的信任,销出了几十打杯子。酒杯摔碎完全打破了原来的方案,在这种情况下只要稍有迟疑,顾客就会拂袖而去。机智的推销员来了个顺水推舟,把失误变成了推销中的一个环节,只用一句话就消除了顾客的迟疑,又显得幽默、风趣。顾客以为这都是事先想好的,摔坏杯子只是"卖关子",吊吊大家的胃口。

（六）坦言产品缺陷

人们对消费产品的决策往往取决于对已用产品的功能和售后服务。这里就要特别注意,如果使用结果与人们预先的期望值有差距,那么人们往往对产品产生不信任感,这种不信任感将直接影响他对这种产品的选择决策,甚至将带动周围一批人对该产品的选择决策。所以,为了赢得永远的顾客,我们不能歪曲或回避产品存在的问题,而应该以诚信、以高度的责任感将这种问题告知顾客。当

然,怎样呈现问题也有一个技巧问题。例如:

美国房地产巨商霍尔默先生曾经承担了一笔令他烦恼的房地产买卖。这块地皮接近火车站,交通便利,但是由于他紧邻一家木材加工厂,电动锯木的声音是许多人无法容忍的。霍尔默对各位买主竭力宣传这块地皮的优势,掩饰它的弊端,但终究都由于他没有如实相告而失败。为此,霍尔默进行了反复的研究,决定换一种推销方式,他对顾客说:"这块土地处于交通便利地段,比起附近的土地来,价格便宜得多了。当然,这块土地之所以没有高价卖出,是因为它紧邻一家木材加工厂,噪声比较大。如果能容忍噪声,那么它的交通条件、价格标准,都和您的要求非常符合,确实是您理想的购买之地。"

不久,霍尔默带着这位顾客去现场考察,结果顾客非常满意,最后将它买了下来,他对霍尔默说:"上次你特别提到了噪声问题,我原以为很严重。那天我去观察了一下,发现那种噪声对我来说不算什么。我过去住的地方重型卡车来往不绝,可这里的噪声一天总共只有几个小时,而且有车辆经过时门窗并不震动。总之,我很满意。你这个人很诚实,要换上别人或许会隐瞒这个事实,光说好听的。你这么如实相告,反而使我放心。"

(七) 善于选择、组合知识

在推销时,要突出自己的主题和淡化对方的主题,就必须选用、组合相关知识。

两名推销员去推销四吨位卡车。一名失败,另一名却成功了。原因何在? 试看两者的推销过程:

甲推销员 A:你们需要的卡车我们有。

买商 B:吨位是多少?

A:四吨。

B:我们要两吨的。

A:四吨有什么不好呢? 万一货物太多,不是很适用吗?

B:吨位大,价钱高,我们也得算经济账啊!这样吧,以后我们要买时再通知你。

A:……

推销告吹。

乙推销员C:你们运的货,每次平均重多少?

买商D:很难说,大致两吨吧。

C:有时候多,有时候少,对吗?

D:对。

C:究竟要哪种型号的卡车,一方面要看你运什么货,一方面要看你在什么路上行驶。你说对吗?

D:对,不过……

C:假如你在丘陵地带行驶,而且你那里冬季较长,这时汽车的机器和车身承受的压力是不是比正常情况下要大些?

D:是的。

C:你冬天出车的次数比夏天多吧?

D:多得多,我们夏天的生意不太兴隆。

C:有时货物太多,又在冬天丘陵地区行驶,汽车是否经常处于超负荷状态?

D:对,那是事实。

C:你在决定购车的型号时,是否留有余地?

D:你的意思是?

C:从长远的观点看,一辆车值得买或不值得买决定性因素是什么呢?

D:当然是它的使用寿命了。

C:一辆车总是满负荷,另一辆车从不超载,你觉得哪辆车寿命长些?

D:当然是马力大,载重多的那一辆了。

C:那么,你买四吨位呢?还是两吨位呢?

D:四吨位。

推销成功。

当然,乙推销员成功的因素不止一个,但很重要的一点不能忽视。那就是他能选用、组合相关知识来帮助购买者认识到四吨位卡车的好处,而甲则不能。乙推销员选用卡车在货物运载多且行驶路难走的状况下会处于超负荷状态;购买的生意多在冬天(货物多)且冬天的丘陵公路更难行驶(路难走),会促使卡车经常处于超负荷状态等,这些与卡车使用寿命相关的知识,把它们条理化组合起来,逐步深入,使购买者认识到:多花一点钱购一辆马力大的卡车,使之不处于超负荷状态,延长它的使用寿命,这样值得。

从乙推销员推销成功的过程,我们领略了他推销时选用、组合相关知识的能力,即能快速地找到说服对方接近自己目的的相关知识,以之从不同方面来帮助对手认识、理解自己谈话的主题。

总之,推销者除了推销术外,要在竞争中立于不败之地,千万不可忽视语言在推销中的作用。

(八)情境效应

人们说话,都离不开人、物、景和时空等,如果能很好地利用它们,可以使谈话产生更好的效果,起到启示、暗喻、催促、旁证所谈内容的作用。

情境效应就是谈话时利用时间、空间、人、物、景所构成的情境,使它们影响谈话对手的情感和心理活动,从而改变原来的观点,向自己的观点靠拢。由于任何谈话都离不开一定的情境,故谈话双方必不可免地要受到情境的影响以至制约。推销时,充分利用现场情境,乃至有意创设一种情境,使其效应能直接、间接地影响对方,从而促使对方了解、同情、赞同自己的观点,这就是情境效应技巧。使用这个技巧的关键是以情钓情,针对对方特点造境。造境灵活、钓情手法不拘一格。例如:

日本的钢铁和煤炭资源十分贫乏,而澳大利亚却盛产煤和铁。日方渴望购买,而澳方却不愁没有买主。按理说,这对日方而言十分不利。但日本商人想方设法把对方的谈判代表从千里迢迢的南半球邀请到日本。澳大利亚人过惯了悠闲舒适的富庶生活,他们的谈判代表到了异国他乡才过几天,就急着想回去。所以常表现出急

躁情绪。日本谈判代表利用这种急躁心情所形成的情境，故意不慌不忙，讨价还价。他们一面极力办好招待，以博取澳方代表的好感；一方面却故意拖延，使急于求归的澳方代表尽可能将就日方。结果日方仅仅花费了少量的招待应酬费用作"诱饵"，不费气力地钓到了"大鱼"。

　　"情境效应"在日常谈话中也经常用到。《红楼梦》中，黛玉初入贾府时，凤姐拉着她的手，称赞道："天下真有这样标致的人！况且这通身的气派竟不像老祖宗的外孙女，竟是嫡亲的孙女似的，怨不得老祖宗天天嘴里放不下。"这番话，既是赞黛玉，更是借黛玉夸耀贾母的"气派"不凡，让贾母听得心花怒放，更加喜爱凤姐。凤姐使用的这一招，其实就是"情境效应"的技巧。

　　"情境效应"在日常生活中也可见到。饭店的装饰常被选用一些黄颜色的调子，不用说，是想使人产生食欲；旅馆的招牌用红颜色的调子，则要告诉人们：这儿很安全、很温暖，可以睡个好觉；舞厅则弄得花枝招展，让人想进去尽情地放松、疯狂一下；那些装点古老、带点遥远沧桑的茶园，是在对人们说：回到原来的时空里去，抚摸过去的岁月……所以，此效应的技巧还可用于谈话之外。据说一位大款坐火车，为了避免麻烦，他戴上一副眼镜，拿着一本厚厚的俄语书，"专心致志"地读，直到下车。这其实就是利用书和眼镜来告诉小偷，他是读书人，没多少钱，不要打他的主意，这不就是"情境效应"策略的应用吗？

第四节　导游口才

一、导游口才的含义

　　导游是为旅游者提供向导、讲解及相关旅游服务的人员。近年来，中国的旅游业发展势头强劲。导游作为一种职业，越来越受到人们的关注与喜爱，随着这一职业需求的增加，对其专业化、知识化的要求也越来越高。作为旅游从业人员的重要组成部分，导游服务

水准如何,直接影响到旅游者的旅行感受和效果。衡量导游服务水准的尺度有仪容仪表、服务态度和口才水平等,而其中最重要的尺度便是口才水平。导游通过语言与旅游者交流,语言表达能力是导游最重要的基本功。旅游过程是否顺利,游客是否满意,取决于导游的沟通、组织和协调能力。

导游口才指的是导游在引导旅游者游览时接待、带领旅游者,与之沟通、解说时所设计的语言及口才。

二、导游口才的特点

导游口才的特点是由导游工作的性质决定的,主要体现在以下三个方面。

（一）多变性

导游工作环境的流动性、多样性决定了导游口才的多样与变化,即导游口才要因工作环境的变动而变动。

以迎接工作为例,在短暂的迎接活动中,导游口才的表达就经历三种环境的变动,即到机场、港口、车站迎客,将游客送往宾馆途中和到达宾馆以后。在三种不同的环境中,导游口才表述风格也各不相同。在迎客时,导游面对的旅游者,经过旅途的颠簸劳累非常疲惫,心理上,也有一种身处人群熙攘的交通枢纽地的不安定感。此时,导游只能在微笑中进行彬彬有礼的问候,简明地交代注意事项,以恳切、适度的语言表达出真诚、友好的感情,且不可言词过繁,寒暄过度。在送往宾馆的途中,旅游者面对出现的新环境会产生生疏感,进而会对导游产生亲近和依赖感,这时导游的语言应活泼大方,风趣有味,给人亲切、热情、可信赖的感觉。进入接待地,旅游者便进入了一个以食宿为中心的环境,导游应主动协助游客完成旅游所需的准备,语言应简洁明了,切忌华而不实。

（二）灵活性

导游工作对象的多变性决定了导游口才的差异性,即导游口才应机动灵活,因工作对象的不同而有所区别。

旅游者来自全国各地和世界各地,不同的国家,不同的民族,有着不同的心理素质和不同的爱好;除了国别差异外,还有明显的个

体差异。在众口难调的情况下,导游要注意改变自己的语言思维定式和语言习惯,主动适应不同地域、不同民族、不同年龄、不同职业和不同性格的游客语言特点和语言习惯,因人而异、因地而异、机动灵活和随机应变地讲解介绍,以满足不同旅游者的个性要求,切不可呆板僵化,千篇一律。例如,日本人重礼节,守纪律,话语应文雅庄重;美国人开朗大方,富浪漫,话语应活泼大方;英国人持重含蓄,话语应和谐委婉。对专家、学者语言应注意规范、谨慎;对初访者,应热情详尽;对年老体弱者,应简明从容;对文化水平较低者,应通俗易懂;对青年人应活泼流畅;对性格外向者,可以选择新颖的话题,语言生动活泼,具有幽默感,语速稍快,多给对方表现的机会;对性格内向者,用语要注意规范和准确,语速要缓,让对方能完全听懂和理解自己所表达的意思,不要随意开玩笑。

(三)生动性

导游口才要生动形象、活泼有趣,切忌死板、老套、平铺直叙。要做到这一点,方法是多种多样的。诸如把静止的喻成活动的,把无生命的喻作有生命的,把抽象的喻作具体的,等等。恰当地运用一些修辞手法,如比喻、比拟、夸张、对比、借代和映衬等可以美化自己的语言,使之生动形象、饶有趣味。这样的语言,才能把故事传说、名人轶事、自然风物等讲得绘声绘色,活灵活现,才能产生一种美感,才能吸引游客去领会你所讲解的内容,体验你所创造的意境,获得一种精神享受。此外,把游客和景观巧妙地联系起来,也可以产生幽默的情趣。

有位导游是这样讲解岳阳楼旁"三醉亭"的:

"女士们,先生们!岳阳有句俗语,叫作三醉岳阳成仙人,各位是不是想成仙呢?""成仙?当然想啊!"几位游客高兴地答道。

导游说:"大家若想成仙人,有两个条件:一是醉酒;二是吟诗。"客人们乐不可支,有的说会吟诗,可惜不会饮酒;有的说会饮酒,可又不会吟诗,气氛十分活跃。

这位导游又推波助澜地说:"如果谁能饮酒,又会吟诗,而且到过岳阳三次,那么就会像吕洞宾一样成仙。如果只会饮酒,不会吟

诗,或者只会吟诗,不会饮酒,那就只能半人半仙了。"

三、导游口才技巧

导游口才贯穿于导游工作的始终,导游工作包括旅游过程中的生活服务、景点讲解服务和交通住宿服务等,因此,导游口才包括欢迎、解说、道歉和欢送等多种技巧。

(一)欢迎的技巧

导游与游客见面,首先要致欢迎词。欢迎词一般包括五个部分,即欢迎光临、自我介绍、介绍工作伙伴、表达服务意愿和祝福。欢迎词是导游与游客第一次见面时所说的话,一定要给游客留下美好的印象,因此,致欢迎词时要态度热情、精神饱满、面带微笑,给人以很强的亲和力。例如:

(欢迎光临)各位朋友,大家好! 欢迎大家来到××旅游。(自我介绍)我是东方旅行社的导游王××,大家可以叫我小王,也可以叫我王导。(介绍工作伙伴)这位是我们的司机李师傅,李师傅车艺精湛,一路上由他为我们把握方向盘,大家完全可以对安全问题放心。(表达服务意愿)××是个美丽的城市,有着与众不同的自然景观和丰富的人文底蕴,我们愿意尽我们最大的努力来做好导游工作,使××能够给大家留下美好的印象。(祝福)同时也祝愿各位朋友在旅游中都有一份好心情,都能有所收获。

另外,欢迎词要有针对性,要根据游客职业、身份、年龄等的不同而有所区别,切忌千篇一律。例如,对教师的欢迎词:

大家上午好! 我是东方旅行社的导游王××,非常荣幸能够为各位提供服务。在座的都是人类灵魂的工程师,从事着太阳底下最崇高的职业,因此在座的各位都闪烁着耀眼的光芒。而我,被这些耀眼的光芒环绕着,感到特别的温暖和荣幸。其实,在我还是个学生的时候,就对教师充满着无限的敬意,因为

是老师教会了我怎样获取知识和能力,怎样做人,我始终对老师充满感恩的情怀,那就让我在这几天的导游工作中为各位受人尊敬的老师提供最热情的服务,让老师们高高兴兴地度过这快乐的时光吧。

(二)解说的技巧

导游服务最主要的内容就是导游讲解。导游讲解的成功与否,依赖于两个因素:一个是知识水平,另一个就是口才水平。有口才的导游能成功地为静止的景物注入生机与活力,为看似普通的景点点缀上鲜为人知的历史故事,从而激起游客参观游览的兴致。因此,每个导游都应努力掌握导游语言的表达技巧,为自己的导游讲解添光增色。

导游把自己掌握的知识与经验,借助优美丰富的导游讲解语言,将千姿百态的自然风光和人文景观呈现给游客,使游客获得知识、受到启迪、愉悦身心,这也说明了导游解说是导游口才中最重要的部分。解说词要满足四个基本要求。

1. 内容具体翔实

导游的作用就是通过对旅游景点的说明和介绍,帮助游客了解和欣赏,获得必要的知识和美的享受,达到旅游的最佳效果。解说词内容具体,避免抽象化的语言,才能让游客了解到眼睛看不到的景点内涵。所以,解说词一般包括景点的规模、类型、历史渊源和独具的特色,以及景点所涉及的历史人物的活动情况等,这些都需要进行翔实的讲解。

2. 语言通俗易懂

解说词是通过口头语言表达出来的,说出来的话,只有让游客听清楚,听明白,他们才能够理解并接受,因此,必须做到通俗易懂。即要根据有声语言"声过即逝"的特点,采用浅显易懂的口语化的语言进行讲解,多用短句,如有长句,可在中间拉开距离,分成几个小句子,多停顿几次,说起来就不费劲了。否则,句子太长,一口气说不完,也会给听者造成理解上的困难。少用文绉绉的书面语、专业性很强的术语及文言语句,这些语言游客即使在一定的语言环境中

也很难听清听懂。

3.表达灵活多变

导游的服务对象千差万别,讲解的内容丰富多彩,工作环境不断变化,并且随时会遇到一些意外情况,这就需要导游在解说景点的过程中随机应变,不能完全按照事先设计好的内容进行解说,应根据实际情况适时地调整内容和解说方式,使解说灵活多变,尽量满足不同层次游客的不同需要。

4.情感丰富饱满

感人心者,莫先乎情。情感是语言能够打动人的生命所在,一个不融入导游情感的冷冰冰的解说词,无论如何是不能打动游客心灵的。因此,导游在讲解时要高度投情,先感动自己,然后感染游客。要做到这一点,一必须要敬业,要热爱导游的工作,有较强的服务意识,视游客如亲人,不然,就难以克服多次重复讲解所带来的厌倦感。二要深刻理解讲解对象所蕴含的丰富含义,善于调动自己的学识、情感和生活经验积累,融情入景、情景交融,这样才能打动游客。例如:

(陕西临潼秦始皇陵兵马俑)虽然英雄一世、创立无数丰功伟绩的秦始皇早已去世2 000多年了,但是,这些现存的兵马俑留给人们的思考是什么呢?或者说,我们能从上述事物中吸取到什么呢?我想,敢创历史先河、为国家统一不惧死亡的韬略和勇气是我们应该吸取和效仿的。赢政横扫六国、统一中国的非凡气度和魄力仍不失为我们今天克服前进道路上障碍的巨大动力。一个民族、一个国家想要富强,没有这种气魄是不行的。

这段解说词,融合了自己内在的情感和景点的特色,显示出不同寻常的品位,自然会引起游客的思索。

(三)道歉的技巧

在导游的过程中,常常会因为一些主观或客观原因,使游客产生不满情绪。为了尽快平复游客的情绪,顺利地完成导游工作,导游必须掌握道歉的技巧。

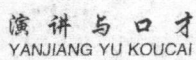
1. 微笑道歉

微笑是一种非语言的武器,它可以化解对方的敌意和不友好的态度。在微笑中表达歉意,更能缓解对方的不满情绪。例如:

一个原计划乘软卧车厢的旅游团,因故必须改坐硬卧车厢,游客对此意见很大,纷纷找导游质询。这位导游面带歉意地微笑着解释说:"大家有意见是应该的,可以理解,但因正值旅游旺季,铁路客运十分紧张,我们已经做了很大的努力,这次只好委屈各位游客,请多多谅解。"

2. 迂回道歉

由于某种原因不能公开道歉时,可采用迂回道歉的方法。例如:

导游对甲女士关照过多,却忽略了乙女士,引起了乙女士的不悦,导游觉察之后,在乙女士下车时扶她一把,提醒她一句,通过这种迂回的手段使她明白自己的歉意,从而达到冰释前嫌的目的。

3. 幽默致歉

莎士比亚说:"甜中加甜,不见其甜;乐中加乐,才是大乐!"幽默,能缓和气氛,带来笑声,能化怒气为豁达。例如:

一辆旅游车行驶在一段坑坑洼洼的路上。游客纷纷抱怨,这时导游说道:"现在请大家稍稍放松一下,我们的汽车正在给大家做身体按摩,时间大约为10分钟,不另收费。"一句话逗得众人大笑,不愉快的情绪马上烟消云散。

4. 自责道歉

有时,为了使游客感到道歉的诚意,导游还必须勇于自责。例如:

一位外国游客的行李在通过铁路托运后少了一件，游客认为旅行社偷了他的行李。导游知道后，并没有与游客据理力争，而是以自责的口吻说："您的行李不慎遗失了，不管怎么样，作为导游，我都负有责任。我会尽快联系旅行社，让他们帮您找回行李。"尽管客人行李的遗失是一次偶然事故，但导游勇于自责，不但没有推卸责任，反而把责任拉到自己身上，这种自责的道歉方式在表达歉意的同时，又体现了帮助客人解决问题的诚心，能够很好地化解矛盾。

（四）欢送的技巧

欢送词是在旅游活动将结束、游客将返回时导游面向游客说的话。和欢迎词一样，欢送词在整个导游过程中的作用也是不可忽视的。欢送词的好坏，将影响游客对整个导游工作的整体印象。例如：

要和在座的各位说声再见了。此刻，我的心情既激动又难过，在这次旅游过程中，我还有许多应该做好而没有做好的工作，我能向你们说些什么呢？只有一句话，那就是——谢谢各位给我的支持和帮助，我要努力工作，希望将来我们有缘再次相会，我将为大家提供更好的服务，谢谢大家！

从上例中我们可以看出，欢送词的内容包括简单回顾本次旅游活动留下的整体印象和感受，表达自己的感激之情、惜别之情和渴望重逢的感情，献上自己对游客最美好的祝福。另外，在表达上述感情的时候，一定要注意自身情感的真实性，切不可用虚假的感情来敷衍游客。

综合训练

1. 下面材料是有关如何倾听别人说话的内容，请分析并总结出"善听"的要点。

在 A 教授家的一次聚会上，某哲学研究所的负责人向教授打听他的一个学生是否适宜担任哲学研究工作。A 教授略思片刻说："他的英语不错，已经达到能同外籍专家交谈的水平，听说最近还开

始自修德语和日语,并且经常参加有关哲学方面的学术会议。"该负责人没有再问下去,事后也没有录用那位教授的学生。

请问,教授对他的学生并没有一个字的贬损,为什么那位负责人打消了录用的念头?

2.分析下列自荐的实例,归纳其中的要点。

(1)某青年曾到一家冰箱厂应征公关部的一个职位,由于准备不充分而落选。后来他又到一家化妆品厂去应聘,他对于化妆品原是外行,但为了应聘,他预先调查了国内化妆品业的现状和潜在的市场情况,外国化妆品在国内市场上的地位,名化妆品厂家产品的比较,各竞争厂家的营业情形,等等。当他应聘时,他对化妆品业的广博知识使招聘者大为惊讶,不用说,他捷足先登了。这位青年两次应聘的经过说明什么?

(2)某公司招聘职员,主考官以相同的问题询问应聘者:"你为什么要来报考我公司?"

甲说:"我在原单位不能专业对口。我是学电子的,可偏偏让我坐在办公室,大好年华都白白浪费了。我到这里来是想实现自己的价值。另外,我原单位离家也太远,上下班有诸多不便。"

乙说:"我经过调查了解得知贵公司的力量雄厚,事业发达,领导核心团结得力,能为一切愿意发挥自己才干的人提供机会。我愿意到这样的环境中工作。"

请判断一下,在条件差不多的情况下,公司会聘任哪位?为什么?从这个实例中我们能得到怎样的启发?

3.下列应聘者都未被录用,请指出他们的失误。

(1)招聘者对罗卡很满意,罗卡也感到愉快,心情舒畅。临别时招聘者问道:"做一名办公室文秘职员,请你谈谈你最重要的财富是什么?"

罗卡开玩笑地回答:"我过去一直这样认为,而且我猜想答案应该是:我烧得一手好菜。"

(2)约翰找到一家银行,希望担任出纳员工作。他身着一套绿色的西服,看上去像个娱乐场的职员。见面后这家银行经理却说:"不必来拜访我们,我们会通知你的。"

（3）伯利想挣点外快，于是他决定到一家高尔夫球场去当球童，干点杂活。老板决定让他为球员捡球。这项工作不如背球棒的薪水高。于是伯利说："我宁愿背球棒也不愿捡球。"当其他的人都去干捡球或提背包的工作时，他却整天坐在那里。

4.将学生分为几个小组，以小组为单位，由学生分角色扮演主考人员，应聘人员进行模拟面试。

5.下面是两个推销成功的案例，请说出其成功的地方。

（1）一对颇有名望的外商夫妇，在中国南方某个商行选购首饰时，对一枚8万多元的钻戒很感兴趣，但觉得价格昂贵而犹豫不决。一直在为他们服务并善于察言观色的服务员介绍说，某国总统夫人来店时，也曾看中这枚戒指，她觉得价格太贵而未买。这对夫妇听完后毅然决定，当即买下了这枚戒指。

（2）一位名叫李恩的推销员向一名家庭主妇问道："您认识张德森吗？""当然认识，我们是老朋友呢！""他买了我的除尘器，十分满意，您也试一试吗？"结果这一带48户人家中就有30家从李恩手里买了这种除尘器。

6.下面是一些推销失败的案例，请说出其失误的地方。

（1）一位小姐走进一家服装店，选中一件500元的春秋裙在试衣镜前比试，最后决定买下。服务员在折叠裙子时，从裙子上掉下了一颗装饰扣，小姐脸上露出不悦，便提出要继续选择。这时，服务员说："500元的东西，掉个纽扣算什么？"一听这话，小姐一句话也没说便离开了服装店。

（2）一位推销员在居民区推销电子取暖器。

"这种产品的单价是350元。"

"350元？太贵了。昨天，张先生在商店里买了一件也是这个牌子的才250元。你怎么能这样要价？"

"我这是市场价，我们一直按这个价格出售。"

"如果你也降到250元，我可以买一件。"

"降价？你别开玩笑了，你有能耐，去买250元的吧。"

许多围观的顾客纷纷离去，这位推销员没有卖出一台电子取

暖器。

7. 分别向一位中年女士、一位年轻男士推销一种商品。请设计一下推销语言,并在练习后将实际应用的语言与预先设计的语言作比较。

8. 将班上同学分为几个小组。以小组为单位,由同学分角色扮演主考人员,应聘人员,按训练内容进行模拟面试。

9. 请以学生记者的身份去采访一位"三好学生",事前先设计好采访提纲,并将要提的问题罗列出来。

10. 提问需要注意态度和方法,请分析下列材料,说说采访应注意的问题。

某老教师在全区上完公开课之后,一位刚从大学毕业不久的青年教师热情地去找他攀谈。

青年教师:"您讲得真是太好了,我在大学里学教学教法时从来没听过这么好的课。请问您是哪一届的?"

老教师:"哪一届的?"

青年教师:"就是哪一年从大学毕业的?"

老教师:"我是高中毕业留校任教的,没上过大学。"

青年教师(一愣,随即想另找话题,缓和尴尬气氛):"这班学生跟您配合得真是默契,显然训练有素,请问您平时是怎么培养他们积极思考,积极回答问题的?"

老教师:"你可能不知道,这个班不是我平时教的班。我研究的课题就是,面对一个生疏的班,如何调动他们的学习积极性。"

11. 在进行人口普查的时候,有位工作人员问一位没有文化的老太太:"您的籍贯是哪儿?""您有没有配偶",把老太太问糊涂了。后来另一位工作人员改问:"您老家是哪儿?""您有老伴儿没有?"老太太才明白过来。分析为什么会出现这种情况。

12. 下面是甲乙两人的对话,请分析甲提问的毛病。

甲:"听你的口音是上海人吧?"

乙:"是的。"

甲:"你们上海住房一直很紧张,是吗?"

乙:"是的。"

甲:"我听说你们开展过全市住房改革大讨论?"

乙:"是的。"

甲:"大家对最后敲定的改革方案还比较满意,是吧?"

乙:"是的。"

甲:"你对这个改革方案怎么看?"

乙:(笑笑)"满意。"

13.选择家乡的一个景点,设计一段解说词。

14.旅游中,一位游客不小心扭伤了脚,因此耽误了不少时间,其他游客意见很大。作为导游,你怎样用语言和大家做解释?

15.陕西来的旅游团在用餐后向身为导游的你投诉饭菜不合口味,此时你该怎样与他们交谈,并怎样采取下一步的行动?

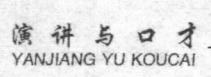

演讲口才

[学习目标]

1. 了解演讲口才的基本技巧
2. 掌握演讲稿的写作技巧,学会写演讲稿
3. 了解命题演讲的特点和要求
4. 了解即兴演讲的特点,掌握快速思维的方法及"结构精选模式"

第一节　演讲的一般技巧

演讲活动是一项有鲜明目的性的流动的"系统工程"。这项"系统工程"将演讲者的听、写、读、练、讲诸活动有机贯连起来。

任何一项有序而完整的演讲活动,从萌生到讲毕,都需要经历这样三个阶段:提出阶段、准备阶段和实施阶段。这三个阶段紧密相衔,递进有致。

提出阶段,包括弄清要求,明确目的,确立主题。核心是确定并提炼演讲的主题。这是演讲目的性的集中表现。准备阶段,包括材料搜集、心理准备、演讲稿的写作和上台前的讲练。核心是演讲稿的写作。实施阶段,包括完好的口头表达、演讲技巧的运用和控场能力与应变能力的掌握。核心是控场能力与应变能力的运用。演讲者是这项"系统工程"设计和实施的主要人物,因此,必须明确每

一阶段的任务和要求,反复酝酿、精心设计、认真实施,才能把演讲搞得有声有色,精彩动人。

一、提出阶段

(一)弄清要求,明确目的

演讲活动有鲜明的目的性,即满足社会某种需求。"目的"一旦确立,演讲便有了服务的目标和归宿,演讲的准备和实施也便寻觅到了方向和准则。

为了弄清并确定目标,就必须认真搞清演讲的有关要求。演讲者常遇到两种情况:一种是别人请你讲的,再一种是你自己拟定题目要讲的。

1. 别人请你的演讲

你要向来人或邀请单位询问清楚:你们搞这次演讲活动,是讲给谁听的,针对什么现象,想解决什么问题,达到什么目的,有多少人参加,讲多少时间,等等。这些情况最好是逐项详尽了解,而且越具体越好,不可粗心大意。因为这些情况的了解,对演讲者来说不仅明确了对象,知道了针对的现象,清楚了要解决的问题,而且也积累了材料和做了部分心理准备。这样,临到演讲的时候,就能更好地实现"宏观目的""微观目的""听演讲的目的""现场目的"和"散场后的目的"等。

2. 自拟题目的演讲

尽管该演讲是自己选择和确定的,但仍需再一次追问自己,是讲给谁听的,针对什么情况,想解决什么问题,达到什么目的,听者有多少人,讲多少时间,等等。不要怕麻烦,也不要认为知不知道这些情况都无所谓。例如,针对某些大学生中存在"60 分万岁"的思想,你打算讲一个题为"60 分不能万岁"的演讲,那么,你就要再次了解在部分大学生中存在"60 分万岁"思想的各种表现,在不同年级中的人数比例,这种现象背后反映的实质是什么,这是一种什么心态作怪,以及怎样帮助其克服,等等。对这些情况有了了解和把握,再进行下一步的工作就有了坚实的基础。

(二)确立主题

弄清演讲的要求,其终极目的是为了确定演讲的主题。这是一个核心。因为主题的确立,即使演讲自身具有了"灵魂""统帅",并且还"决定了演讲的社会价值"。而本次演讲的目标与主旨,搜集材料的方向和范围也就明确与清晰了。

怎样确立并锤炼主题呢?常用的方法是:通过分析、归纳提炼主题;从事物的不同侧面提炼主题;通过比较、鉴别提炼主题,等等。这样,可以使主题不仅"正确""集中",而且"鲜明""新颖""深刻",进而更好地回答现实生活中人们急需回答的问题。

需要强调的是,演讲的效果和力度如何,常常与其主题的角度选择有关。因此,为使自己的演讲更具有折服人的力量,就不可不在其主题的选择上下功夫。

所谓演讲主题的角度选择,是指面对一个大的论题或课题,根据现实和对象的需要,选择出一个恰当、新颖、深刻和有针对性的主题来,从而令演讲取得最佳效果。如"向雷锋同志学习"这一论题,就应根据不同的对象、应解决的不同问题,选择不同的角度锤炼其主题。给青年学生讲,最好确立这样一些主题:在学习上要倡导雷锋的刻苦精神,在生活上要发扬雷锋的艰苦精神,在情操上要学习雷锋的共产主义精神。给干部讲,可选择和确立这样一些主题:干部学习雷锋首先要学习他全心全意为人民服务的精神,学雷锋要结合自己的本职工作,工作中实事求是是雷锋精神的重要体现。给农民讲,可选择和确立这样一些主题:在耕作中要学习雷锋的科学精神,在同自然的斗争中要学习雷锋的顽强精神,在致富中要学习雷锋的团结互助精神。上述主题的确立是根据不同的对象选择了不同的角度,不是泛泛谈学习雷锋的意义、任务和做法,而且结合各自的本职工作和实际情况,所以联系实际就更具体,教育意义更深刻,说服力就更强。

如何选择角度呢?基本的手段就是面对一个论题,先提炼出若干不同的论点来,然后根据不同的对象、不同情况,选择你所需要的、针对性强、深刻又新颖的即可。

二、准备阶段

（一）搜集材料

主题作为演讲的灵魂和统帅，具有许多不容忽视的作用和意义，但它还必须充实以"血肉"、撑之以"骨架"。这"血肉"就是材料，有了它才能展现出主题的意义和作用，否则，主题只不过是一个"空壳子"。正因为这样，一切优秀的演讲家在演讲前都特别注意材料的搜集。应当强调的是：要搜集尽可能多的材料。应该占有的材料要永远超过演讲所需要的材料。头脑里应该把你所要讲的东西装满，确信自己已经掌握了所要讲的全部内容。一位经验丰富的演讲者在准备演讲材料时，面临的困难不是使用哪些材料而是删掉哪些材料。你应该努力去创造这种理想的局面：演讲中所使用材料的实际数量与你所掌握材料的多少成正比，正如冰山浮在水面上的大小与其沉在水面下的大小成正比一样。

应搜集的材料很多，大体分三类：直接材料、间接材料和创见材料。直接材料是演讲者在现实生活中通过观察、体验、感受或调查研究所获取的第一手材料；间接材料是从报刊、书籍、文献或广播、电视上获取的材料；创见材料是在大量直接材料和间接材料的基础上，经过分析、研究、归纳所形成的新材料。创见材料又叫作"发展材料"。

搜集材料可以从三方面入手。

1. 了解社会，把握人生（直接材料）

在你的身边随时随地都有"材料"。因为世界之大，宇宙之丰，人生之多姿，变化之多端，是无法穷尽的，只要你做到"用自己的眼睛去读世间的这部活书"，关心周围的人和事，那么你定会有所感，有所获，有所得。而且这是一个取之不尽、用之不竭的巨大材料库，这之中要做到腿勤、眼勤、口勤和笔勤，这样自然会获得丰富的材料，这些材料都是通过自己的亲眼所见、亲身所历、心有所感而获取的，因此，使用起来更有实感、有情感和得心应手。

2. 刻苦读书，丰富知识（间接材料）

材料，从严格意义上说也是一种知识。一个人知识越渊博，材

料也就越丰富。刻苦学习,多读书、多读报、多读有关的文献和文件,本身就是在贮备知识、增强材料,而这种积累是一项长期和根本的工作。孙中山成为"成就卓著,影响深远的优秀演讲家"的原因之一就是他勤奋好学、博学广说。他曾说:"人不能生而知,必待学而后知。"又说:"凡天地万物之理,人生日用之事,皆列于学之中。"有了这样的广学,并且将"杂学"与"专攻"相结合,所以孙中山的演讲才"英气勃勃""很有君子风度""一开始便使听众产生钦慕之心"。读书时应注意做读书笔记:名文、名诗、名句最好能够背诵一些,这将使你一生受用不尽。许多技艺娴熟的演讲者都使用引文来为自己的演讲增加色彩,增加趣味性,使演讲生动活泼、妙趣横生。一段恰当、贴切的引文在某种程度上,能道出你希望说出却又想不出的道理,它既能取悦于听众也能显示出你本人精于写作和表达,以及思维敏捷的非凡才华。所以,作为一个演讲者,当你准备演讲时,手头要有一本、最好是几本含有你所需要的这类恰当引文的书籍。

3. 勤于思索,善于发现(创见材料)

创见材料必须通过思考和探索方能获取。因为创见材料是一种新见、新知和新质,是不断发现和开掘的结果。因而,在直接材料和间接材料基础上,多整理、多思索、多分析、多综合是获得创见材料的唯一途径,别无他方。因此,提倡勤于动脑、积极思考是至关重要的。创见材料之矿就蕴藏在自己的头脑中,就看每个人善不善于开采和发掘。孔子说:"学而不思则罔,思而不学则殆。"学习是这样,搜集材料也是这样。为此,我们应勤于动脑,勤于思考,善于发现,在获取丰富的直接材料和间接材料基础上,再增加无数新质的材料。

获取了如此丰富的材料,再进行演讲时就会得心应手、舒展自如了。当然,要对这些材料进行加工和整理,并且要学会运用。

(二)做好充分的准备

林肯曾说:"即使是有实力的人,若缺乏周全的准备,也无法做到有系统、有条理的演说。"充分准备对于演讲十分必要,其意义在于不仅可以保证我们的演讲更有质量、更有成功的把握,最为重要的还在于能够使我们获得较强的信心。

所谓准备充分,主要有两个方面。

1．了解听众,熟悉环境

演讲是一个真实的社会活动过程。这一社会活动的成功,取决于主客体双方的配合,即演讲者的整个演讲过程要紧紧吸引住听众。

卡耐基在说明演讲者必须与听众"分享立场"时,曾举了一个例子。康威尔有一篇著名的演讲,叫作《钻石土地》,他先后讲了6 000多次。在一般人看来,一篇讲话重复了这么多次,早就没有任何新意可言,而讲者也因倒背如流而讲腻了。然而事实并非如此,康威尔每次演讲都受到欢迎,都好像是专给那些听众讲的。可以说常讲常新,屡讲不衰。其秘密在哪里呢?康氏说:每当我到一处城镇,我都提前到达。先到街巷走走,和当地人聊天,了解当地的历史背景,看看他们的生活状况。然后,我上台演讲时,就可以针对他们的所需设计我的内容。这正是康威尔成功的原因之一。他晓得成功的沟通取决于演说人是否使演说与听众水乳交融。正因为此,他始终没有《钻石土地》的定稿。康威尔学有专攻,对人性又有深入地了解,所以他虽然就同一主题演讲过6 000多次,却没有一次内容重复。这个例子说明了演讲者了解听众和熟悉环境的作用。那么,演讲者了解听众与熟悉环境到底有哪些意义呢?

(1)可以更好地理解自己在演讲活动中的地位。演讲的三个要素,缺一不可,演讲者是主体;听众是受体;场地是讲、听的物质保证。三者协调得好将构成一个统一的演讲场。演讲者通过对听众的了解与环境的熟悉,就会更恰当、更明确自己在整个演讲活动中的位置,即,对听众来说,自己是服务者;对场地来说,自己是布场者、组场者;对整个演讲活动来说,自己是驾驭者和控制者。有没有这种了解与熟悉,对一个演讲者来说是大不一样的,它将决定一个演讲者是盲目的,还是清醒的;是情况不明的,还是知己知彼的。

(2)可以更好地为听众服务,实现演讲目的。凡是负责任的演讲者,都有着一种道义上的义务,都尽量使信息适合特定的听众、场合和环境。演讲者尽管在整个演讲活动中居主导地位,但他又是听

众的忠诚服务者,演讲的终极目的是满足听众的需要,通过对听众的了解,就会知晓他们的要求、愿望、心理、态度和急需解决的问题等。如此,就会胸中有数,目标明确,言之有据。

(3)可以更好地使自己在演讲中获得成功。聪明的演讲者必须切记:不管自己有多高的学识,多闪烁的才华,多美妙的辞令,这些仅是搞好演讲的一个条件,还有一个重要的条件是听众。只有二者密切合作,很好协调,配合默契,演讲才能获得圆满成功。

演讲者通过对听众的了解和对环境的熟悉,会使自己更自觉地站在听众的立场上,更真切地体会听众的感情,更切实地了解他们的愿望。那么,在演讲时就会更好地调动和激发他们热情,从而使演讲进入一种理想的气氛中。

因此了解听众是走向演讲成功的必由之路。

那么,怎样了解听众与熟悉环境呢?

简言之,一方面,可以通过领导来了解和熟悉;另一方面,可以通过开调查会和个别交谈来了解和熟悉;还可以通过社会舆论了解和熟悉。

2.写好演讲稿

演讲稿的写作是准备阶段的核心,因为"演讲稿写作是形成演讲思维模式的关键"。

劳伦斯认为,一个演讲者最糟糕的是:"在站起来之前,不知道要说些什么;演讲的时候,不知道在讲些什么;当讲完坐下来的时候,不记得曾说过什么。"不要以为这是危言耸听。对那些初次登台演讲,在大众面前感到窘迫的人来说,这纯属正常现象。然而,如果在上台前有一个提纲或演讲稿,那演讲者的心态和底气就会大不一样了。

关于演讲稿的写作,在下一节中有专门讨论,这里不予详述。

(三)巧妙提出观点

演讲中怎样让自己的观点给听众留下深刻的印象呢? 根据心理学上记忆部位律,人们一般认为,在演讲的开头和结尾阐述的内容有较强的说服力,对听众心理刺激的痕迹较深,演讲者应该把自己主张的观点,放在开头或结尾提出来,以确保听众接受。半个多

世纪以前,人们不曾怀疑"说服中的首位律",即在阐述两种相反的观点时,先阐述的一种比后阐述的一种有较大的影响效果。到了20世纪50—60年代,有人通过心理实验的研究,发现了"说服中的新奇律",即后阐述的观点使听众感到比较新鲜,其影响要大于先阐述的观点。两条规律的内容截然相反,演讲者应如何处理它们之间的关系,并且综合运用于演讲过程呢? 正确的做法理当这样:在阐述两种相反的观点时,演讲者应当先阐述自己的观点,再批判地分析相对立的观点,最后重新提出自己的观点,指出自己的观点较之对立观点的优越性。这样一来,一方面先阐述自己的观点,运用"首位律"为自己的观点服务;另一方面,结尾再次提出自己的观点,运用"新奇律"为自己的观点服务。按照这种程序综合运用两种规律,符合听众心理活动的一般规律,就容易使演讲者获得成功。

（四）上台前的演练

卡耐基说:"演讲的第一守则是:只有准备充分的演讲人有自信的权利。如果你没有精良的装备,如何闯得过恐惧摆下的刀山剑林呢?"因此,应重视上台前的演练。

演练的内容包括:语言的表达、态势语言的运用和感情的起伏变化。

练习的方法有三个。

1. 一个人独自试讲

据说耶稣开始讲道时,避开人群,独赴旷野,节食静想,并试了40昼夜。《马太福音》上说,从那个时候起,耶稣就开始了他的讲道生涯。不久,他就讲出信徒们所称赞的《宝山登训》。

2. 给朋友和熟悉的人试讲

在独自练习的基础上,就可以讲给朋友和熟悉的人听,让他们提出意见。

3. 进行"准式演讲"

正式演讲前,可先在其他场合试讲一场。注意练习时不要强记、要熟悉。死记硬背,面对听众时,很可能会忘记。就算没忘,念出来也是呆板的,没有多大趣味,"演讲变成了背书,便失掉演讲的魅力","背出来的"做作,你的眼睛就会显得没神。要是读讲稿,你

就会变成同讲稿而不是同听众打交道,听众看着你的头顶,而不是看着你的眼睛。

三、实施阶段

实施阶段,包括完好的口头表达、演讲技巧的运用和控场能力与应变能力的掌握。核心是控场能力与应变能力的运用。

(一)演讲的控场

1. 控场的意义

演讲的控场能力,是演讲者应变能力的全面反映和实践。控场能力表现为应变能力与技巧的综合运用。

所谓应变能力就是指对突发事件和意外情况迅速的反应能力和正确的处理能力。运用这种应变能力来控制整个"演讲场",可称之为控场能力。控场能力是对整个"演讲场"的控制、把握、驾驭和引导的能力。

控场的意义在于,不管出现什么样的情况,都能使演讲顺利进行下去,很好地实现演讲目的,并很好塑造自己的演讲形象,树立演讲者的威信。

2. 失控的内容

演讲场既然是一个由讲者、听众、气氛(含场地、环境)组成的统一场,那么凡是破坏或对该"场效应"不利的因素都应算在控制的范围之内,否则就是失控。失控的表现主要反映在讲者和听众身上,包括主客观两个方面。

主观上的失控有:怯场、忘词和失误。

客观上的失控有:听众临时发生变化、与别人讲的内容重复、突然发现有领导在场而紧张、听众甚少、听众兴趣转换、反应冷淡、哗噪取闹、有观点对立者和收到提问的条子等。这些现象出现,都需讲者运用应变能力、应变技巧进行控场。

3. 控场的方法

既然失控因素来自讲者和听众,那么控场方法也应从两方面考虑。

就讲者自身来说,讲前的练习,就是最好的克服失控的方法,这

里不再重复。

对听众中出现不利因素的控场方法,经常用的有:控制感情,不要发火;巧妙穿插,振奋精神;突然停顿,争取主动;因势利导,借题发挥;将错就错,不必后悔;随机应变,不拘于稿;讲个笑话,重新引入;运用幽默,解除尴尬,等等。

(二)"卡壳"的解脱技巧

初练演讲的人,当众讲话时出现"卡壳",甚至讲不下去,并不奇怪,即使大演讲家丘吉尔当初也遇到过这种情况。所以说,这是人之常情,不必给自己下一个不善于演讲的结论。

"卡壳"的原因很复杂。有人说这是人人都有的"害羞病",美国有个地方还设立"中心"治疗这种病。一般来说,这是自信心不强造成的。另外,准备得不充分,对听众、环境不熟悉、不适应和瞎猜疑,还有对自己期望值过高,背上了怕失败的包袱,等等,都是造成"卡壳"的直接原因。这里提几点建议:

(1)上台前,使自己处于放松的愉悦状态。比如,开开玩笑,说说笑话,诵读几句名句,听一段音乐,看看画册,转移思想上的"兴奋灶"以调节心绪。记住:一定要使自己稳定下来。

(2)即将登台,情绪进一步放松。缓缓地吸气,使两肋张开,憋气数秒,在慢慢吐出来,如此做几次。记住:深呼吸时,什么都不想。

(3)运用"精神胜利法"。想自己曾获得的成功,想自己的优势,自我肯定、自我欣赏一番。在"我比你强""成败在此一举"的心理定式形成后马上要面对听众了,可以暂时藐视台下的人,将他们看作是"一无所知":只有听我慢慢道来,他们才会开"窍"。

(4)步上讲台那一刻,切莫想到什么轰动效应。想到的应该是大局已定,只有"万念俱空",一心一意投入演讲,才会成功。

以上四点是心理定位,这是防止演讲"卡壳"的前提条件。

(5)胆大艺自高。一开口,语声就要响亮而有力,做到思路先行。以上台前已经"定格"在脑子里的信号系统为依据,把握整体、大胆地、毫不犹豫地讲下去。当你的演讲进入良性循环的运转系统,你的成功已见曙光。

(6)机变见奇效。如果你讲错了一句,或者台下莫名其妙地出

现骚动,你要稳住,切莫产生情绪波动。说错了一句并不会满盘皆输,迅速作一次性的更正,无须不断致歉;别人骚动,你泰然处之,毫不计较。如果你要"卡壳"了,可以超前减速,插入几句话,力争绕过暗礁。也可以冻结"忘点",来个小跨度超越,想起来以后来个"补证"。如果你脑子里的信号系统已完全乱了,你要当机立断地丢掉原来的框架,减慢讲的速度,重新组织表达,这样做效果可能并不会太差。如果你讲得很费力,在你语不成句以前,可以把你的讲稿打开来,边看边讲。听众是友好的,他们急切地想听到你有什么高明的见解,对此也许并不过分在意。如果这么做仍讲不下去,你可以在听众听得正津津有味,而你却可能在不久就要陷入窘境时,很快结束演讲,来个"见好就收"。

总之,切莫使演讲陷入恶性循环。

(三)演讲稿的灵活运用

1.上台必须有稿

上台必须有稿,不是说训练得不够,心中无数而不能脱稿;也不是说一字不差地去朗诵稿,而是由于一种心态和演讲稿的性质所决定,你必须这样做,同时也是听众的需要。

先说讲者的心态。带上讲稿,就觉得心里踏实,要讲的东西全在这里,因而就有依靠,有凭恃。在心理上就不紧张,有信心。即使一眼不看,也会有恃无恐,不慌。况且如果讲着讲着,某处忘了,还可翻开看一眼呢。

再说演讲稿的性质,它有临场作用和规范作用。带上它,讲者就不会出轨,不会离谱。它会引导你,帮助你,使你在正确的轨道上前进。

三说听众。听众看见你带着讲稿,而且稿子弄得很利索,就会对你产生信任感、美好感,认为你是认真准备的,是对他们负责任的,信得过,听众就宾服你,与你配合。这无疑又造成了一种成功的条件。同时,演讲稿又是一种道具,临场时可用它做很多事。但是,持稿上台,绝不是要背稿、读稿、朗诵稿。

2.稿在似用非用间

有准备的、聪明的演讲者应把演讲稿的地位放在没有它不行,

全照它不可的似用非用的位置上。这颇有点"距离美"的味道,对它是采取"若即若离,不即不离"的态度。

"没有它不行"是说,没有稿无法进行试讲,提纲式试讲例外,无法加强记忆,无法培养感情,上台前心中无数,信心不足,底气不壮,听众产生不信任感。因此必须有稿。

"全照它不可"是说,如全照稿上的内容讲,势必造成背稿、念稿、朗诵稿。讲者成了稿的奴隶,不得自由,无法发挥,处处受限。其效果不言而喻。

"似用非用,若即若离"是说,讲稿的内容、情感、语言,通过试讲已"烂熟于心",但是临场时又需根据当时听众的具体情况、具体气氛等,相机改变原来的内容、语言和情感,进行更自由的发挥,更有创造力的施展,从而使演讲更符合听众的要求,并激发出始所未料的效果。此谓之"似用非用"。

然而,临场的发挥、创造、激活,又是有一定的限度、有一定规范的。这就是原稿总体设计、总体要求、总体旨归不能改变,改变的只是部分,即万变不离其宗。此乃"若即若离"之谓。

台上,有了对稿的"似用非用,若即若离"的态度,讲者便真正处理好了自己与讲稿的关系,便真正获得了演讲的自由。

第二节　演讲稿的写作

一、演讲稿的定义

演讲稿,也叫演讲词,是演讲者发表演讲时所使用的文稿。是人们在工作和生活中经常使用的一种应用文体。主要用于命题演讲。

有人说:"演说本身是说的艺术,而演讲稿是以写来体现说的艺术。"演讲稿要根据特定题目、范围及口语表达的需要,提前起草,将所要讲的话写出来,使演讲的内容更明确、更具体,以保证演讲的顺利进行。因此,演讲稿的主题要鲜明,事例要动人,感情要深厚,结构要清晰、完整,并注意跌宕起伏。

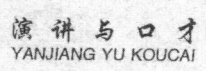
二、演讲稿的特点

演讲稿主要有以下三个特点。

(一)针对性

演讲是一种社会活动,是用于公众场合的宣传形式。演讲者要打动听众,在写演讲稿时,必须具有现实的针对性。

所谓针对性,首先作者提出的问题应是听众所关心的问题,评论和论辩要有很强的逻辑性,要能为听众所接受并心悦诚服,这样才能起到应有的社会效果;其次要懂得听众有不同的对象和不同的层次,而场合也有各种不同类型,如党团集会、专业性会议、服务性俱乐部、社会团体、学校、宗教团体和各类竞赛场合等,写作时要根据不同场合和不同对象,设计不同的演讲内容和表达方式。

因此,在写演讲稿的时候,即使一个人躲在密室,心中却要随时摆着一群特定的听众,这样,演讲稿才有针对性。

(二)可讲性

演讲是通过有声语言传递信息的,它以"讲"为主,以"演"为辅,因此,拟稿时必须以易说能讲为前提,要写得口语化,通俗易懂、深入浅出,即说起来上口、听起来入耳。好的演讲稿对演讲者来说要可讲;对听讲者来说应好听。因此,演讲稿写成之后,演讲者最好能通过试讲或默念的方式进行检查,发现有讲不顺口或听不清楚的地方,均应作修改和调整。

(三)鼓动性

演讲是一门艺术。好的演讲自有一种激发听众情绪,赢得好感的鼓动性。要做到这一点,首先要依靠演讲稿思想内容的丰富、深刻,见解精辟,有独到之处,发人深省,语言表达要形象、生动,富有感染力。如果演讲稿写得平淡无味,毫无新意,即使在现场"演"得再卖力,效果也不会好,甚至适得其反。

三、演讲稿的作用

有经验的演讲家,在作重要的演讲前,只要时间允许,他们都要精心撰写演讲稿并反复推敲,以确保万无一失。这说明演讲稿的作

用不容小觑。演讲稿的作用有以下四点。

（一）保证演讲的质量

演讲稿是演讲内容正确、全面、深刻和具有逻辑性的基本保证。口语不像书面语，说话也不能像写文章那样有足够的时间来考虑思想内容、逻辑结构和表达方式等，更不可能反复的推敲和修改。而思想转化为语言的过程很短，往往来不及深思熟虑，所以口语中会经常出现思路模糊、内容凌乱、重复啰唆或者说话中断、难以为继等问题。通过写作演讲稿，可以修改、充实和完善演讲内容，从而有效地避免或减少上述问题的发生，以保证演讲的质量。

（二）增强演讲者的自信

有没有演讲稿，演讲者的心态和底气会完全不同。有了演讲稿，并熟悉其中的思想内容和表达形式，演讲时便可消除心理上的顾虑和紧张，从而胸有成竹、轻松自如、从容镇定地进行演讲，这样会更有利于演讲获得成功。况且，在演讲中，演讲者一旦出现卡壳、忘词的情况，看一眼演讲稿，中断了的内容就会连接起来。所以，演讲稿是演讲者的依靠，它可以让演讲者充满自信。

（三）约束演讲时间

有了演讲稿，演讲者就可以合理地安排演讲时间，避免两种倾向的发生：一种是前半部分大肆发挥，发现时间所剩无几时，便大删大减，以致虎头蛇尾、意犹未尽；另一种是前半部分讲得太简略，发现时间还很长时，便拖拖拉拉，以致画蛇添足，令人生厌。一般来说，演讲的速度是平均每分钟220个字左右。演讲者依据演讲稿进行试讲时，发现问题就能及时调整，从而在限定的时间内从容不迫地完成演讲。

（四）提供演讲前演练的依据

没有演讲稿，就无法进行演讲前的演练，无法加强记忆，无法培养感情，而演讲要想获得成功，演讲前的演练尤为重要，尤其是对于演讲新手来说，试讲、反复默记，进一步的琢磨、补充，都要以演讲稿为底本。进行演讲时，应将演讲稿搁置一边，不要念稿或背诵稿，否则，会使听众厌烦。由于对所讲内容烂熟于心，又有演讲稿做依据，对所讲内容的层次、纲目有所约束、控制，除非思考比较成熟，一般

勿做超出演讲稿的临场发挥,以免感情突破了理智的控制,造成俗话所说的"走火"。

四、演讲稿的结构及写作技巧

和一般文章结构一样,演讲稿通常包含三个部分:开头、主体、结尾。一般文章结构讲究的是"凤头、猪肚、豹尾",而演讲的开头、主体和结尾都必须有自己的特点和吸引力,即"响开头,曲主体,蓄结尾"。以使整个演讲过程能紧紧地吸引住听众。中国著名的青年思想教育家、演讲家李燕杰在总结自己的演讲经验时说,他在演讲时,开头常常用相声般的幽默来吸引人,结尾则用诗朗诵般的激情给人无穷的回味,这无疑是值得借鉴的经验。

(一)开头要抓住听众

演讲者一张嘴就能压住四面,镇住八方,无疑演讲就会成功一半。因此,在开头一定要想办法在瞬间吸引住听众的注意力,牢牢地抓住听众,否则,一旦听众的注意力分散了,那后面的演讲再精彩,也可能会黯然失色。那么,开头怎样才能抓住听众呢? 方法很多,以下几招可供一试。

1. 开门见山,切入主题

开门见山,直截了当,一开始就进入正题,直接切入演讲的中心,迅速将听众带入规定的情境和思路中去。采用这种方法时,必须先明确演讲的中心、目的,把要向听众提示的论点摆出来,使听众一听就知道演讲的中心是什么,一下子就抓住了听众的注意力。恩格斯的《在马克思墓前的讲话》,在草稿上是从马克思夫人的逝世说起,转而进入自己的题目。在客观和冷静的叙述中,难以将听众迅速地引入规定情境。于是恩格斯对此进行了认真的修改。最后的定稿是这样的:

3月14日下午两点三刻,当代最伟大的思想家停止思想了。让他一个人留在房里还不到两分钟,当我们再进去的时候,便发现他在安乐椅上安静地睡着了——但已经永远地睡着了。

　　这个开头单刀直入,入题较快,抒发了作者对逝者的无限敬爱和万分惋惜的心情,使现场的听众迅速沉浸在对马克思的崇敬和缅怀之中,比原稿那种缓慢的节奏强多了,为恩格斯演讲的成功提供了有力的保证。

　　2.讲述故事,衔接思路

　　在演讲的开头巧借一个故事作"引子",就可以把大家的注意力"抓"来,使听众的思路与你的演讲内容成功对接。选择故事时要注意以下几点:要短小精悍;要耐人寻味,引人深思;要与演讲的内容有关。在《诚信无价》的演讲中,演讲者是这样开头的:

　　有一位律师,认识一位80岁的法国老太太。老太太无儿无女,有一套住房,律师想做她的继承人,从而顺利得到她的房产。律师许诺每月付给她2 500法郎的生活费,老太太答应了。可让律师做梦也没有想到的是,这一付就是30年,直到他去年去世,老太太还健在。而律师付出的90万法郎,足够买三四套那样的住房。不少法国人都把这个故事当作笑话讲,以讽刺律师"贪小便宜而吃大亏"的赔本交易。

　　然而,我倒不觉得这故事有什么可笑之处。一个人在已经知道自己判断失误、吃了大亏的情况下,还能继续信守诺言,把契约坚持到底,保持个人的信誉,并把它看得比金钱还重要,这不正好说明了诚信无价的道理吗?

　　这个故事,只不过是一个非常典型的个例,人们把它当成笑话,也是可以理解的。然而这个故事却引起了演讲者的反思和议论,从而导出了"诚信无价"的观点。以故事开头,立刻"抓"住了听众的兴趣,无疑增强了演讲的吸引力,同时,故事导出的观点,作为深入议论的中心,自然就引起了听众的关注和思考。

　　3.设置悬念,激发兴趣

　　人们都有好奇心理,对于未知的东西有一种探索求知的冲动,这是人的一种本性。在演讲的开头用悬念吸引听众也是一个很有效的"抓"人艺术,悬念有语言悬念和实物悬念两种类型。

实物悬念。即在演讲的开头,用一件或几件实物的展示来"抓"住听众的兴趣,而这些实物既与演讲的主题相关又不同寻常,能勾起听众的好奇心理。例如:

有一位日本教授给大学生演讲,一开始场面乱哄哄的。老教授并没生气,他从衣袋里摸出了一块黑乎乎的石头扬了扬,然后说道:"请同学们注意看看,这是一块非常珍贵的石头,在整个日本,只有我才有这么一块。"同学们顿时静了下来,被这块并不起眼的石头吸引了,人人都在暗自发问:这是一块什么石头? 如此珍贵? 全日本才一块? 老教授的悬念收到了效果。他面对静下来的同学和那一双双充满好奇的眼睛,开始了他关于南极探险的演讲。最后大家都知道了那块黑乎乎的石头是在南极探险带回来的。

4. 提出问题,引人关注

演讲开始就提问题,有时还不止一个,连珠炮似的,使人耳朵一惊,眼睛一亮,立刻调动大脑神经来对付这些问题,这样就有效地引发了听众的思考,激发了听众的参与意识,缩短了演讲者与听众的心理距离,使两者的思维在短时间内迅速找到交会点并产生碰撞,听众成功被"抓"。例如,演讲稿《为了我们的父亲》就采用了这样的开头:

同学们,你们见过青年画家罗中立的油画《我的父亲》吗? 如果见过,还记得那位动人的中国老年农民的形象吗?

这样的开头有很强的吸引力和感染力,也切中正题。

再如,1854 年 7 月 4 日,弗雷德里克·道格拉斯在美国纽约州罗彻斯特市举行的国庆大会上发表的《谴责奴隶制的演说》,一开讲就能引发听众的积极思考,把人们带到一个愤怒而深沉的情景中去。

公民们,请恕我问一问,今天为什么邀我在这儿发言? 我,或者我所代表的奴隶们,同你们的国庆节有什么相干?《独立宣言》中阐明的政治自由和生来平等的原则难道也普降到我们的头上? 因而

要我来向国家的祭坛奉献上我们卑微的贡品,承认我们得到并为你们的独立带给我们的恩典而表达虔诚的谢意吗?

采用提问式开头,关键在于问题要提得好,提得恰当。内容要与对象、场合相适应,具有新颖性,出乎意料,能引起听众的思考,并与后面要阐述的问题紧密相连。如果为提问而提问,问题设计不当,或者故弄玄虚,就会弄巧成拙,落入俗套。

5. 引用名言,引人入胜

演讲一开始,就引用名人名言、格言、警句、诗词和谚语等,能直接引起听众的沉思,具有精辟凝练的特点。这些话人们都非常熟悉并有权威性和说服力,如能准确使用,既能点明演讲稿的主旨,增强文采,展现出深厚的文化底蕴;同时又能增强演讲稿内容的深度,使演讲稿平中见奇,引人入胜。例如,演讲稿《走自己的路》的开头:

路漫漫其修远兮,吾将上下而求索。

演讲开头引用屈原《离骚》中的名句,含义深邃而又顺其自然地引出下文。

又如《自律,使我们走向成功》演讲的开头:

俄国著名作家安德烈耶夫曾说:一个人最大的胜利是战胜自己!毕达哥拉斯说过:不能约束自己的人不能称他为自由的人。罗·勃朗宁也说:一个人一旦打响了征服自我的战斗,他便是值得称道的人。

引用名言,要把握演讲的基调,找到恰当的诗词、格言、警句,不要为了引用而引用,否则会弄巧成拙。要注意准确,要让听众有回味、咀嚼的余地。哲理性要强,但不要太深奥莫测,甚至晦涩难懂,应当注意语言的通俗性。

除上述几招外,开头的方法还有很多,如解题释义、幽默自嘲和介绍背景等。到底如何开头,没有固定模式,写演讲稿时可以任意

选择和设计,但一定要响亮,紧扣主题,合情合理,且又别出心裁,具有魅力。只要一张嘴就能抓住听众的注意力,引起听众的兴趣,并吸引听众一步步紧跟演讲者的思路、情感,就是好的开头。

(二)主体要起伏有致

主体,是演讲稿的主干部分,是围绕主题,采用恰当的表达方式,使用材料加以阐述的过程。不同内容的演讲稿,主体写作上有不同的特点,主要有叙述式、议论式、抒情式三种。如果以人物、事件为中心,则以人物的活动、事件的发生发展的过程为线索,以记叙描写的表达方式为主(叙述式);如果是以论题为中心,则以议论的表达方式为主,结构与一般议论文大体相同:提出问题—分析问题—得出结论(解决问题),论证的方法多种多样(议论式);如果侧重于情感表现,以情感变化为线索,则以抒情的表达方式为主(抒情式)。

能否写好主体,直接关系到演讲的质量和效果。要使演讲的观点站得住,立得牢,就必须做到内容充实丰满,有血有肉;要围绕中心论点,处理好论点与论据间的关系;要合乎逻辑地逐层展开论述,做到结构有力、层次清楚、过渡自然。在这一部分中,要组织和安排好演讲高潮,使演讲者和听众在情感上产生强烈的共鸣。

俗话说:"文似看山不喜平。"平铺直叙的文章使人读起来感到呆板、单调,没有味道;富于变化的文章则会使人越读越感兴趣。演讲稿也是如此。"曲主体"就是强调演讲稿主体要写得有波澜、有起伏,张弛有度。

具体地说,演讲稿主体的写作,应注意以下几个问题。

1. 安排层次

演讲者的思想内容总是按一定的先后顺序来表达的,表现在演讲稿中,就是演讲稿的层次。演讲者要根据客观事物内部联系的特征和共性来合理安排演讲稿的层次。例如,事件一般都要经历发生、发展、结局等阶段;问题一般有提出、分析和解决等几个过程;人物有成长变化的历史;场景有空间位置的特征等。因而,层次安排常以时空为序,以逻辑线索为序,或以认识过程为序,形成时空结构层次、逻辑结构层次和心理结构层次。层次安排要注意通篇格局,统筹安排,给人以整体感;要主次分明,详略得当,给人以稳定感;要

互相照应,过渡自然,给人以匀称感。结构层次不能太复杂,要给人以明朗感。

演讲稿的层次安排常用以下几种格式。

(1)递进式。递进式是根据事物之间的相互联系,采用由表及里、由浅入深、环环相扣的方法来安排层次结构。这种结构层次之间的关系是递进的,它们从不同的层次上深化和丰富演讲主旨,对演讲内容作纵向的开掘,使听众对演讲的题旨有一个深刻地了解和认识。同时,由于这种结构层次既符合客观事物的发展规律,又符合人们认识客观事物的规律,因而具有较强的吸引力和说服力。

(2)并列式。并列式是把几个独立的问题逐次并列地加以安排,即逐点论述、逐点小结的结构层次。这种层次的最大特点是简练、明快和眉目清晰。适用于反映事物具有多种属性和多种情况的演讲稿的撰写。例如,演讲稿《长城颂》的结构层次。

历史可以作证——在外来侵略者面前,我们的长城是一道不可逾越的铜墙铁壁,奔上了振国威、壮军威、保和平的战场……

人民可以作证——在自然灾害面前,我们的长城是抢险救灾,扶助危难的中流砥柱……

共和国可以作证——在国际资本主义和国内外敌对势力面前,我们的长城是抗击八面来风、防止"和平演变"的无产阶级专政的坚强柱石……

这篇演讲稿用三个大的并列排比段,"历史可以作证""人民可以作证""共和国可以作证",分别论述了"在外来侵略者面前""在自然灾害面前""在国际资本主义和国内外敌对势力面前",中国人民解放军——这座绿色长城所发挥的作用和贡献。这种并列排比造成了恢宏的气势,感情充沛,具有很强的感染力。

(3)对比式。对比式是采用正反比较的方法来进行论述的结构层次,即在分论点与分论点之间、段落与段落之间形成一正一反的对照,让听众从两种事物的对比中认识演讲的主题。例如,丁建新的演讲稿《党旗永远在我心中飘扬》就是用的这种方法。在开头部

分提出中心论点以后,作了几个鲜明的对比:《党旗下的报告》中的共产党员形象同少数党员在金钱、权力面前腐化堕落的现象相比较;优秀共产党员张景韬几次放弃出国定居的机会立志献身国防事业的模范事迹,同一些人为出国不遗余力的行为相比较;身边共产党员群体同个别腐败分子相比较,通过对比,使听众认清了党的本质和主流,增强了对党的信念。

(4)总分式。总分式是先提出问题、观点或主张,然后分层加以阐述,或先分层阐述观点、主张,然后进行概括总结的结构层次。值得注意的是,分层阐述时一般要采用并列结构,因为这种方式比较适合集中阐述问题。

例如,戴高乐在1944年10月14日发表的《广播演说》,就采用了总分式的结构层次,第一段是总说,直接表明自己的观点:

由于盟国和法国的陆海空军的奋勇作战,敌人从我国绝大部分领土上被赶走已经好几个星期了。解放的欢欣和骄傲并不妨碍全国人民勇敢地去考虑他们面临的艰苦的现实,清晰地分析一下救国的条件。

后面是分说,使用"首先""其次""最后"统率各部分,目的是要进一步阐明自己的观点:

首先,法国人知道,他们在第一线进行了49个月以上的战争,还要继续下去……

其次,全国的力量必须完全用在国家事务上……

最后,我们必须团结起来……

2. 注意衔接

衔接是使演讲稿条理清楚、前后连贯、层次清晰所采用的手段。随着演讲稿内容的展开,中间环节的出现,演讲稿的结构和内容变得复杂起来,有必要采用有效的衔接手段,使演讲稿思路连贯,给人浑然一体的良好印象。演讲稿的衔接,主要指演讲稿的过渡与照应。

过渡是指层次与层次、段落与段落之间的衔接转换。过渡有的需用过渡词,有的需用过渡句,有的需用过渡段。下列情况下,需要过渡。

(1)讲述的问题由总到分或由分到总时需要过渡。

(2)由一层意思转到另一层意思时需要过渡。

(3)由议论转为叙述,或由叙述转为议论时需要过渡。

(4)由一件事转到另一件事时需要过渡。

照应是指前后内容的关照和呼应。在下列情况下,需要照应。

(1)内容和演讲题目的照应。

(2)论点和表现中心思想的关键词语的照应。

(3)提出问题和解决问题的照应。

(4)内容之间的前后照应。

(5)开头与结尾的照应。

3. 设计高潮

演讲过程还要以令人信服的论证,造成不断的高潮。高潮,既是演讲者感情最激昂、气势最雄劲的时刻,也是听众情绪最激动、精神最振奋的地方。一次演讲中,若能出现一次或几次高潮,说明演讲者与听众之间在感情上产生了强烈的共鸣;说明演讲者所宣传的观点和主张得到了听众的欢迎和赞同。造成高潮要靠闪烁着真理光芒的思想,说出听众自然信服的至理名言。高潮的话语技巧性较强:义深、言奇、语简。如,阿拉法特在他多次的政治演讲中常常使用的格言是:"巴勒斯坦就是我的妻子,我的家庭,我的生命。"

设计演讲高潮时要遵循以下原则:

(1)那些体现高潮的名言、警句或简短的议论,要从可靠的事实或充分的事理中自然而然地生发出来,切忌牵强附会、生涩难懂。

(2)演讲的高潮要切实体现出情感浓烈、哲理丰富、令人回味无穷的特征;要像磁石那样,紧紧地吸引住听众,让听众欲罢不能,台上台下达到高度的和谐统一。

(3)演讲者要用简洁明了的语句,亲切得体的方式,生动有力地将自己与听众的思想感情推向高潮,切忌拖泥带水、冗长啰唆。

（4）一般说来，一次较短的演讲，将高潮安排在结尾前比较得体。至于篇幅较长的演讲，则要根据具体情况做出具体的安排，以在演讲的中间和结尾前出现几次高潮为宜。

另外，演讲中要避免模棱两可、一般化的语言。听众想知道的是详细而精确的内容，无可辩驳的事实。因此，演讲的话语要有理有趣，要进行技术处理，使用好比喻、排比、对偶、反问、设问、叠句等句式。

（三）结尾要意犹未尽

结尾是演讲稿内容的自然收束，是演讲稿结构的一个重要组成部分。俗话说："编筐编篓，全在收口。"好的结尾应该是发人深省，耐人寻味的，不仅浓缩演讲稿的内容，升华演讲稿的主题，而且能吸引听众的注意力，促使听众不断地思考，有无穷的回味余地。因此，撰写演讲稿，不仅开头和主体要精彩，结尾绝不可成"蛇尾"，要给演讲稿一个坚实有力的"豹尾"、余音绕梁的"蓄结尾"，意犹未尽，这样整个演讲稿才算完美。

怎样结尾才能给听众留下深刻的印象呢？美国作家约翰·沃尔夫说："演讲最好在听众兴趣到高潮时果断收束，未尽时戛然而止。"见好就收，这自然是最为有效的方法，除此之外，常见的演讲稿结尾的方法还有以下几种：

1.总结你的观点

在演讲结束之前，用简洁的语言概括总结一下你的观点，以保证你的观点能深深地印在听众的脑海。毛泽东的《实践论》即是采用这种方式结尾。

刘伟勋在《当代中国改革之我见》中的结尾，也是这种方式：

阿基米德说要举起地球，那毕竟是伟大的空话，因为他不可能找到真正的杠杆和坚实的支点，而我们却找到了真正的"杠杆"和"支点"。只要全国人民掌握了这个"力学原理"，在党的领导下，拧成一股劲，我们就一定能完成改革大业。一定能举起中国的未来！这就是我，一个大学生的改革观。

2.号召行动,发出呼吁

结尾表达希望,发出号召,给听众以鼓舞和激励。闻一多的《最后一次的讲演》的结尾即是:

正义是杀不完的,因为真理永远存在! 历史赋予昆明的任务是争取民主和平,我们昆明的青年必须完成这任务! 我们不怕死,我们有牺牲精神,我们随时像李先生一样,前脚跨出大门,后脚就不准备再跨进大门!

3.借用名言,与听众共勉

在结尾处,借用对演讲的主题有引申意义的引语、幽默故事、名人轶事或警句格言,表达你的希望,与听众共勉。如中国著名的演讲家曲啸的演讲《心底无私天地宽》结束时就借用《钢铁是怎样炼成的》中保尔·柯察金的名言:

人最宝贵的东西是生命。生命属于我们只有一次。一个人的生命应该这样度过:当他回首往事时,他不因虚度年华而悔恨,也不因碌碌无为而羞愧——这样,在他临死时,可以说:我整个生命和精力都已献给了世界上最壮丽的事业——为人类的解放而斗争。

确实发人深省,容易引发共鸣。

再如演讲稿《拿出你的勇气来》的结尾:

刘欢的《好汉歌》里这样唱到:"路见不平一声吼啊,该出手时就出手,风风火火闯九州。"同学们,拿出你的勇气来,理我们能理的,做我们能做的,该出手时就出手!

4.抒发感情,留有余韵

这种结尾常常是演讲者在叙述典型事例和生动事理后,把油然而生的感情抒发在结尾处从而激起听众心中感情的浪花。以这种方式结尾,言尽而意未尽,留有余韵,给人以启迪。

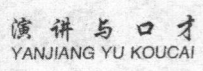

如郭沫若的《科学的春天》的结尾：

春分刚刚过去，清明即将到来。"日出江花红胜火，春来江水绿如蓝"。这是革命的春天，这是人民的春天，这是科学的春天！让我们张开双臂，热烈地拥抱这个春天吧！

5. 进行哲理的升华

在结尾进行哲理的升华，言简意明，引人深思，很有启发性。李燕杰在《德才学识与真善美》结束时说：

一个人没有强烈的希求成功的愿望，而能取得成功，天下绝无此事，人世间也绝无此理。在人类历史上，存在遇到障碍，遇到困难，遇到打击的时候，由于缺乏坚韧和毅力而后倒转，就造成了千万个放弃理想而失败者的墓碑，这是人生历程上一个沉痛的哲理。

确实振聋发聩，令人猛醒。

结尾的方法多种多样，没有定法，妙在演讲者灵活运用中。只要演讲者敢于创新，不拘一格，展开丰富的想象与联想，总会设计出既符合内容要求，又符合具体环境的恰当而新颖的结尾来。

第三节　命题演讲

一、命题演讲的定义

命题演讲是由别人给定题目或范围，个人在充分准备的基础上所做的演讲。

命题演讲可分为两类：一是定题演讲，这种演讲的主题和内容都有较严格的限制。二是自拟题目的演讲，主办单位只提出演讲主题的要求。这种演讲具有一定的自我性，只要求内容必须符合有关主题的要求。

二、命题演讲的特点

(一)严谨性

有较充分的准备,无论是主题的确立,材料的选择,演讲稿的设计,还是登台演讲,都是十分严谨的。首先演讲的内容是比较严肃的;其次演讲稿的写作是精心设计的;再次演讲过程是安排好的。

(二)稳定性

既不像即兴演讲那样瞬息即逝,也不像论辩演讲那样随机应变。它的内容翔实,思想精湛,艺术形式完美,一经形成,便相对地稳定下来了。

(三)针对性

有的放矢,有感而发,是其又一鲜明特点。命题演讲的"题"要具有针对性,如人们生活中的热点问题;新人新事新风尚;某种需要克服的倾向;等等。总之,"题"是有所指的。演讲者越是熟悉社会,了解听众,就越有针对性,针对性越强,演讲的效果就越好。

三、命题演讲的要求

(一)观点的角度新颖,立意深刻

命题演讲常是几个人同时演讲相同的题目,这就要求提出的观点不仅鲜明,而且角度新颖,立意深刻。角度新颖就是要避免老生常谈,特别是对老话题和众人所谈的同一话题要讲出新意。立意深刻就是要求主题要有深度,深刻是检验演讲者对演讲问题的认识程度。这是命题演讲成功的一条根本标准。

(二)听众对象明确,针对性强

针对性强,听众和演讲场地是明确的,这就使演讲者更明确听众的心理、爱好、思想和情感,以及他们看问题的方法、角度、能力等等,使演讲的内容,所举事例与听众息息相关。

(三)充分准备

命题演讲一般是在经过充分准备的情况下进行的,因而其主题、总体结构、转合关系和重要理论依据等要素,都是经过反复推敲的,一般内容较少变动。当然,并不排除在个别情境中,演讲者也要

对其内容做一定的修改的可能性。但可肯定地说,这种修改变动只是局部的、少量的,就整个演讲内容来看是稳定的。

(四)语言的要求

1.准确简洁

准确,就是要有科学性,要确切清晰地表达出思想和事实,揭示事物的本质和联系。简洁,就是用最少的字句,准确表达所要陈述的思想内容。

例如,1936年10月19日,在鲁迅先生的安葬仪式上,沈钧儒老人进行了即兴演讲。

像鲁迅先生那样的人,应该有一个"国葬",无论在哪一个国家都应该这样,比如在苏联,高尔基死的时候,是斯大林亲自抬棺。而今天在这许多人里面,就没有一个代表政府的人,中国的政府到哪里去了?

听到第一句,你就该知道后面将要说什么,听到最后一句,那个饱含悲愤的硕大的问号,就会在你的脑际轰鸣不止,这个问号所包含的内容,是洋洋万言可以说得清道得尽的吗?

邹韬奋先生的演讲只有两句:

有人是不战而屈,鲁迅先生是战而不屈。

还有什么话能更简洁地说明鲁迅精神和鲁迅与时代的关系呢?

当然,简洁并不是说越简越好。简而明,要能说明问题,要能使听众听得心服口服,发人深省。要做到准确简洁:第一,必须对要讲的内容经过认真地思考,弄清道理,抓住要点,明确中心;第二,要注意文字的锤炼和推敲,做到精益求精,一字不多,一字不易;第三,要注意克服三个毛病,即口头禅、啰唆重复、空话套话。

2.通俗平易

俗话说:"话需通俗方传远",古今中外著名的演讲家,无一不是使用通俗易懂的、朴素无华的语言进行演讲的。通俗平易就是要求

语言,要口语化、个性化和规范化。不要滥用方言土语,也不要使用一些听众生疏的行业用语、专业名词,用了要解释一下,以增强语言的通俗性。

3. 形象生动

形象与生动虽然是两个不同的概念,但它们却有着密切的联系。形象是使语言生动起来的手段。枯燥、抽象的语言是永远不会生动的。要想使自己的演讲具有魅力,别人爱听,就应该使用形象化、幽默诙谐的语言,使用恰当的修辞手法,使语言形象些,生动些。例如:

爱因斯坦发现了"相对论"以后,有一次,人们围住爱因斯坦,要他用最简单的话解释清楚"相对论"。据说,当时全世界只有几个高明的科学家看得懂他关于"相对论"的著作。

爱因斯坦对大家说:"比方这么说——你同你最亲爱的人坐在火炉边,一个钟头过去了,你觉得好像只过了五分钟;反过来,你一个人孤孤单单地坐在热气逼人的火炉边,只过了五分钟,但你却像坐了一个小时——唔,这就是相对论。"

"相对论"是一个非常深奥的学术问题,面对广大群众,如果用学术语言加以解释,可能讲上两个小时,大家也未必能懂,爱因斯坦使用了形象生动的比喻,几句话就让大家明白了。可见,形象生动的语言是具有表现力的,在演讲中要多使用这类语言。

4. 演讲语言八戒

一戒连篇累牍,语无伦次,无的放矢,文不对题的废话。

二戒颠三倒四,七拼八凑,混淆是非,文理不通的胡话。

三戒荒谬绝伦,子虚乌有,不可理喻,故作高深的玄话。

四戒滥用辞藻,无病呻吟,信口开河,华而不实的俏话。

五戒大言不惭,牵强附会,含糊其辞,模棱两可的混话。

六戒不着边际,不合时宜,平淡乏味,附赘悬疣的空话。

七戒挖苦讽刺,低级趣味,无中生有,风花雪月的粗话。

八戒陈词滥调,千篇一律,人云亦云,如出一辙的套话。

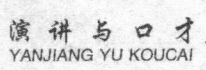
第四节　即兴演讲

一、即兴演讲的定义

即兴演讲又称即席演讲,它是一种事先无充足时间准备而临时决定进行的演讲。因无充足时间准备,因而不易深思熟虑,字斟句酌,这就需要演讲者具备敏锐的观察力,丰富的知识储备,良好的综合概括能力和思想观点快速组合的能力,并具备随时准备讲话的心理状态。

二、即兴演讲的类型及特点

(一)类型

即兴演讲可分:为生活场景式即兴演讲和命题测赛式即兴演讲。

1. 生活场景式即兴演讲

生活场景式即兴演讲即根据各种生活场景中的中心事件和听众对象即席而起,有感而发。这种演讲是在特定场合中,以特定的身份,针对特定的事件和听众对象而言的。要成功地进行"生活场景式"即兴演讲,必须做到四点:

(1)把握气氛,即景生情。生活场景多种多样,不同的场景现场气氛不同,或庄重严肃,或轻松欢快,或喜庆热烈,或悲伤哀婉,等等。即兴演讲的感情基础一定要与场合气氛和谐一致,才能使听众产生好感,反之则会大煞风景,使人难堪,自己的形象也会黯然失色。

(2)了解听众,把握分寸。即兴演讲的场合不同,听众的构成就不同,有时较为单一,有时比较复杂,只有了解他们的身份、年龄、职业、知识修养和思想感情等方面的差异,才能出言得体,分寸适度,恰到好处。

(3)弄清实质,借题发挥。不同生活场景以不同的事情为中心,不同的事情有不同的意义。即兴演讲常是因某件事而发,那么就必须弄清楚这件事的实质性意义,才能获得演讲的成功。

（4）确定身份，新颖别致。即兴演讲之前，必须搞清楚，这是怎样的场景，你与听众的关系怎样，是站在哪个角度，以怎样的身份，代表谁来讲话——或同学，或同事，或上级，或客人，等等。只有这样，你的演讲才会新鲜引人，独具特色。

2. 命题测赛式即兴演讲

命题测赛式即兴演讲实际上是一种命题式的口头作文。一般来说，它比生活场景式即兴演讲所受的制约要大一些。

命题测赛式即兴演讲受现场气氛和听众对象的制约较少，主要是受所抽题目的制约，所以，这种演讲最关键的问题就是处理好审题和取材这两个环节。

（1）审题。审题是命题测赛式即兴演讲的第一步，也是最重要的一步。审题出了偏差，整个演讲就会因不合要求而砸锅。这种即兴演讲的题目大致分为两类：一类是论题式题目，一类是论点式题目。

（2）取材。由于命题测赛式即兴演讲准备的时间很短，所以最困难的环节就是如何迅速地组织充分、精当的材料来说明问题。不管是抽到论点式题目还是抽到自己立意的论题式题目，它们都体现了主题先行的性质，先行的主题就是取材的基本尺度和聚焦点。

无论是场景式，还是命题测赛式即兴演讲都要求扣题而讲，内容新颖，构思敏捷，条理清楚，语言简练，表达准确。

（二）特点

1. 时境的突发性

也许毫无准备，被突然提名；也许做了准备，临近讲话时，话题被指定了，发生的突然，不讲不行。要求演讲者必须迅速成篇，是即兴演讲的一个内在特点。

2. 情境的复杂性

常因没留心彼时彼地的说话情境及听众的预期心理，就觉得茫然不知所措。只能就地取材，当场捕捉话机，现场感和针对性更强。

3. 话境的多样性

这一特点由前面两种情况导致，站起来以后，要么没话可说，呆若木鸡；要么什么都可说上几句。面对话题的多样选择，有经验者往往机敏地选准一点，迅速组合思维，把话讲少些，讲风趣些。

三、快速思维的基本方法

即兴演讲需要快速思维。即兴演讲的过程是一个由内部语言迅速转换成外部语言的过程。生成内部语言的过程就是一个思维过程,思维的过程是很复杂的。在即兴演讲中,思维是极为快速、极为紧张的,并贯穿在演讲的全过程,它是突然开始的,连绵不断地展开,演讲结束,思维方告一段落。从现象看,思维与演讲似乎是同步进行的,实际上它比演讲快得多,没有快速思维源源不断地提供语言,演讲势必要中断,因此,即兴演讲难就难在这种快速思维上。

那么,怎样才能形成快速思维呢? 以下的方法可以借鉴。

(一)激发思维的兴奋点

生活常识告诉我们,当处在兴奋状态中,人的思维最活跃。因此,尽快进入兴奋状态,也许是即兴演讲成功的关键。

兴奋,是刺激的结果。喝酒是刺激,是一种物质刺激,也能产生兴奋,引起思维,但这种思维缺乏明确的指向,因而常常在酒后胡言乱语。另外一种是精神刺激,即情感、理智、美感刺激,由此产生的兴奋,引发的思维,常常会沿着一定的方向有规律地延伸开去,即定向思维。一个即兴演讲者站起来以后,如果不立即找到这种刺激源,那么他的演讲就很难说有成功的把握了。

如何在一瞬间找到刺激源呢? 也许以下的尝试是有益的。

1. 情景激发

情景激发是寻找刺激的第一种方法。听众的情绪、会场气氛、场地布置和场外情景,都有可能成为刺激源。例如:

某大学党委副书记,曾召开过一次学生座谈会。当他步入会场准备讲话时,发现学生正很严肃地坐在台下等待他上台讲话,于是他灵机一定,讲了这样一段话:"同学们,我建议最好把今天的座位调整一下,摆成一个圆圈,这样,我就成了这个圆圈上的一点,那么,我们就有了共同的圆心和相等的半径,我们就心心相印了。"他这样一说,台下的学生都会心地微笑了,座谈的气氛一下子活跃起来了。

显然,引发他思维的刺激源是会议室座位的摆法。

2. 理智激发

会议的主题,别人的讲话,旁人的议论,一句格言,一首诗,等等,同样可以成为刺激源。例如:

在上海市"钻石表杯"业余书评授奖大会上,有人作了如下一段即兴讲话:"今天,我参加'钻石表杯'业余书评授奖会,我想说的一句话是:钻石代表坚韧,手表意味时间,时间显示效率。坚韧与效率的结合,这是一个人读书的成功所在,一个人的希望所在。谢谢大家!"

这篇演说十分得体,他是从会议主题上获得刺激源的,把钻石、手表、读书三者拆开,根据它们各自的特征,再引申出新意。

3. 自我引发

即从自己的亲身经历中,从自己的见闻中寻找刺激源,也许这是更有效的。例如:

某城市曾经举行过一次关于加强城市交通安全管理的演讲比赛,比赛将近尾声,一位老工人突然要求作即兴演讲,他一上台,就异常激动地讲了这样一件事:不久前,一位孕妇下班步行回家,在她的斜对面,一辆黄河牌大卡车朝她撞来,她躲闪不及,被撞出了10多米,当即死去。她腹内的孩子也被撞出来了,鲜血淋漓地摔在离母亲一米多远的马路上,她丈夫目睹这一惨状,当场就疯了。他一手抱着孩子,一手搂着妻子,又是哭,又是笑,围观的人,无不为之掉泪。事后查明,是司机酗酒开车。这位老工人大声疾呼,要确保城市交通安全,一定要杜绝司机酒后开车。

演讲十分成功。老工人为什么一定要讲呢? 就因为这件事太惨,太刺激他了。

(二)扩展语点

刺激产生兴奋,兴奋引发思维,即有了说话的欲望。这时,到底应该讲什么,尚不清晰,只有某种意向。但内部语言已开始运动。

运动初期,生成若干语点,语点扩展,才逐渐清晰,形成语序。即兴演讲的快速思维也表现在如何加速扩展语点上,这里有几种方法值得一提。

1.强化刺激,加强兴奋

强化刺激,加强兴奋即在产生说话欲望的基础上继续强化刺激,强化兴奋。这种刺激的强化有两个方面:一方面是刺激源的本身;另一方面是听众的信息反馈。即兴演讲大多是边想边讲。当初的刺激源,本身很可能就形成了开场的材料,这些材料经过内部语言和外部语言的加工,更加清晰,更加生动,更加感人。演讲者一旦进入"角色",所受的刺激会进一步加强,因而也更加兴奋,思维随之更加活跃。同时,也相应地感染听众,听众的各种反应又作为信息反馈给演讲者,结果使演讲者越来越兴奋,思维更加敏捷,而情态上越来越激动,甚至手舞足蹈。

2.控制情绪,抑制兴奋

说话的欲望一经形成,主要不是依靠情绪来支撑演讲,而是以理智激发思维,即由现象到本质,由原因而结果,由正及反,由此及彼,层层推论。这些关系,本身就是一定的思维模式,一经运用,思维的速度自然就快起来了。

3.引发一点,触类旁通

开始讲话,也许结结巴巴,不知说什么好。可是,突然思维开阔,讲出一番精彩的话来。这是因为开始思维尚未完全开发,后来突然被一句话、一件事或一个情景触发了,思维就活跃起来了。尤其是当思维的联想被开启之后,想到一点,立即又把相关的事物调动起来。例如:

一位师范大学毕业生分配到中学任教,在"欢迎新教师座谈会"上,主持人请他稍等一会做即兴发言。这时他脑子里的许多论点、情景、资料如"录像带"般呈现出来,他"感慨万端",许多思维点在逬跳,于是他立即捕捉,"跳"出一个就写下一个:①万事开头难;②实习时家访中感人镜头;③觉得担子挺沉;④老教师要传、帮、带;⑤今天的学生是跨世纪的建设者;⑥陶行知说"做中学,学中做";⑦有志

不怕事不成;⑧毕业离校时的誓言;⑨当教师是我无悔的选择……
后来,他将②③①⑥④⑦粘合起来。这些思维散点的连缀,使他始
终把握着统摄题旨的主动权。连缀以后,他稍做思考,使之充实丰
富起来。主持人请他发言,他站起来侃侃而谈。他的即兴讲话赢得
了一片掌声。

(三)训练方法

卡耐基在《口才训练妙诀》一书中,介绍了两种方法,简便易行,
值得借鉴。

1.抽纸条游戏

这是卓别林与另外两个朋友的训练游戏。三人各取一张纸条,
各写一个演讲题目,如"灯罩""梅花""大雨"等,把纸条混合着叠在
一起,三人轮流抽取,抽到什么题目,立即就这个题目发表一分钟的
演说。

其中一人说:"长期玩这种游戏的结果,使我们三个人的反应变
得异常敏捷,学到了应付各种复杂题目的知识和技巧。更重要的
是,面对任何场合,我们都能很快把自己心中的想法、知识整理起
来,也就是说,我们已经学会了'站起来思考'的方法。"

2.连锁技巧的游戏

这是一种具有刺激性的方法。要求第一个人尽量以幻想的形式
说出一段话,如,第一人说:"前几天,当我驾驶直升机时,发现了一群
飞碟向我靠近。我正想降落时,一架最靠近我的飞碟对我开炮射击,
当时我就……"下一个接着这个话题往下说,如此循环下去。

(四)快速思维应注意的问题

第一,快速思维,不管怎样快,从哪里引发,怎样扩展,都必须紧
扣主旨,不可一旦引发,便一泻千里,离题万里;同时还要注意主旨
的积极性。

第二,尽可能做到"超前思维",即在演讲之前,有所准备,有所
思维。如,参加某种会议,事先了解会议的宗旨,出席人员情况。会
中,留心会议的情况,注意听取和分析别人的发言,适当做些笔记。
平日,也要注意收集和整理材料,遇事想一想,形成习惯,对活跃思

维是大有好处的。

四、即兴演讲的控场技巧

（一）巧设比喻，耐人寻味

先看一例。

辽宁的孙玉刚同志从辽阳调任抚顺商检局局长，一上任他就发表了一番讲话，说"带了三件东西，一只碗，一张纸，一颗心。"说到"碗"，他说："平时，碗口总是向上，什么意见都能装"，"形成决议，碗口即朝下，包括我在内，谁也不能轻易翻动，""还有用它装满'水'，举起来，大家看端得平不平。"说到"纸"，他说："绝不用它打收条、欠条，我要用血汗写下今后的历史，交上合格的答案。"一连用三个比喻，把领导者的身份、态度、今后的打算，说得生动形象，耐人寻味，一下子就把领导与群众、台上与台下的距离拉近了。

即兴演讲，一般不做长篇大论，说不定借一个比喻就把话说完了，要引起听众的兴趣，起到控场作用。首先，要使听众听得懂，理解得到；其次，要耐人寻味。这就要求从熟知的事物中取喻，蕴含要丰富、深刻，太浅显，同样不能激起听众的兴趣。

（二）妙语连珠，四座皆惊

见解独到，又能用恰当的语言形式表达出来，是特别能吸引人的，甚至让人倾倒。在老同学聚会上，有人说了一番话，有一段是这样说的：

刚才东道主史君问我喝点什么饮料，我说，来杯咖啡吧。咖啡，加点方糖，甜中有苦，苦中有甜，二者混杂在一起，有一股令人难忘的味道。我想，它正好与我们这一代人的遭遇相似，与我们对人生感觉的回味相同。

接着他回顾了他们这批同学离开学校 20 年来的奋斗经历。这里难得的是就地取材，从喝咖啡，谈出了对人生的见解，尤其恰当地

概括了一代人的经历,无论从见解,从语言组织,从思维的机敏都是难能可贵的。他说出了同学想说而说不出,能说而说不出那么好的话来。即兴演讲,虽不要求句句精当,但总得有那么一句两句出彩的话,方能使人有所获益。

(三)情真意切,令人感奋

理性的力量十分强大,但在某种意义上说情感的力量更为强大,所谓"理高一尺,情高一丈"。即兴演讲是即席而起,有感而发,没有感情的演讲是苍白无力的。叙事,不能过于客观地陈述始末,应带着感情,把当时的"感情再生出来"。说理,就必须情理相生。抒情,应当情理兼备。总之必须把自己的所思、所感、所爱、所憎传导给听众。著名的表演艺术家李默然说:"演讲者不动情,听讲者当然不会引发共鸣","只要你真正地动感情了,观众保证被你打动,不管是多大声音,哪怕是很轻微的,观众也会被你震慑的。"

演讲要投入感情,但也不能任凭感情自由驰骋而无所控制。一定要掌握一个尺度。要学会控制自己的情感,使情感表达得适度,这样才能具有美感。

(四)机敏幽默,令人愉悦

给人以愉悦和艺术享受,本身就是演讲的任务之一。

幽默感,作为一种特定的审美态度,是演讲者人格魅力的生动体现。演讲心理学研究表明,在即兴演讲中,激发演讲者产生说话欲望的"兴",不仅可以成为幽默语言的心理触媒,而且能够增强语言幽默的现场效应。因此,演讲者应当根据现场实际需要,善于运用多种艺术手段,表现出语言的幽默特色,使即兴演讲充满情趣性和感染力。

例如,一位老同志在某市新闻界举办的新春联欢会上,面对观众"欢迎老汉唱段现代'爱情'流行歌曲"的热情呼喊,发表了一段即兴演讲:

唱爱情流行歌曲?这我倒没有精神准备。不过,假如我唱上一段"这就是爱,稀里糊涂……"岂不是对我一辈子严肃认真执着专一爱情的亵渎吗?老伴儿听了,岂不要抗议吗?假如我喊上一嗓子"悄悄蒙上我的眼睛,让我猜猜你是谁",不得把在座的少男少女们吓趴下吗?

假如我唱上一段"让我一次爱个够,给你我所有……"诸君岂不要将我送进疯人院吗……对于这些爱情流行歌曲,我既无相适应的年轻与潇洒,也缺少那软绵绵甜丝丝的嗓音儿,是不能也,亦是不为也。为此,美好的爱情歌曲,还是留给风华正茂的年轻朋友们唱吧。

这里,老同志不是用生硬粗俗的语调严词拒绝,而是以幽默风趣的话语婉言推托,既含蓄地表达了对某些"爱情"流行歌曲的批评意向,又巧妙地避免了自己顺应要求而勉为其难的尴尬。如此富有幽默感的讲话,显然强化了联欢会的喜悦气氛,突出了即兴演讲语言幽默的特色。

(五)淡化开头,余音绕梁

一般地说,演讲都很讲究开头,即所谓"响开头,曲主体,蓄结尾"。然而即兴演讲有一定的特殊性,尤其是毫无准备的即兴演讲,当讲者突然站起来的时候,气氛一般都比较热烈,听众的情绪正处在"热点"中,如这时的开头很响亮,以"热点"对"热点",反而热不起来,而且很难持续下去。有经验的人,常利用这个"热点",不去考虑开头,而去考虑一个响亮的结尾,形成逆向思维,对开头作冷处理,呈现"淡开头,趣主体,响结尾"的格局。听众的情绪由"热"转向冷,又渐渐升温,最后呈现出热烈的气氛,从而达到有效控制听众情绪的目的。

例如,安徽省铜陵市曾与德国马尔巴赫市结为友好城市,铜陵市一位领导出访这个城市,在一次晚宴上,作了这样一次即兴演讲。他从中德两国不同的吃饭习惯说起,再借德国结婚下雨是个好兆头的风俗,说:

"开普勒市长1985年访问铜陵时适逢下雨;今天我们签字雨婆婆又再度光临,如果说协议标志着一种结合的话,这雨将是我们两市的好兆头。"从而把话题拉向主旨。最后,他端起金色的葡萄酒,借席勒著名诗歌《欢乐颂》中的一段诗句作结:"巩固这个神圣的团体,凭着这金色的美酒起誓;对于盟约要矢志不移,凭着星空的审判者起誓。"

这是一篇典型的"淡开头，趣主体，响结尾"的即席演讲。

（六）两种即兴演讲的基本模式

1. 理查德·C.伯顿的"结构精选模式"

有经验的人在即兴演讲时自有他们的一套，他们常用一个格式框架作为依傍进行构思，使自己的内部语言按照一个符合人们认知规律的逻辑系统表达出来。这类构思框架种类很多，美国公共演讲专家理查德·C.伯顿的"结构精选模式"是其中比较适用的一个。理查德认为，即兴演讲应当记住四句话，这四句话是四个步骤的提示信号。它们是：

（1）喂，请注意！（开头就激起听众的兴趣）

（2）为什么要费口舌？（强调指出听演讲的重要性）

（3）举例子。（用具体事例形象化地将一个个论点印入听众的脑海里）

（4）怎么办？（具体地讲清大家该做些什么）

这四句话，作为原型启发，作为提示信号，在讲前作构思，在讲的过程中作为思路主线，可防"放野马"式的信口开河，能较好地表达主旨。

2. 卡耐基的"魔术公式"

卡耐基曾在芝加哥、洛杉矶和纽约，邀请了一批教授和传播学的名流，通过讨论，博采众家之长，寻找到了一种新的演讲方法，即"魔术公式"，其要点如下：

第一，尚未涉及核心内容之前，先举一个具体实例，通过这个实例，把你想让听众知道的事透露出来。

第二，再用明确的语言，叙述主旨、要点，将你要让听众去做的事，明白地讲出来。

第三，说明理由，进行分析，采取集中攻破的方式来处理。

卡耐基认为，这是"讲求速度的现代最佳演讲法"。实践证明，这的确是一种能适应各类演讲的模式，同样也适应即兴演讲。

附:演讲稿赏析

人格是最高的学位
白岩松

很多年前,有一位学大提琴的年轻人去向大提琴家卡萨尔斯讨教:我怎样才能成为一名优秀的大提琴家。卡萨尔斯意味深长地回答:先成为优秀的人,然后成为一名优秀的音乐人,再然后就会成为一名优秀的大提琴家。

听到这个故事的时候,我还年少,老人回答时所透露出的含义我还理解不多。然而随着采访接触的人越来越多,这个回答在我脑海中越印越深。在采访北大教授季羡林的时候,我听到一个关于他的真实故事。有一个秋天,北大新学期开始了,一个外地来的学子背着大包小包走进了校园,实在太累了,就把包放在路边。这时正好一位老人走来,年轻学子就拜托老人替自己看一下包,自己则轻装去办理手续。老人爽快地答应了。近一个小时过去,学子归来,老人还在尽职尽责地看守着。谢过老人,两人分别。几日后北大举行开学典礼,这位年轻的学子惊讶地发现,主席台上就座的北大副校长季羡林,正是那一天替自己看行李的老人。

我不知道这位学子当时是一种怎样的心情,但在我听过这个故事之后却强烈地感觉到:人格才是最高的学位。这之后我又在医院采访了世纪老人冰心。我问先生,您现在最关心的是什么?老人的回答简单而感人:是老年病人的状况。冰心的身躯并不强壮,即使年轻时也少有飒爽英姿的模样,然而她这一生却用自己当笔,拿岁月当稿纸,写下了一篇关于爱是一种力量的文章,然后在离去之后给我们留下了一个伟大的背影。

当你有机会和这些老人接触后,你就知道,历史和传统其实一直离我们很近。世纪老人在陆续地离去,他们留下的爱国心和高深的学问却一直在我们心中不老。

前几天我在北大听到一个新故事,清新而感人。一批刚刚走进校园的年轻人,相约去看季羡林先生,走到门口,却开始犹豫,他们怕冒失地打扰了先生。最后决定,每人用竹子在季老家门口的土地上留下问候的话语,然后才满意地离去。这该是怎样美丽的一幅画面!在季老家不远,是北大的伯雅塔在未名湖中留下的投影,而在季老家门口的问候语中,是不是也有先生的人格魅力在学子心中留下的投影呢?只是在生活中,这样的人格投影在我们的心中还是太少。

听多了这样的故事,便常常觉得自己是只气球,仿佛飞得很高,仔细一看却是被浮云托着;外表看上去也还饱满,但肚子里却是空空。这样想着就不免有些担心:这样怎么能走更长的路呢?于是,"渴望年老"四个字,对于我就不再是幻想中的白发苍苍或身份证上改成六十岁,而是如何在自己还年轻的时候,便能吸取优秀老人身上所具有的种种优秀品质。于是,我也更加知道了卡萨尔斯回答中所具有的深意。怎样才能成为一个优秀的主持人呢?心中有个声音在回答:先成为一个优秀的人,然后成为一个优秀的新闻人,再然后是自然地成为一名优秀的节目主持人。

我知道,这条路很长,但我将执着地前行。

【赏析】

本篇演讲荣获"演讲与口才杯"全国新闻界"做文与做人"演讲比赛特等奖。演讲者白岩松系中央电视台节目主持人。演讲中,作者通过叙述几位世纪老人的平凡琐事,展现了他们的人格魅力,很好地诠释了"俯首甘为孺子牛"的精神,形象地告诉我们,不论做什么事,首先都要做好一个人,一个优秀的人,人格是最高的学位。

为了我们的父亲
沈萍

同学们,你们见过青年画家罗中立的油画《我的父亲》吗?如果见过,还记得这位动人的中国老年农民的形象吗?让我们再看一看这幅画,再看一看我们的父亲吧!这是一张忠厚善良、朴实慈祥的

老年人的脸,在那一道道深深的皱纹中,仿佛隐藏了一生的艰辛,眼睛有些昏花,但却安详,没有悲哀和怨恨,有的却是无限的欣慰和期望。你看,他这双勤劳的大手,青筋罗布,骨节隆起,虽然粗糙的像干枯的树皮,但却很有力量。他把自己一生的精力和满腔心血都交付给了我们祖祖辈辈劳作生息的土地,交付给了正在成长发育的儿女子孙。他已经到了安度余生的晚年,却仍然头顶烈日,在田里耕作,用他仅有的精力,换来背后满场金谷,他勤苦一生,创造了生活的一切,编织着美好的未来。

面对这样一位父亲,怜悯、同情、崇敬、热爱和万般思绪,一下子在我心头翻滚起来。特别是父亲那双欣慰、期望的眼睛,深深地印在我的心上。他为什么在历尽人间忧患之后,却感到无限的欣慰呢?在为时不多的晚年,他还热烈期待着什么呢?

在去年夏天的一个中午,我去书店,那天天气非常热,我身上穿着清凉的夏装,走在林荫路上。这时,我忽然看见,马路上一位老人推着一车钢筋,正在艰难地行走着。重载使老人不得不把自己的腰深深弯下,太阳烤着老人紫红色的脊背。老人的脸上、背上淌着汗水,在他面前,路是上坡,老人咬紧牙,非常吃力地推着车。我赶忙跑过去,帮着老人把车子推上坡,老人抹了把汗水,喘息着向我道谢。当他看到我胸前佩戴的校徽时,眼睛一亮,露出了赞许、期望的目光。他满脸笑容,欣慰地说:"孩子,好好念吧!我也有一个孩子,和你一样上大学。"看着满车的钢筋,老人弯曲的脊梁,满脸的汗水和欣慰的笑容,听着老人这亲切的嘱咐,我的眼泪一下子涌了出来。此刻,他的孩子也许正在舒适的宿舍里午休,也许正在清凉的大学教室里学习,也许和我一样,正走在林荫路上。但是,我不知道他是否想到这位在酷日下推车的父亲。年老的父亲顶着烈日推车,却让自己的子女坐在清凉的教室里学习,这是为什么呢?我想答案就在父亲那欣慰的笑容和期待的目光里。他的期望就是让我们接受高等教育,就是让我们用现代科学知识武装起来,走出一条与他完全不同的崭新的生活道路。这是老一辈的希望,不也正是祖国和人民的希望吗?

大家知道,在我们国家里,培养一个大学生需要五个农民一年

的劳动。可是,当我们戴上校徽的时候,当我们领取人民助学金的时候,有谁想到了我们的父亲,又有谁想到了工人、农民? 想想吧! 同学们,发奋学习是人民对我们的期望,也是时代赋予我们的光荣使命,更是我们每个大学生的职责。

同学们,我们应该牢记父辈的欣慰笑容和期待的目光,当我们埋怨祖国贫穷和落后,羡慕舒适安逸的生活时;当我们逃避学习艰苦,随便浪费大好时光时;当我们为了个人的得失和苦恼迷失方向和道路时,父辈期望的目光将像皮鞭一样,狠狠地鞭挞我们的无知和糊涂、懒惰和轻浮、私欲的污染和灵魂的癌变,让我们在鞭挞中立志,在鞭挞中不懈地追求和勇敢地攀登吧! 父亲欣慰的笑容和期望的目光,应该像光芒四射的明灯,永远照耀在我们的心头。在它的照耀下,我们不仅会看到青春的可贵和美好,更能看到生活的欢乐和幸福;在它的照耀下,我们不仅会看到前进的道路和方向,更能看到自己的使命与责任,在它的照耀下,我们更加清楚地看到自己像父亲那样做事业的战士和开拓者。

革命先烈李大钊说过:"无限的'过去'都以'现在'为归宿,无限的'未来'都以'现在'为渊源。'过去''未来'中间全仗有现在,以成其连续,以成其永远,以成其无始无终的大实在。"这句话说得多好啊! 革命先烈和我们的父辈们英勇奋斗,苦而无怨,死而无憾,为的是我们年轻的一代。实现四化,振兴中华,靠的是我们年轻的一代。我们是承前启后的一代,我们是继往开来的一代。革命先烈和我们的父辈用筋骨和鲜血凝成的精神财富,要在我们这一代人身上,化作永不枯竭的前进力量。

好好学习吧,同学们!

为了祖国,

为了人民,

为了我们的父亲。

——选自《演讲与口才》1984 年第 2 期

【赏析】

这是 1983 年"全国大学生演讲比赛"一等奖获得者锦州师范学院的选手沈萍的演讲。这篇演讲稿感情深沉、朴实,饱含对父亲的

爱,对祖国人民的爱。文中作者通过对两位父亲形象的描绘,虚实相映,揭示父辈的期望,发掘主题,促使听众积极思考问题。语言凝练、流畅,叙述、议论、抒情自然得体,富有感染力,令人激动,催人奋进。

综合训练

1.阅读下面的材料,谈谈你对这个问题的看法,注意你的观点提出的位置,了解听众对你观点的印象。

有人认为,当今处在科学技术迅猛发展的时代,需要造就奋蹄长嘶,飞奔急驰,一路领先,开拓创新的"千里马",这是千金难求的;而不需要那种不声不响、规矩顺从、慢慢吞吞的"老黄牛"。有人则认为"老黄牛"辛勤耕耘,无私奉献,鲁迅也说过要"俯首甘为孺子牛"。因此,培养"老黄牛"的精神在今天仍是十分重要的。我们绝不能厚此薄彼,重"马"轻"牛"。

2.登台练习。方法:将学生分成几组,各组的每个人从教室侧门进来,从走步、登台、站定、扫视到开讲(讲几句),再走下讲台,向老师或某位同学询问一件事,作几句交谈。演示完毕后,组内互评。

3.以"由_____现象所想到的"为题进行即兴演讲。

要求能捕捉当前生活中的热点问题。例如,由作弊现象所想到的。

现象简述:大学校园里,考试作弊现象屡禁不止,作弊的人数呈上升趋势,作弊的手段、心态日益复杂化、严重化,考试作弊已渐渐成为一种社会性的问题。

纵深分析:①大学生缺乏道德观念;②投机取巧,坐享其成心态;③产生盲从心理;④试图蒙混过关;⑤虚荣心作怪;⑥是非不分,仅凭义气。

4.任选一题,写一篇演讲稿。

(1)高职生脚下的路

(2)我厌恶虚伪

(3)失败者,请挺起你的胸

(4)为了我们的父亲

（5）兴趣是最好的老师

5.一组若干人，共同讲完一个故事。方法是，每人依次讲一分钟，铃声响起，下一位同学必须把故事接着往下讲，循环下去。

6.在毕业生联欢会上，请以老师或同学的身份即兴发言。

7.以"地球生态环境已亮'红灯'"为题，运用"结构精选模式"四步骤的提示信号，快速构思，作即兴演讲演练。准备时间3分钟，讲3分钟。录音后复听。

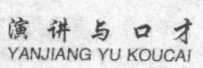

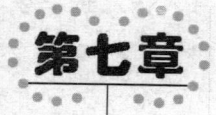

论辩口才

[学习目标]
1. 了解论辩口才的基本知识
2. 掌握常用的论辩技巧,提高论辩口才水平
3. 了解论辩赛赛制的基本模式

第一节　论辩之道

一、论辩

论辩,又称论是辩非,是论证己方见解,反驳他人观点的说话形式之一。

二、论辩的特点

(一)对抗性

没有对抗,就无所谓争辩。这是因为论辩是人们的立场、观点不同,认识水平不一而产生的语言角逐。在角逐中又常常表现出你来我往,针锋相对,决雌雄、分高下的情势。

(二)机敏性

论辩是唇枪舌剑的争斗,双方思维的紧张程度不亚于短兵相接。论辩中既要巩固自己的阵地,又要明察对方的策略,应付对方

的"明枪暗箭"。这一切往往来不及深思熟虑。因而论辩者必须具备敏捷的思维能力、高度的判断能力、机智的语言运用能力。如若稍有不慎,轻则被动,重则败北。

(三)攻守性

论辩是破与立的辩证统一。破是攻,立是守,不破不立,边破边立。攻要有杀伤力,或者正面强攻,或者攻其一点,或者攻其不备,破是为了立;防守要坚不可摧,观点鲜明,论据充足,论证严密。守不是一味固守,应当以攻为守,主动出击,方能变被动为主动。

三、论辩的分类

按目的来划分,有两类,即应用论辩和赛场论辩。

(一)应用论辩

应用论辩是针对社会现实生活中某种特定需要而进行的论辩,又可分为两类:即自由论辩与专题论辩。

1. 自由论辩

自由论辩,即人们在交往中,对不同事物的不同看法的争辩。少则几句,多则长篇大论;轻则几句就完事,重则互不相让,以至大动肝火,拳脚相加。

2. 专题论辩

专题论辩,多以分清现实生活中某一特定问题的是非、曲直、真伪、优劣为目的,有组织、有程序、有目的的辩论,是一种最有效的辩论形式。这类论辩又可分为法庭论辩、外交论辩、学术论辩和决策论辩等。

(二)赛场论辩

目前流行的赛场论辩,基本上是一种表演性的论辩,实际上是演讲比赛的一种特殊形式。赛场上尽管双方舌战异常激烈,但他们各自所捍卫的观点,并非本意,正反双方是由抽签决定的。然而这种论辩是有益的,有益于锻炼人的思维能力、应变能力和机智的表达能力,能培养辩才。正因为如此,论辩赛在国内外受到重视和欢迎。论辩赛具有鲜明的规则性、对等性、临场性和整体性的特点。

四、论辩前的准备

参辩者都希望自己能够处于主动的地位,这就要求事先要做充分的准备。当然,由于论辩的种类不同,对准备的要求也不尽相同。日常论辩由于带有很大的突发性、随意性,人们无法作针对性的准备,论辩的结果便只能取决于平时知识的积累。而专题论辩,则要求参辩双方或多方事前对某一特定论题做深入调查,在掌握真实、准确、全面、翔实的第一手材料后,确定问题的关键以及己方的立足点,力争为达到预期目的打下坚实的基础。赛场论辩同样对赛前准备有较高的要求。

(一)分析论题(破题)

赛场论辩是一种极富理性的高水平的智力较量,完全不同于为维护个人观点或某个政党、集团的政策而展开的论辩。由于辩题是预设的,论辩双方所持的观点由抽签决定,它只有胜负之分而无是非之别。因此,保证辩题的中性以使参赛双方在论辩中处于平等的地位便显得十分重要。出题者应对此予以注意。

对于绝大多数论辩来说,辩题已经确定了正反双方的观点,论辩双方须围绕论题确定的己方论点加以论证,不能因为自己对己方观点并不真正赞同而予以否定,否则会因为立场不够坚定而在论辩当中倾向对方,使自己的观点走形。俗话说:据理力争,理直气壮,因此,当自己对己方观点并不真正赞同时,就要积极做好认知的协调工作。这种协调显然不是让立论服从自己的信念,相反,而是要让自己的思想和感情向立论靠拢,并尽可能地将立论内化为自己的信念,哪怕是暂时的。只有对自己的立论和观点充满信心,才能取得胜利。

对双方来说,确立论点的关键是分析论题。论辩前双方均须对论题的正方观点和反方观点予以确定并加以准备,力争既知己又知彼。分析论题通常从以下几个方面着手:

1. 分析论题的种类

主要是看论题对正反双方的论点是否都做了明确的规定和限制。请看论题:"人性本善"。

如果辩题反方的论点未被明确规定的话,双方各自要准备的论点是:

正方:人性本善

反方:(1)人性本恶

(2)人性有善有恶

(3)人性无善无恶

如果反方已被明确规定为第一种论点的话,那么,双方的论点则为:

正方:人性本善

反方:人性本恶

2.分析论题的关键字眼

因为关键字眼常常是双方争论的焦点。对关键字眼分析透彻,准备充分,限制得当,则可做到正可立反可驳。例如:

辩题:温饱是谈道德的必要条件(反方剖析辩题及逻辑设计)

总体:人存在是谈道德的必要条件;在任何情况下都能谈道德;走向温饱的过程中尤其应该谈道德。

审题:温饱——社会总体上无食之困(贫困—温饱—富裕三个发展阶段)

谈道德——个人修养、社会弘扬、政府提倡

谈道德教育、道德宣传、道德鼓励、道德舆论、道德研究、道德讨论等。

必要条件——(正方)有之不必然,无之必不然。

逻辑准备:能不能——事实判断

应不应——价值判断

在论辩中,抓住关键字眼,就能处于主动。例如,邓小平与原美国国务卿舒尔茨的一次谈判:

1983 年,舒尔茨访问中国,双方在谈到湖广铁路债券案时,邓小平指出,是美国某些人以此为借口,在中、美关系上制造麻烦,美国

政府应该制止这种行为。舒尔茨辩解说美国司法制度是独立的,政府无权过问。起诉的几个美国人无非是索取一些赔偿,并非制造事端。邓小平当即反驳说,如此说来,美国实际上有三个政府——国会、内阁、法院。要人家究竟同你们哪一个政府打交道才好?如果说,美国人有权向我们索取赔偿,那么我们中国人民一百多年来遭受帝国主义的侵略压迫,蒙受了那么大的损失,难道不可以判你们来赔偿吗?如果我们一见面就提出这个问题,还谈得上什么发展关系呢?!

在这一谈论中,邓小平紧紧抓住"美国司法制度是独立的"这一关键字眼,一针见血地揭露舒尔茨言论的谬误,使自己在这场谈判中取得了主动权。

3. 对己方和对方进行论辩逻辑设计

论辩逻辑设计,是指对论题的内涵和论题的外延进行逻辑分析,并在分析的基础上设计论辩的逻辑框架。形象一点说,就是给自己的立论画一个圈,使自己的观点能够自圆其说,建立一个稳固的防线;同时要分析对方可能的逻辑,设计进攻的路线,并且分析对方可能的进攻路线,进行防御。具体的做法通常是将辩题中的所有概念拉出来逐一分析其内涵和外延。如"法制能消除腐败"这一辩题中就要对"法制""能""消除""腐败"进行逻辑设计,搭建一个论证和反驳的框架。是否进行论辩的逻辑设计,将直接影响论辩的胜败。而论辩的逻辑设计上是否合理和科学,同样会对论辩的结果产生不可低估的影响。说到底,逻辑设计就是做一个大筐,把对方的逻辑包括进来,这样的逻辑设计就有利。如果你的逻辑设计被对方包括进去了,你就会被动。关键是这样一个大筐如何来做。每次辩论都不同,每个场合都不同,还是要应变。例如:

1997年国际华语大专辩论赛的决赛,首都师范大学代表队,与马来西亚大学代表队相遇。首都师范大学为正方,辩题是"真理越辩越明",反方马来西亚大学代表队的辩题是"真理不会越辩越明"。

正方赛前的逻辑设计是:核心概念为"辩"和"真理明",概念间

的逻辑关系是："'辩'是'真理明'的充分条件"。逻辑定位是"如果有'辩'，真理就一定越辩越明"。

论辩中，一辩开宗明义："辩论应该以一定的逻辑基础为原则，摆事实，讲道理。在真理走向成熟的过程中，论辩是必不可少的一个环节。……实践是明确真理的必要条件，而'辩'则是使真理明的充分条件；为真理而辩，真理越辩越明"。

二辩从理论层面进行论述："……'辩'则是使真理澄清的充分条件。"其理由是"'辩'是使人们认识真理的动力之一；'辩'是使真理发展的动力之一；'辩'是检验真理的重要环节之一；'辩'是防止真理老化，使真理常新的有力保障"。接着三辩引经据典，最后四辩总结陈词："今天，我们双方都要论证一个全称判断……"尽管四位辩手慷慨陈词，最后却以败北告终。分析其失利的原因，一个突出的问题是事前对己方辩题的逻辑设计不准确，对己方观点的立论中包含的逻辑矛盾不能自圆其说，对反方的反驳也没有抓住其逻辑错误的要害。其实，单就这一辩题而言，辩题中的"辩"与"真理明"之间无疑存在着条件与结果之间的联系。逻辑上将表示条件的语词叫作前件，把表示结果的语词叫作后件。前件与后件的联系可分为四种：①充分关系；②必要关系；③充要关系；④不充分且不必要关系。前三种较好分析和理解，而第四种则是这一辩题的关键所在。因为历史和现实都表明，"辩"与"真理明"之间没有必然的逻辑联系，政治、经济、科技和文化的无数史实中有大量久辩而未明或不辩自明的例证。正因如此，反方正告："我们只要找到一个反例，就可以将你们的立论打倒。"这一逻辑设计的不合理——主体构架歪斜、相互联结错位——最终没有经得起反方的狂轰滥炸。

（二）准备材料

论点确定以后，进入材料准备阶段。

1. 准备立论材料

立论的材料也就是建立自己论点的材料。作为辩论过程，无论是双方的互辩还是单向说理，都要求言之有据，这"据"就是材料。准备的材料有广义和狭义之分。广义材料的准备在平时。它要求

参辩者平时广泛阅读,加大自己知识的信息量,提高自己的道德水平,加强逻辑训练,培养良好的心理素质,等等。而狭义的材料准备是指临战前针对某一辩题所做的材料准备。

准备立论的材料应从两方面入手,即事实和理论。立论的事实论据一般从以下几个方面着手:①历史事件,即在人类社会发展的历史长河中出现过并且被普遍认可的事实;②现实材料,即现代、当代出现的并且被大多数人所熟知的事实。立论的理论材料包括两个方面:一方面是指被社会发展所证明了的科学真理;另一方面是指在社会科学和自然科学发展中作过突出贡献的著名人物的著名论断和著名言论。

2. 准备反驳的材料

在论辩双方的关系中,辩护与反驳是一对基本的关系。辩护既是立论,但如果只立论而不反驳,辩来辩去,战场总在自己一方,对对方的立论构不成任何威胁,就会使辩论失去光彩,即缺少短兵相接。其实,从某种意义上说,反驳才是最有效的辩护。成功的论辩常常是以攻为守,通过驳倒对方来确立自己的观点。而要能够反驳对方,辩前就必须作充分的反驳准备。一般地说,反驳的准备是在对对方进行逻辑设计后,再进一步针对对方的论点、对方可能列举的论据、对方立论的方式方法和对方可能从哪几个方面反驳本方四个方面研究己方如何应答和反驳。

3. 准备材料时应注意的问题

(1)论据要有针对性。在搜集论据前要对自己的论辩方向、论辩要点有清楚的认识,并且要设想对方会从哪几个方面立论,以此作为自己搜集论据的指南,为巩固自己的阵地准备砖石,为攻击对方的堡垒准备炮弹。例如:

在"女性比男性更需要关怀"这一辩题中,正方举出了女性在一生中要过五关:青春关、生育关、职业关、更年关、老年关,较之男性,女性要经受更多生理的考验这一论据来证明己方的观点,女性要过五关,这是对方无法否认的事实。这一论据的出示也使许多妇女产生一种感同身受的联想,达到了既树立己方观点,向对方晓之以理,

又使对方产生认同,动之以情的良好效果。而反方则从自古以来"男儿有泪不轻弹","男人必须坚强、刚毅,创造丰功伟绩"的传统思想,使男性受到的巨大精神压力这一论据入手,说明男性内心的伤痛与孤寂无法排除,也就需要更多的关怀这一道理。正反两方面寻找各自的论据支持自己的观点,分庭抗礼,不相上下,使论辩言之有物、精彩纷呈。

(2)论据要典型。所谓典型,就是具有代表性,能反映事物的本质。这样的论据说服力强,感染力大。例如:

在"治愚比治贫更重要"的论辩中,正方为了证明自己的观点,列举了历史上许多先知先觉者即使在极度困苦之中始终不自我放弃的例子,像富兰克林在困苦之中不屈不挠,奋发学习;邓小平在法国留学时三餐不继,却从不放弃接受教育的机会,等等。这些例子涵盖古今中外,很有代表性。

(3)论据要确凿。论据要涉及引用名人名言、具体的人和事、数据指标和理论概念,必须认真谨慎地确定它们的准确性,不能想当然,更不能投机取巧,乱蒙乱骗。否则,一旦被对方抓住把柄,就将在论辩中处于尴尬的窘境,甚至导致一步出错全盘皆输的严重后果。

五、论辩的分工

日常论辩无所谓分工,赛场论辩则有明确的分工。目前在中国大中专学校较常采用的是4对4的论辩形式,即论辩的双方均由4人组成。这种比赛以中国中央电视台与新加坡广播局联合举办的国际华语大专辩论会即"新加坡模式"最有影响,国内也有广东、四川等地大学生年度辩论赛。这种论辩特别注意整体配合。

(一)注意陈词结构的起承转合

起承转合是中国古代章法中的一种基本格式。

启,即把我方的基本立场和基本观点清楚地表达出来,并说明

我方的基本逻辑关系,以及我方以后三位的基本思路,也就是开题。

承,即在一个特定的角度深化我方的基本立场和理论,展开论述我方的核心观念。

转,即在对方的立场和理论发表之后,根据我方的立场予以反驳,并在确凿材料的基础上进一步申明我方的立场。

合,则是总结,即把我方的所有观点放在一个新的高度加以概括,然后对对方的理论和观点进行总体的反驳,有一种登高一呼的味道。

首届华语国际大专辩论会基本是照这个形式进行的。

(二)注意内容结构的"板块分割"

起承转合只是一种程序,还要确定基本内容结构。一般是一辩侧重逻辑分析,二辩侧重理论阐述,三辩侧重事实列举,四辩侧重价值分析。

(三)注意默契合作

默契合作即共同立论、相互论证、相互补充、掌握时间划分和材料运用,注意知识的搭配。

总之,既要做到有侧重的分工,更要协调整体配合,因为在论辩赛中,整体力量大于个人力量之和,个人在集体中能发挥出更佳的能量来。当然,由于辩题不同,论辩的分工也不尽相同,这一点在赛前应灵活掌握。

六、写好论辩设计书

赛前的一切准备最终以论辩设计书的形式定稿。所谓论辩设计书,就是论辩的设计方案。它可以是一套,也可以是两套、三套。每一份设计书都应该包括对辩题的理解和剖析,论辩层次,逻辑框架,对方可能的立场与攻击点,本方防守线,中外理论及事实论据,各辩位分工,论辩中需注意的问题,对可能出现问题的设想及化解对策。如果正反方是临时抽签决定,那么,事前应分别准备正反双方的论辩方案。

七、赛前需注意的细节

(1)根据分工写好辩词。

(2)组织讨论,补充与修改辩词。

(3)切实熟悉整个论辩过程的分工,熟悉所有的辩词。

(4)设计并掌握整体配合方法。

(5)带上卡片和笔,以备及时记下对方的破绽和自己反驳的语句和事例。

(6)检查自己的衣着服饰是否整齐得体。

第二节　论辩技巧

论辩要取得胜利,除了赛前准备充分之外,在论辩中讲究技巧也是非常重要的。这里介绍几种基本的论辩技巧。

一、进攻技巧

(一)先发制人,力求主动

"先发制人,后发制于人"。这是中国古代兵法的名言。舌战与兵战有相通之处,在论辩中掌握主动权,既可先发制人,又可在被动时反客为主。采用此种战术,在对方进攻之前或在对方意料不到的情况下,突然发起进攻,使对方心理失衡,乱了阵脚,从而败北。例如:一位法官审问作案得手准备外逃的诈骗犯:

法官问:"既然来了,为什么不打招呼就走呵?刘×"

刘×答:"不,不,这完全是误会,我叫赵××,是回来探亲的,因为家里有事,要提前回香港了。"

法官说:"你既然冒充赵××,为什么不把他右耳朵旁边的那颗黑痣搬到你的耳朵旁呢?还是老实交代你的诈骗罪行吧。"

先发制人,直捅对方要害,使对方措手不及,全线崩溃,只好低头认罪。

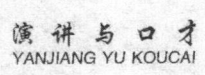
（二）摆脱枝节，攻其要害

在辩论中切忌纠缠细枝末节，否则，看上去热热闹闹，实际上已离题万里。作为进攻的一方，一个重要的技巧就是在对方一辩二辩陈词后，迅速地判明对方立论中的要害问题，牢牢抓住这一问题一攻到底，以便彻底击败对方。此所谓打蛇要打在"七寸"上。例如，"温饱是谈道德的必要条件"这一辩题的要害是：在不温饱的情况下，是否能谈道德？在论辩中只有始终抓住这个要害问题，才能给对方以致命的打击。当然，在论辩中有时也要用到"避实就虚"的技巧。比如，对方提到一个我们确实没准备无法回答的问题，勉强去答可能适得其反，此时可以轻轻避开，另外找对方的弱点攻过去。但更多的情况下，论辩需要的是"避虚就实""避轻就重"，敏于抓住对方的要害，穷追不舍，猛攻下去，务必求胜。

（三）以子之矛，攻子之盾

辩驳之时要注意倾听，一旦捕捉到对方辩手发言中的漏洞，比如，或因心情紧张而使用概念不当，或因配合失误而前后自相矛盾，或因出语太快而词不达意，都应马上抓住，竭力扩大对方的矛盾，使之自顾不暇，无力进攻我方。例如：

1993 年 8 月 25 日，英国剑桥大学对中国上海复旦大学的一场题为"温饱是谈道德的必要条件"的辩论。在阐述当中，剑桥队的三辩表述法律不是道德，而二辩却认为法律是最基本的道德，我方乘机扩大对方两位辩手之间的裂痕，迫使对方陷入窘境。同是这场辩论，剑桥队的一辩起先把"温饱"看作是人类生存的基本状态，后在我方的凌厉攻势下，又大谈"饥饿"状态，使得自己与先前的见解又发生矛盾，我方"以子之矛，攻子之盾"，使对方于急切之中，理屈词穷，无言以对。

（四）出其不意，引蛇出洞

当辩论出现胶着状态，对方在自己挖好的壕沟内不出击时，可出其不意，抓住在一般人看来也许是细枝末节的问题，诱使对方离开阵地，步步进入我方所设的陷阱。例如：

1988 年,在新加坡举办的亚洲大专辩论会上,复旦大学队与澳门东亚大学对垒,辩论联合国是否有存在下去的必要的问题。复旦大学队在辩论中突然发问:"请问对方辩友,联合国是哪一年成立的?",这在一般人看来是十分简单的问题,对方因准备不足而未答,复旦队马上反击:连联合国的生辰八字都没有搞清楚,怎么能断定联合国是否有存在的必要。

(五)以我为主,为我所用

在辩论中,有时可以从同一事情中推出与对方截然相反的意思,既能直接驳倒对方,又能直接确立自己的观点。例如:

在第三届亚洲大专辩论赛中,台湾大学队同香港中文大学队辩论"考试制度是衡量个人才智的最佳途径"时,正方香港中文大学队一辩以一则"灰姑娘"的童话开篇,仙女送给灰姑娘一双玻璃鞋,让她到王宫的舞会上去跳舞,从而使灰姑娘有了一个表现自己美貌和才能的机会。然后话锋一转,指出考试制度就像这双玻璃鞋,它提供了表现个人才智的机会,并且呼吁给世界上无数个"灰姑娘"都送一双玻璃鞋,让她们有机会脱颖而出。这个形象而机智的开篇,引起了全场的掌声。不料,反方台湾大学队的一辩从容不迫,竟然续起了对方并没有讲完的童话:舞会散了,灰姑娘走了,王子也离开了王宫,拿着这双玻璃鞋作标准,到处去寻找自己的心上人灰姑娘。说到这里,一辩反问:如果一个丑八怪的脚大小正合这双玻璃鞋的尺寸,王子岂不是要找错人吗?考试制度看起来客观公正,其实正像这双玻璃鞋一样很不可靠。于是曾被正方作为论据的灰姑娘的童话,已经完全换成了反方的支柱。从此,正方阵脚大乱,败局已定。台湾大学队这种巧接话茬,为我所用的手段实在高明,令人叫绝。

此法也叫"釜底抽薪"法。在辩论中抓住对方命题中前提的虚假或者不严谨,给予反击,"止沸"莫过于"抽薪",运用此法往往会置敌于"死地"。

(六)巧设两难,处处主动

在辩论时,可以设计一些使对手左右为难的问题,让自己掌握场上的绝对优势,对方则怎么回答都要陷入非常尴尬和被动的境地。这就是逻辑学上的二难推理。二难论辩是以二难推理为主的论辩。具体做法是,在对方说法的基础上,虚构事实,提供两种选择,然后看对方如何反应。例如:

辩论"才高为师"还是"德高为师"中的一场攻辩。

正方:有这么一个人,他酗酒,吸食麻醉剂,与妓女厮混。请问对方辩友,他可不可以为师?

反方:不可以,因为"德高为师"。

正方:可是我们提到这个人,一般都称他为大师,因为这个人是梵·高。还有这么一个人,他四体不勤,五谷不分,鄙视体力劳动者,鄙视妇女。请问对方辩友,他可不可以为师?

反方:我们强调德高为师,为师者言传身教,榜样的力量是不容忽视的。

正方:请正面回答,可以,还是不可以。

反方:不可以。

正方:可是对方辩友知道这个人是谁吗? 他是被我们尊为"万世师表"的孔子。

应该说,正方设计的这两个问题都是比较刁钻的。反方回答"不可以",正好掉进对方设置的圈套。回答"可以",正方就可以接着反驳,那么就是说德不高者也可以为师,承认了我方"才高为师"的观点。即使对方发现正方的意图,从另一个角度回答,说德不高者可以作为反面教员,前车之覆,后车之鉴。正方还是可以说,反面教员也是教员,只要我们学到东西,他一样为师了,德不高者也可以为师,与对方的观点还是相悖的。二难推理妙用就在于让对方左也不是,右也不是,进也不是,退也不是,不论怎么回答都要犯错误。再如:

　　有个方士献给汉武帝一坛酒,告诉汉武帝是仙酒,喝了他可以长生不死。汉武帝就命人将酒藏起来,准备日后饮用。东方朔知道后,就想办法把酒偷喝了。汉武帝得知,勃然大怒,要将东方朔斩首示众,东方朔却哈哈大笑起来,汉武帝问:"我要杀你,你为什么还要笑?"东方朔说:"如果这酒真能使人长生不死,那么,你就杀不死我。如果真能将我杀死,这酒就不是长生不死之酒。皇上能为这'假仙酒'而将我杀掉吗?"汉武帝听了,赦免了东方朔。

　　东方朔的二难推理如下:
　　如果这酒是"不死之酒",那么你杀我,我也不会死;
　　如果这酒是假仙酒,那么,你不值得把我杀死;
　　这酒或是"不死之酒",或是假仙酒;
　　总之,或者杀不死我,或者不值得杀我。

二、反驳技巧

(一)针锋相对

　　针锋相对是论辩中很重要的方法。将对方提出的问题,毫不留情地以充足的事实依据揭穿,针锋相对地反驳,是则是,非则非,毫不含糊,证据确凿,理由充分,义正词严,有无可置辩之势。例如:

　　冯玉祥将军任陕西督军时,有两个外国人擅自到终南山打猎,打死了两头珍贵的野牛。冯玉祥把他们召到西安质问:

　　"你们到终南山行猎,和谁打过招呼,领到许可证了吗?"

　　"我们打的是无主野牛,用不着通知任何人。"

　　"终南山是陕西的辖地,野牛是中国领土上的东西,怎么会是无主的呢? 你们不经批准私自行猎,就是犯法行为,你们还不知罪吗?"

　　"这次到陕西,贵国外交部发给的护照上,不是准许携带猎枪吗?"

　　"准许你们携带猎枪,就是准许你们行猎吗? 若准许你们携带手枪,难道就可以在中国境内随意杀人吗?"

"我在中国十五年,所到的地方没有不准许外国人在境内打猎的条文。"

"没有不准外国人打猎的条文,不错。但难道有准许外国人打猎的条文吗?你十五年没有遇到官府的禁止,那是他们睡着了。我负有国家、人民交托的护土卫权之责,就非禁止不可。"

在冯将军强有力的驳斥下,两个外国人只好低头认罪。

(二)归谬反驳

这是一种以退为进的反驳技巧,即事先假定对方的论题是正确的,然后依据对方的逻辑,将对方的论点或论据加以推论,推出一个荒谬的结论,从否定这个荒谬的结论到否定对方的论题,使对方的论题不攻自破。通俗地说,就是先"顺着竿子往上爬",然后再"倒打一耙"。如上例中冯玉祥驳斥外国人的时候,外国人以护照上准许携带猎枪为由,声称行猎是得到中国政府批准的,不是私自行猎。冯将军当即反驳道:"准许你们携带猎枪,就是准许你们行猎吗?若准许你们携带手枪,难道就可以在中国境内随意杀人吗?"又如:

俄国著名的文学批评家赫尔岑年轻时,在一次宴会上被轻佻的音乐弄得非常厌烦,便用手使劲捂住耳朵。主人连忙说:"演奏的可是流行音乐呀。"赫尔岑反问道"流行的东西就一定高尚吗?"主人听了很吃惊:"不高尚的东西怎么能够流行呢?"赫尔岑笑了:"那么,流行性感冒也是高尚的了?"

这是归谬反驳的成功运用。构成这种技巧的秘诀就在于条件与结论之间必须是一个充足而必要的关系。有什么条件就必然产生什么结果,结果荒谬,条件也必然是荒谬的,而这个条件正是对方的论点和论据,因而才使这种反驳具有很强的逻辑力量。

(三)类比反驳

类比反驳,就是辩论的一方不直接驳斥对方的论题,而是寻找一个与论题有关的事例,将二者进行比较,推导出对方论题的荒谬。这种反驳方法能言简意赅地击中对方的要害,收到良好的辩论效果。

例如：

　　加拿大切斯特·朗宁在竞选省议员时，因年幼时吃过中国奶妈的奶水而受到政敌的攻击，说他"身上有中国血统"。朗宁反驳道："你是喝牛奶长大的，你身上一定有牛的血统？"对方猝不及防，无言以对，甘拜下风。

又如：

　　30年代，香港茂隆皮箱行生产的皮箱货真价实，生意特别好。英国商人威尔斯很嫉妒，企图敲诈，于是订购3 000只皮箱，讲定一个月后取货，逾期不按质按量交货，赔偿总金额的50%。茂隆皮箱行如期交货，但威尔斯说，订购的是皮箱，但交的皮箱里有木板，不能算皮箱。于是双方对簿公堂。律师冯云锦为皮箱行作了精彩的辩护，他掏出英国出产的金表，指出这个"金表"只是外表镀金，内部零件均未镀金，但英国商人是作为"金表"在全世界出售的。金表只镀了一层金叫金表，那么皮箱只包了一层皮，为什么不能叫皮箱呢？显然，律师利用类比反驳赢得了胜利。威尔斯因诬告，被罚款5 000元。

　　类比反驳，尽管在言语的表层上不显山露水，但在言语的深层，却蕴含着难以置辩的力度，使反驳既含蓄，又有力，在轻松的气氛中战胜对方。
　　类比反驳，是机智和智慧的产物，这就需要辩论者有把握事物间内在联系的基本功。
　　（四）间接反驳
　　论辩中，迫于某种情势，常常会遇到不宜正面出击的难题，《艺文类聚》中载有一则故事：

　　有一次，晋文公吃烤肉，发现烤肉外边缠有一根头发，大怒，指斥厨师失职。厨师面对杀头的危险，连忙认罪："臣罪有三：其一，我

切肉的刀锋利于宝剑干将一般,肉被切断,可是没有切断头发;其二,我用铁锥串起肉来烤,反复翻动,却没有发现头发;其三,肉被烤得赤红,烤熟,可是外边的头发却不焦。"文公听了这番话,猛然醒悟,才免了他一死。事后调查,原来是有人要陷害厨师,把头发缠在烤肉上。

这是一段很巧妙的反驳,巧就巧在用间接反驳达到了反驳的目的。口头上承认有罪,事实证明的却是无罪。使用这种论辩方法,常常可以避其锋芒,把一个纠缠不清的问题辩清楚。这虽然是一种声东击西、歪打正着的手法,但针对性很强,必须与对方构成矛盾命题,非此即彼。其次,要恰当地处理好"顺"与"反"的关系。顺是顺从,满足对方的自尊和"自我实现"的心态;反是反驳、反辩,即顺着对方的话锋,机智地把话题逆转过来。

(五)借言反驳

在辩论中,用对方的观点、方法、推理来反击,叫借言反驳。这种"以敌制敌"的反驳方法,可以使对方陷入难以自拔的境地,其论点不攻自破,这里的"借"决定于论辩者的论辩经验和思辨能力。例如:

苏联著名的诗人马雅可夫斯基在一次演讲时受到一群人的攻击,有人挤上主席台指责他"狂妄",说:"我应当提醒你,马雅可夫斯基,从伟大到可笑,只有一步之差……"马雅可夫斯基用手指了指自己和对方,说:"不错,从伟大到可笑,只有一步之差。"顿时,全场哄堂大笑,挑衅者狼狈不堪。

(六)情态反驳

论辩者的体态、表情、手势等也是构成反驳不可忽视的重要的一方面。这种无声语言运用得好,常常可以起到有声语言不可替代的作用。一丝友好的微笑,自然可以缓解对方的对立情绪;一副鄙夷的神情,反而能煞住对方嚣张的气焰;一个有力的手势,显然会促使对方从中掂出分量;尤其是一个出其不意的举动,给予对方的往

往是一个无可抗拒的反击。

但是,情态反驳切忌粗鲁、蛮横、失态、无礼。

三、防守技巧

(一)李代桃僵

论辩中有时出现这样一种现象,辩题本身过于绝对,如果紧紧扣题去论,往往既难以说服听众,又常常经受不住对方的反驳,此时便可以有意识地引入与己方论点相似的概念与对方周旋,诱使对方花大力气去分析新概念,从而保证己方立论中的某些关键的易被对方反驳的概念不被发现,自己的阵地不被突破。例如:

"艾滋病是医学问题,不是社会问题"这一辩题就是很难辩的。因为艾滋病既是医学问题,又是社会问题,从常识上看,是很难把这两个问题截然分开的。因此,按照我方预先的设想,如果让我方来辩正方的话,我们就会引入"社会影响"这一新概念,从而肯定艾滋病有一定的"社会影响",但不是"社会问题",并严格地确定"社会影响"的含义,这样,对方就很难攻进来。后来,抽到了反方,即"艾滋病是社会问题,不是医学问题",此时,如完全否认艾滋病是医学问题,也会于理太悖,因此,我方辩论中引入了"医学途径"这一概念,强调要用"社会系统工程"的方法去解决艾滋病问题,而在这一过程中,"医学途径"则是必要的部分而已。这样一来,我方的周旋余地就大了,对方得花很大力气纠缠在我方提出的新概念上,其攻击力就弱化了。

李代桃僵的方法有时也被叫作"诡辩",在论辩当中,经常可以见到辩手使用这种手法,它对增强赛场的可观性有良好的作用。李代桃僵的具体技法常表现为:偷换概念、转换论题、模棱两可、虚假前提、预期理由、以偏概全、机械类比、循环论证和强词夺理等。例如:

《人到中年》的作者谌容访问美国,到某大学讲演。热心的听众

提出许多问题,她都做了直率的答复。这时,有人提问:"听说您至今还不是共产党员,请问您个人对中国共产党的感情如何?"谌容敏捷地答道:"你的情报很准确,我确实还不是中国共产党党员,但我的丈夫是老共产党员,而我同他共同生活了几十年尚无离婚的迹象。可见,我同中国共产党的感情有多深。"

在这里,谌容用的实际上就是诡辩,她把"共产党"与"共产党员"两个不同的概念混淆了。从逻辑上讲,无论她与丈夫感情如何,都跟她与共产党的感情关系不大。在当时那种情况,面对这种刁钻的问题,如果直来直去地去雄辩,往往只能陷入"越说越说不清"的窘境,这时运用诡辩才是上乘之策。

前面提到的马雅可夫斯基一事,实际上也运用了诡辩。故意曲解"一步"的含义,把"比喻意"换为距离上的"实指意",取得了最佳的效果。

一说诡辩,人们大都将之看作是个坏字眼。很多口才、论辩方面的书,对诡辩都持"人人喊打"的态度。其实,我们应该重新认识它。诡辩是一种论辩方法,与雄辩是对立的。诡辩与雄辩的最大区别就在于是否严格遵守逻辑规则。雄辩合于逻辑,而诡辩则善于钻逻辑的空子。雄辩说:有理走遍天下,无理寸步难行。而诡辩则说:无理也能走遍天下。正因为此,诡辩的名声很不好。但是,诡辩有其威力。

很多时候,运用雄辩的效果并不理想,就需要诡辩相助。有人说:"如果说辩论是一种不流血的战争的话,那么,诡辩则是这种战争中最具杀伤力的神秘武器。"既然诡辩像刀子、手枪一样,只是工具、武器而已,并无善恶之分,坏人可用它来干坏事,好人也同样可以用它来干好事。道理很浅显,但不少人还是认为诡辩有些"邪味",难登大雅之堂。实际上,就是在重大的政治场合,也可以运用诡辩作为最佳的武器。周总理就曾经巧妙地运用过诡辩。

以前曾讲过,周总理回答西方记者关于"中国人民银行有多少资金"的问题,用的手法,正是诡辩最常用的手法——偷换概念。如这时回答"无可奉告"或是"我不清楚",都显得水平不高。总理抓住

人民币发行的"总额"和人民币面额的"总额"这两个不同概念的相似之处,既拒绝了对资金总额问题的回答,又不失礼节。这里诡辩帮了大忙。这种诡辩,其实就是巧辩。

舌战与兵战相通。兵战既用正道,更重诡道。孙子说:"兵者,诡道也。"在舌战上,诡辩就像兵战中的诡道,是获取成功的大手段。只要我们的目的正确,有时用用诡辩又何妨呢?况且,作为一种论辩方法,诡辩是不会因为对它的批判和声讨而消失的,有辩论存在就有诡辩的存在。如果我们不学诡辩,不掌握诡辩之术,而让坏人掌握了,那么在与坏人的交锋中不就要吃大亏了吗?

(二)以守为攻

防守是进攻的特殊形式,只有巩固了己方阵地,才可能有效地反击对方。以守为攻是辩论中常用的技巧。例如:

1993 年,国际大专辩论赛,复旦大学队与台湾大学队在决赛的自由辩论中,有这样一个回合的较量。

台大队:我倒想请问对方同学,如果人性本恶,是谁第一个教导人要行善的呢?这第一个人到底为什么会自我觉醒?

复旦队:我方二辩早就解释过了,我想第四次请问对方辩友,善花是如何结出恶果的?

在此之前,正方和反方各提了两次相同的问题,双方都没有清楚地解释,面对台大队的再一次轰炸,复旦队的战术是抛出台大队同样不能解决的问题来质问对方,通过毫不退却的进攻,扭转弱势局面,从而维护己方的观点。

(三)机变应错

有时辩论中可能失言,失言是论辩中的致命伤。失言后要尽量克服手足无措的紧张感,并能迅速地通过巧妙的语言形式挽回失言。补救方法有三种:

(1)移植,即把错误移到别人头上。比如说:"你难道会认为这是我的看法吗?下面我正要批驳这种说法。"

(2)补说,即进一步引申、补充自己不恰当的话,使之变为正确。

比如说:"请你耐心等一下,我的话还没有说完呢,我刚才的话应作如下补充……"

(3)将错就错。在讲错话之后,自己意识到了,或对方已指出来了,这时干脆将错就错,巧妙地改变错话的含义,将错的东西转化为正确的东西来论证。例如:

> 正方:请问对方辩友,"三纲五常"的"三纲"是指什么?
>
> 反方:臣为君纲,子为父纲,妻为夫纲。
>
> 正方:连"三纲五常"都说错了,怪不得说起话来语无伦次呢。
>
> 反方:笑什么,我说的是新的"三纲五常"。
>
> 正方:真是滑稽,竟然有什么新的"三纲五常"?
>
> 反方:当然,对方辩友不要少见多怪。现在中国人民当家做主,是主人,而领导不管官位多高,都是人民的公仆。岂不是臣为君纲?中国实行计划生育,一对夫妇只生一个孩子,这孩子成了家里的小皇帝,岂不是子为父纲?现在许多家庭中,妻子的权利往往超过丈夫,"妻管严""模范丈夫"比比皆是,岂不是妻为夫纲?

辩论中有时对方提出一些事先没有准备的问题,可机变灵活。常见的技巧有三种:一是做一些动作,如整理衣帽或寻找某个东西利用时间思考如何回答;二是故意提出一些问题,可以尽量延长时间考虑如何回答;三是假装没听清楚,请对方再叙述一遍。

(四)幽默用语

赛场辩论在棋逢对手时常难立决谁胜谁负。而在赛场上最终获胜者的评判是听众和评委。压倒对手,征服听众和评委常用幽默之法。自然、恰当、行云流水般的幽默用语常能起到意想不到的效果。例如:

对"人性本善"这一论题的论辩。

赛前,正方为拉一部分观众,在试音时提出给大家唱一首香港歌星张学友的《吻别》,反方在论辩时便幽了一默:我们多次问对方,善花里如何结出恶果,对方说要浇水,要施肥呀。那我就

不懂了,大家都承蒙这个阳光雨露的话,为何有那么多的罪行横遍这个世界呢?难道这个水、那个肥还情有独钟吗?为何要跟恶的人做一个潇洒的"吻别"呢?此语一出,全场雷动,现场效果相当好。

一般地说,论辩中的幽默用语通常可从地名、人名、歌名、掌故、社会历史、人文景观、时事政治、风土人情和谐音双关等中信手拈来。

第三节　论辩赛赛制模式介绍

一、新加坡模式

这种模式因中国中央电视台与新加坡广播电视局联合举行每年一度的国际华语大专辩论赛而声名显赫。这种辩论的组织机构一般为主席(主持人)、评判团(人数为 7 人或 9 人以便于投票表决)。整个比赛按顺序可分为三块:一是主席简单介绍评判团及参赛队的基本情况,二是参赛队辩论,三是评判团评判。比赛采取循环制确定半决赛和决赛的代表队。参赛队每队由 4 人组成。辩论过程分为三个阶段,即陈词、自由论辩、总结。陈词首先从正方一辩开始,反方一辩接对并且陈述自己的观点,然后是正方二辩、反方二辩,正方三辩,反方三辩交叉进行,每人限时 3 分钟。每队共 9 分钟的陈词时间。在这一过程中要求除正方一辩外,其他辩手要先接对再陈述,双方四辩不发言。四位辩手的辩位分工一般是:一辩重逻辑分析、二辩重理论阐述、三辩重事实列举、四辩重价值分析。自由论辩双方各自有 4—5 分钟的时间(具体时间由组委会决定),正方必须先发言,参辩队员均应发言。这一阶段一般以反驳为主,是新加坡模式最精彩的部分。总结阶段共 8 分钟,双方各 4 分钟。总结由四辩单人负责,反方四辩先发言。

新加坡模式的主要特点是通过 4 人的分工与合作,便于建立系

统的、完整的理论体系,论辩过程立论和驳论相结合,论证方法和反驳方式丰富多彩,再加上各辩手风格各异,具有较强的吸引力。同时,队式论辩,形成阵势,气氛浓厚,场面热烈,可视可听性强。最后评判团的评判,对提高观众的欣赏水平有一定的帮助。例如,首届国际华语大专辩论赛决赛辩词:

辩题:人性本善

正方:台湾大学队:人性本善

反方:复旦大学队:人性本恶

主席:黎学平

时间:1993 年 8 月 29 日下午

主席:观众朋友,欢迎光临 1993 年国际大专辩论会大决赛。这个国际大专辩论会是由新加坡广播电视局和中国中央电视台联合举办的。过去的一个星期,辩论会的 8 支队伍经过四场初赛,两场半决赛之后,其中的六支队伍淘汰了。今天进入大决赛的两支队伍可说是辩论经验丰富的精英,他们肯定会在今天的比赛中大展辩才,给大家带来场"劲"的(比赛),让大家大饱耳福。今天我们非常荣幸地邀请到新加坡副总理李显龙准将出席我们的大决赛(掌声)。国际大专辩论会的冠军队将获得一万元的现金奖,亚军队可获得 5 000元。另外,我们也将在过去几场和今天的辩论群英会中选出一位最佳辩论员,他可以获得 2 000 元的现金奖励。现在向您介绍参加今天大决赛的两支队伍——台湾大学和复旦大学。在我右手边的是正方台湾大学的代表,第一位是吴淑燕,政治系二年级;第二位是蔡仲达,会计系二年级;第三位是许金龙,政治系二年级;第四位是王信国,哲学系二年级(掌声)。在我左手边的是反方复旦大学的代表:第一位是姜丰,中文系中国语言文学研究生二年级;第二位是季翔,法律系二年级;第三位是严嘉,法律系四年级;第四位是蒋昌建,国际政治系硕士班三年级(掌声)。

今天我们的评判团阵容也特别强大。五人评判团是由本地和海外专业人士组成的。他们是:郭振羽教授,他是南洋理工大学传播学院院长(掌声);第二位是吴德耀教授,他是前东亚哲学研究所

所长(掌声);第三位是查良镛先生,他是香港《明报》创办人,也是著名武侠小说家,笔名金庸(掌声);第四位是杜维明教授,他是美国哈佛大学东方语言及文明学系教授(掌声);第五位是许廷芳律师,他是新加坡广播局董事(掌声)。

今晚的辩题是人性本善,反方的立场是人性本恶。双方的立场是由抽签决定的。现在我宣布1993年国际大专辩论会大决赛正式开始。首先将由正方一辩吴淑燕同学表明立场,时间为三分钟(掌声)。

吴淑燕:大家好!哲学家康德主张,人不分聪明才智、贫富美丑都具有理性。孟子认为人性本善,所以进一步又加了一句,每个人都有恻隐之心。而佛家说,一心迷是真身,一心觉则是佛。正因为人性本善,所以人随时随地都可以放下屠刀、立地成佛。我方主张人性本善,就是主张人性的根源点是善的,有善端才会有善行。我方不否认在人类社会中存在有恶行,但是恶行的产生则是由外在环境所造成,所以恶是结果而不是原因。如果硬要说恶是因不是果,也就是说人性本恶,那么人世间根本不能产生真正的道德。虽然英国哲学家霍布斯极力主张在人性本恶的前提下人类可以形成道德。但是想想看,如果人性本恶,人类一切道德规范都是作为人类最大的利己手段。当道德成为手段时,道德还是道德吗?也就是说,人一旦违犯道德而不会受到处罚,人就不会遵守道德的约束了。深夜两点我走在道路上看到红灯,如果人性本恶我就会闯过去,因为不过是为了个人方便。但事实上并不是如此,仍然有许多人遵守交通规则。而根据人性本恶的前提假设,霍布斯认为,必须有一个绝对的、无所不在的权威监督每个人履行道德规约。如果人性本恶,没有一个人会心甘情愿地遵守道德规约,但是事实证明:人还是有善行、人还是有道德、还是有利他的行为。如果人性本恶,(时间警示)那么我们只有两种选择:第一个是活在一个"老大哥"无时无刻不监督我们的世界当中;第二个是我们人类社会将是彼此不再相信。如果这样的话,我就会看到一个老太太跌倒了有人把她扶起来,人们则说她居心不良;而我们在辩论会中建立起来的友谊都是虚假的装腔作势。但是我们会发现,在人类历史社会当中,没有一个绝对权

威的君主曾经产生过,但是舍己为人的事情在不断地发生。而在生活当中,为善不为人知的生徒小民更是比比皆是。泰丽莎修女的善行,大乘佛教中所说的"众生永远不得渡,则已终身不作佛"的慈悲宏愿,难道不正是人性本善的最佳印证吗?(时间到)谢谢!(掌声)。

主席:谢谢吴淑燕同学,接下来请反方第一位代表姜丰同学表明立场和发言,时间也是三分钟(掌声)。

姜丰:谢谢主席,大家好!我先要指出一点的是,康德并不是一个性善论者。康德也说过这样一句话:"恶折磨我们的人,时而是因为人的本性,时而是因为人的残忍的自私性。"对方不要断章取义。另外对方所讲到的种种善行,那完全是后天的,又怎么能够说明我们命题当中的"本"呢?神话归神话,现实归现实。对方同学请你们摘下玫瑰色的眼镜看看这个现实的世界,就在你陈词的这三分钟当中,这个世界又发生了多少战争、暴力、抢劫、强奸。如果人性真是善的话,那么这些罪恶行为到底从何而来呢?对方为什么在他们的陈词当中,自始至终对这个问题避而不答呢?我方立场是:人性本恶。

第一,人性是由社会属性和自然属性组成的,自然属性指的就是无节制的本能和欲望,这是人的天性,是与生俱来的;而社会属性则是通过社会生活、社会教化所获得的,它是后天属性。我们说人性本恶当然指的是人性本来的、先天的就是恶的。

第二,提到善恶,正如1 000个观点会有1 000个"哈姆雷特",1 000个人心目中也许会有1 000个善恶标准。但是,归根到底恶指的就是本能和欲望的无节制地扩张,而善则是对本能的合理节制。我们说人性本恶正是基于人的自然倾向的无限扩张的趋势。那个曹操不是说过:"宁可我负天下人,不可天下人负我"吗?那个路易十五不是也说过:"在我死后哪怕洪水滔天。"还有一个英国男孩,他为了得到一辆自行车竟然卖掉自己三岁的妹妹。这些对方还能说人性本善吗?

第三,虽然人性本恶,但是我们这个世界并没有在人欲横流中毁灭掉,这是因为人有理性。(时间警示)人性可以通过后天教化加

以改造。当人的自然倾向无限向外扩张的时候，如果社会属性按照同一方面推波助澜，那么人性就会更加堕落；相反，如果我们整个社会倡导扬善避恶，那么人性就有可能向善的方向发展，这一点也不正说明了儒家思想所倡导的修齐、治平、内圣、外王是何等重要的吗！对方辩友，如果真的是人性本善的话，那么孔老夫子何必还诲人不倦呢？

今天，对方辩友所犯的错误就在于以理想代替现实，以价值评判代替了事实评判。从感情上讲我们同所有善良的人一样也是希望人性是善的。但是历史、现实和理性都告诉我们，人性是恶的！这是一个事实，我们只有正视这个事实，才有可能扬善避恶。（时间到）谢谢各位！（掌声）

主席：谢谢姜丰同学，接下来我们听听正方第二位代表蔡仲达同学的发言，时间三分钟。（掌声）

蔡仲达：大家好！刚才对方同学谈得很多，我们就一一来检视到底善是本还是恶是本？到底善是表象还是恶是表象？我们先举一个例子来说吧。如果我们今天要吃西瓜，是不是先要种西瓜种子呢？如果我们种红豆、绿豆，长得出西瓜吗！所以人世间为什么这么多善行呢，当然是在人的本性中就有着善的种子嘛。那人世中为什么有恶的表象呢？很简单嘛，我们都知道我们种西瓜只要丢西瓜种子就好了吗？我们还要施肥，还要浇水啊，而且一不小心，万一再下了十几天的大雨，那么西瓜不仅长不好，而且还会烂掉。所以同样的嘛，我们在人类充满污染的环境中，我们承认有些人虽然有善根，但是呢他长不出善果。他长得不好，但是这并不是说他的人性中没有善的种子啊！所以我们发现很多犯罪人到最后都良心发现。我们说他是良心未泯，那么想想看，如果人的良心自始就不存在于人的本性中的话，那么我们怎样去解释人有后悔的行为呢？大家不都曾经后悔过吗？

好的，对方同学又指出了另外一点，说人的恶是因为人有欲望，人有这样的本质，那我就不懂了，为什么欲望一定带来恶呢？我今天喜欢一个女生，这个女生也喜欢我，我们都想跟对方结婚，我们组成美好家庭，这是恶吗？（笑声、掌声）再说吧，人有本能，人肚子饿

了就想吃饭,那人跟狮子不就是一样了吗?对方同学您如何解释呢?另外我们再想一想吧,对方同学说人的本性可以教育,所以恶的本性可以教育成善,我们就来想一想,为什么人的本性可以被教育成善呢?我们说小鸟会飞,它只要学了飞就可以飞,为什么我们人怎么教,我们都不会自己飞呢?因为我们本性中没有飞的本性嘛。(时间警示)那么人为什么被教成行善呢?就是因为我们相信人的本性中有善性嘛。如果说人的本性是恶的而能够教成善的,那我们就觉得很奇怪了。如果人的本性没有善性为什么我们一学就知道什么是善,一教就知道怎么行善,而教怎么飞再怎么教你都不会呢?就算如果本性是恶,那到底谁来教我们,是本恶的人来教我们本恶的人吗?他们为什么要教我们呢?他们到底有什么动机,我们能够信任他吗?他们教育我们行善,孔夫子要教育我们行善,他们背后是不是有一个更大的恶的动机呢?(笑声、掌声)我们觉得很奇怪,对不对?比如说吧,一个老人跌倒了,我们把他扶起来;我们来新加坡,交这么多朋友,以辩会友,我们情意真挚;我们看到非洲饥民,人人心中都有孤拯、悲哀、悯天地不悯的心情,如果说扶老人就是沽名钓誉;交朋友这是虚伪矫情……(时间到)谢谢!(掌声)

主席:谢谢蔡仲达同学。接下来我们听听反方第二位代表季翔同学怎么反驳,时间三分钟(掌声)。

季翔:谢谢主席,各位好!对方辩友我倒真想请问你这样一个问题,既然社会是由人构成的,对方却认为社会环境中的恶和人之恶没有关系,那请问:外界环境中的恶是从哪里来的呢?你的善又是怎样导出恶的呢?我方从来不认为本能和欲望就是恶,本能和欲望的无节制地扩展才是恶(掌声)。对方辩友,孔子早就告诉过我们:"道听途说,德之弃也。"我方认为,人性本恶主要基于如下理由。

第一,人性本恶是古往今来人类理性认识的结晶。早在2 000年前,所谓人类文明的轴心时代,荀子的性恶论与犹太教的原罪说便遥相呼应。而到近代,从马基雅维里到弗洛伊德,无一不主张人性本恶,这难道仅是历史的巧合吗?不!伟大的哲学家黑格尔一语道破天机,"人们以为当他们说人性本善时是说出了一种伟大的思想,但他们忘记了。当他们说人性本恶时,他们是说出了一种伟大

的多的思想。"(掌声)令人遗憾的是,对方辩友面对这样的真知灼见,至今未能幡然醒悟,这不由得使我想起乔西·比林斯的那句话:"真理尽管稀少,却总是供过于求。"(掌声)

第二,人性本恶是日常生活一再向我们显示的道理。从李尔王的不孝女儿们到《联合早报》上拳击妻子脸部的丈夫们,从倒卖血浆的联合国维和部队到杀人不眨眼的拉美毒枭,恶人恶事真可谓横贯古今,不胜枚举。对方辩友,难道你还要对着《天龙八部》中恶贯满盈、无恶不作、凶神恶煞、穷凶极恶的四大恶人谈什么人性本善吗?(掌声、笑声)

第三,尽管我们承认人性本恶,(时间警示)但并不意味着人类前途一片黑暗,人之所以成为宇宙之精华、万物之灵长,并不因为他白璧无瑕,完美无缺,而在于能有认识自己的勇气,承认人性本恶;人有判断是非的理性,能够扬善弃恶。为了矫治本恶的人性,人们不仅制定法律以平息暴力,规范道德以减少争斗,设立政府以处罚叛逆,而且倡导坚贞以反对意乱行迷,编写童话去诅咒忘恩负义。(掌声)真可谓苦心孤诣、殚精竭虑。而对方辩友却坚持人性本善,言下之意人类所有的道德教化都是多此一举了!心痛之余我不禁请问对方辩友,如果人性本善,那么我们要道德法律、交通规则干什么呢?如果人性本善的话,个人修养、社会教化还有存在的必要吗?(时间到)谢谢!(长时间掌声)

主席:谢谢季翔同学,接下来我们请正方第三位代表许金龙同学发言,时间三分钟。(掌声)

许金龙:孔老夫子孜孜不倦,因为他是个勤于灌溉善根的人。对方辩友,大家好!我想请问对方辩友,今天提出了这么多,如果说人性真的是本恶的,我请问下面几个问题:如果说呀,驯兽师可以改变狮子的本性的话,那么我们想想看,我们可以教狮子敬礼,也可以教狮子行善吗?我再想请问对方辩友,如果说今天是人性本恶的话,对方辩友说的种种教育,可能实行吗?谁会信任谁,由哪一个性善的人来教,还是性恶的人来教呢?如果说性恶的人来教的话,那谁会服谁呢?他教的凭什么就是善的呢?今天对方辩友最根本的关键的矛盾错误就在于说,他相信人性本恶,但本恶的人会摒弃恶

的价值吗？本恶的人会喜欢恶吧,讨厌的是什么呢？讨厌的是某一个人加在他身上的恶行。所以说,本恶的人应当是非常快乐地去行恶才对,他最讨厌、难过的是别人的恶加在他身上才对。所以说,今天对方辩友在这样的错误矛盾之下,怎么能告诉我们说,人性本恶的,但人又会摒弃恶的价值呢？既然人性本恶,人就会欢欢喜喜地接受恶的价值。接下来我们再来看对方辩友今天说的什么？对方辩友,今天说啊,人性有两层:一种是自然属性,是天性;再一种是社会属性,那种是后天的。自然属性就是说人的天性就跟动物一样,有欲望的本能。对了,对方辩友说得好,自然属性,人就只有自然属性,本能的欲望而已吗？那人跟动物有什么差别呢？跟狮子老虎又有什么差别呢？对方辩友,请您待会儿要解释给大家听。(笑声)那么再说到人的社会属性,我就不懂了,人的社会属性,为什么就是后天的,不是本性？人的社会属性就是说人可以被教,人有善根,人有善端,那这不就是人的本性了？对方辩友,如果说今天本性可以移来移去,从恶换到善,从善换到恶,那我想请问,本来的性到底是什么？(鼓掌)如果对方辩友说今天坚信,历史演进过程当中都是往恶的方向移动的话,我方今天没有话说。今天就在于说,整个历史过程都是往善移动,所以我们相信,对方辩友也相信,该往善的方向移动,可是谁会相信,社会该往善的方向去移动呢？是那些本恶的人吗？如果说对方辩友真的坚信本恶的话,那我就要称赞对方辩友一句:你是泯灭天性,没有天良的人了!(笑声、掌声)因为那就是您顺性而为,顺乎自然,应乎天理,顺乎人心了吗？所以,我们再来想想看,如果说我们建立起来一个本恶的世界的话,我们的社会会是怎么样？相信我,我们在这里谈,不是谈输赢,是谈真理。如果说人性本恶,我们彼此无法信任。你坐在那里,我坐在这里,我们彼此有什么样的语言可以进行沟通。因为你会怀疑我,我会猜忌你,如果没有本,如果没有善良的端行,没有善良种子,我们怎么在这里进行流畅的沟通呢？在这里,我方一再强调的是说,对方辩友,如果今天(时间到)相信人性本恶的话,就不会有我们这群和善的人群了。(掌声)

主席:接下来我们听听反方第三位代表严嘉同学怎么反驳,时

间三分钟。(掌声)

严嘉：谢谢主席，各位好！对方一辩说，有的人是"放下屠刀，立地成佛"的，这不错，但我请问，如果人都是本善的话，谁会拿起屠刀呢？(掌声)第二，对方二辩说，人一教一学就能够会善，那我们看到好多人他们做恶事的时候，是不要教，不要学，就会去做的。(笑声、掌声)我们再看到，对方辩友认为恶都是外因，但我请问，如果鸡蛋没有缝的话，苍蝇会去叮它吗？所以，还是它有内因在起作用的。至于说到善端是从哪儿来的？我告诉对方辩友，如果人人皆自私的话，那么人人都不能自私。因此，制约、权衡中产生节制，这就是最早的善源。至于后天的教化，它自然而然形成了。对方辩友不要对历史事实视而不见。好，下面我从现实和历史的层面进一步阐述我方观点。

第一，人类在诞生之初，就已经把本恶的人性充分地显示出来。人类学研究表明，周口店猿人就已经懂得用火来把同类的头骨烤着吃，这种生猛烧烤，是何等凶残啊！而《人类的起源》一书中告诉我们，当一个土人的小孩不小心把一筐海胆掉进海里的时候，土人竟把他活活地摔死在石崖上。面对着原始人这种凶残的天性，对方辩友，难道还告诉我们，人性本善吗？

第二，正是由于人性本恶的存在，所以，在人类社会沧海桑田的演进过程之中，教化才显得尤其重要，而且也相当艰巨。"十年树木，百年树人"，我方从来不否认，通过后天的教化和修养，人是可以对他的人性加以改变，甚至形成伟大人格的。但是，正因为有本恶的人性存在，所以，我们要知道，学好三年，学坏三天，(时间警示)"病来如山倒，病去如抽丝"呀！请大家想一想，看暴力片、色情片，是从来没有什么公开的倡导和鼓励的，但为什么总有那么多人要趋之若鹜呢？(笑声、掌声)

第三，认识到人性本恶，其实并不是人类的羞耻。真正应该反省的，是面对着真理，却不敢去正视它。其实，人类社会演进的过程，从某种意义上也就是人的尊严这种虚假的虚荣被不断剥去的过程。我们看到在神学灵光笼罩之下，人类曾经是相当的夜郎自大。但是，哥白尼的日心说，抹去了人在宇宙中的中心地位；达尔文的进

化论揭示人与动物之间必然的内在联系;而弗洛伊德则披露了在理性的冰山尖之下,人的巨大的本能的冲动与欲望。今天,我们也只有真正地认识到人性本恶这一基础,(时间到)才能做到抑恶扬善。谢谢!(掌声)

主席:谢谢严嘉同学,听过双方代表对善恶的陈词。现在是他们大展辩才的时候。在自由辩论开始之前先提醒双方代表,你们每队各有四分钟发言时间,正方同学必须先发言。好,现在自由辩论开始!(掌声)

王信国:我想首先请问对方辩友,既然人性本恶,世界上为什么会有善行的发生?

蒋昌建:我方一辩已经解释了。我倒想请问对方辩友,在评选模范丈夫时,你能告诉我,这个模范丈夫本性是好的,就是经不起美色的诱惑吧?(笑声、掌声)

许金龙:对方辩友,他要有人勤加于灌溉,我想请问对方辩友,请您正面回答我,您喜不喜欢杀人放火?(笑声)

季翔:我当然不喜欢,因为我受过了教化。但我并不以我的人性本恶为耻辱。我想请问对方,你们的善花是如何结出恶果的?(掌声)

吴淑燕:我想先请问对方同学,您的教育能够使您一辈子不流露本性吗?如果您不小心流露本性,那我们大家可要遭殃了。

严嘉:所以我要不断地注意修身自己呀!曾子为什么说:"吾日三省吾身"呢?所以,我再次想请问对方辩友,你们说内因没有的话,那恶花为什么会从善果里产生呢?

王信国:我来告诉大家为什么会有,这是因为教育跟环境的影响!我请对方辩友直接回答我们问题嘛,到底人世间为什么会有善行的发生,请你告诉大家。

姜丰:我方明明回答过了,为什么对方辩友就是对此听而不闻呢?到底是没听见,还是没听懂啊?(笑声、掌声)

许金龙:你有本事再说一遍,为什么我们听了,从来没有听懂过呢?我想请问对方辩友,您说荀子说性恶,但是所有的学者都知道荀子是无善无恶说。

蒋昌建:我第三次请问对方辩友,善花如何开出恶果呢? 第一个所谓恶的老师从哪来呢?

吴淑燕:我倒想请问对方同学了,如果人性本恶,是谁第一个教导人性要本善的? 这第一个到底为什么会自我觉醒?

季翔:我方三辩早就解释过了,我想第四次请问对方辩友,善花是如何结出恶果的?

王信国:我再说一次,善花为什么结出恶果,有善端,但是因为后天的环境跟教育的影响,使他做出恶行。对方辩友应该听清楚了吧? 我再想请问对方辩友,今天泰丽莎修女的行为,世界上盛行好的行为,为什么她会做出善行呢?

季翔:如果恶都是由外部环境造成的,那外部环境中的恶又是从何而来的呢?

蔡仲达:对方辩友,请你们不要回避问题,台湾的正严法师救济安徽的大水,按你们的推论不就是泯灭人性吗?

严嘉:但是对方要注意到,8月28号《联合早报》也告诉我们这两天新加坡游客要当心,因为台湾出现了千面迷魂这种大盗。(笑声、掌声)

许金龙:我们就很担心人性本恶如果成立的话,那样不过是顺性而为,有什么需要惩罚的呢?

蒋昌建:对方终于模糊了,我倒想请问,你们开来开去善花如何开出恶果,第五次了啊! (笑声、掌声)

吴淑燕:我方已经说过了,是因为外在环境的限制,我倒想请问对方同学了,对方同学告诉我们,人有欲望就是本恶,那么对方同学想不想赢这场比赛呢? 如果想的话,您可真是恶啊! (笑声、掌声)

姜丰:对方辩友口口声声说,因为没有善端就没有善。我们要问的是,都是善的话,那第一个恶人从哪里来? 又哪里有你们所说的那种环境呢?

许金龙:环境天险,天险狡恶。对方辩友,您没有听说过吗? 环境会让人去行恶的。

严嘉:对方似乎认为有了外部恶的环境,人就会变恶。请问在南极,在一种非常艰难的沙漠之中,人就会变坏了吗?

王信国：我方没有这样说，对方又在第二次栽赃，我是要告诉大家，是说人有善端，你在哪个环境，好的环境会变好，坏的环境会变坏。

季翔：如果都如对方所说的那样，人性本善，都是阳光普照，雨水充足，那还要培育它干什么呢？让它自生自灭好了。（笑声、掌声）

许金龙：照对方辩友那样说的话，人性本恶，我们要教育干什么？因为"师傅领进门，修行在个人"，这句话早就不成立，应该是"师傅领进门，教鞭跟你一辈子"。（笑声、掌声）

严嘉：按照对方辩友的这种逻辑，那么教化应该是非常容易的，每个人都是"心有灵犀不点通"了？（笑声、掌声）

王信国：我倒想请问对方辩友，在人性本恶之下，我们为什么要法律，为什么要惩治的制度呢？

姜丰：对呀，这不正好论证了我方观点嘛！（笑声、掌声）如果人性都是善的还要法律和规范干什么？（掌声）

蔡仲达：犯错、犯罪都是人性本恶，就符合您本恶的立场了吗？那么犯罪干吗要处罚他呢？

蒋昌建：我还没听清楚，你们论述人性是本善的，是在进化论原始社会的本，还是人一生下来的本，请回答！

许金龙：我方早就说过的嘛！孟子说良心啊，你有没有恻隐之心，你有没有不安不忍之心，这就是良心嘛！你怎么听不清楚了呢？（笑声、掌声）

蒋昌建：如果人生来就是善的话，那我想那个"宝贝"纸尿布怎么那么畅销啊？（笑声、掌声）

吴淑燕：我想请问对方同学，再次请问你，如果人性本恶的话，到底是谁第一个去教导人要行善的呢？

季翔：我方已经不想再次回答同样一个问题了！我倒想请问：孟子说过"形色，天性也"嘛？请问什么叫天性呀？

许金龙：您讲得吞吞吐吐，我实在听不懂。对方辩友，请您回答我们荀子说的是性恶说，还是性无善无恶。

严嘉：这点都搞不清楚，还来辩论性善性恶？（笑声、掌声）我想

请问,孔子说:"七十而从心所欲,不逾矩",像这样的圣人都要修炼到古稀之年,何况我们凡夫俗子呢? (掌声)

王信国:对方辩友,所有的问题都不告诉我们答案。我想请问对方辩友的是,康德的主张到底有没有道德?

姜丰:不是我们不告诉对方,是我们一再地告诉,你们都不懂。(笑声、掌声)

许金龙:对方辩友这句话回答的什么,我们实在没有听出来。不过我想告诉对方辩友解决一下性恶的问题吧! 荀子说:"无为则性不能自美。"说性像泥巴一样,它塑成砖就成砖,塑成房子就成房子,这是无恶无善说啊! 对方辩友。

蒋昌建:荀子也说:后天的所谓善是在"注错习之所积耳",什么叫"注错习之所积耳"呀? 请回答。

许金龙:荀子说错了! 荀子说他看到什么是恶的,还是说没有看到善,你就说是恶的。没有看到善是不善,不是恶,对方辩友。

蒋昌建:你说荀子说错了就说错了吗? 那要那么多儒学家干什么? (笑声、掌声)

许金龙:儒学就是来研究荀子到底是说了性恶还是性善嘛!

季翔:荀子明白地告诉我们:"人性恶,其善者伪也。"(掌声)

蔡仲达:对方同学,如果说,荀子说恶就是恶的话,那我们今天还要辩什么呢?

严嘉:对方辩友不要一再地引语录了,我们看事实吧! 历史上那么多林林总总的真龙天子们,他们有几个不是后宫嫔妃三千,但为什么自己消费不了,却还要囤积居奇,到最后暴殄天物呢? (笑声、掌声)

王信国:那也想请对方辩友看看历史上展示的仁人志士的善行,对方辩友如何来解释呢?

姜丰:没有规矩不成方圆,到底何为善? 何为恶?

吴淑燕:要谈现实,就来谈现实吧! 如果人性本恶,我和对方同学订立契约,对方可千万不能相信阿,因为我可能会占你便宜呀! (笑声)

蒋昌建:对方说,有人的话那就是人性善的,拳击场上没有恻隐

之心,没有慈让之心,那些观众,那些拳击者就不是人了?请回答。

许金龙:拳击场上是比竞技,有竞赛规则,又不是拿刀子来互相砍杀,对方辩友。(笑声)我们看看伊索比亚的难民,谁不会掉泪,谁不会动心忍性呢?

季翔:那当然会动心忍性了,因为人都受过教化了嘛。

许金龙:对方辩友,如果人都受过教化的话,但本在哪里呢?本为什么移来移去,可以从善变到恶,从恶变到善,本在哪里?

严嘉:佛祖释迦牟尼可算是至德至善之人了吧,但他在释伽族作王子的时候,不也曾六根不清静过吗?

王信国:所以他最后变好了,为什么?因为他的本心,他的根源是善的。(掌声)

姜丰:如果我们光说本的话,我们只要说人性恶就行了,你们论证本了吗?

许金龙:我们当然论证本了,良心就是本哪!对方辩友,您才没有论证本呢!您说的那是跟动物一样啊!(掌声)

蒋昌建:那我就不知道了,哪个人过马路的时候,是捧着这个良心过去的吗?我倒听说过孤胆英雄,却没有听说过"孤心英雄"啊!(笑声、掌声)

许金龙:人过马路当然是捧着良心过去的。而且,看到老弱病残的时候,我们还要扶他一下。对方辩友,人是带着良心过去的。

严嘉:为什么我们要进行交通法则教育呢?这不是后天让他向善吗?

王信国:因为有人要变坏,所以要纠正他,纠正他是因为他会变好。

季翔:对方始终没有告诉我们,既然人性都是本善的,怎么会有人变坏呢?

吴淑燕:请对方同学正面回答如何利用教育来把人性恶改过去?

姜丰:我方早已回答,倒是请对方正面回答,按照种瓜得瓜的逻辑……(时间到)

主席:对不起……

许金龙：对方辩友，从来没有回答过问题，就说回答过。我们来看看对方辩友，对方辩友一辩说人是理性的动物，那么如果说这个社会上人有一个滞胀的，那人就不理性了。（掌声）

主席：经过了精彩激烈的自由辩论之后，我们的节目到这里暂时告一个段落，广告过后我们再见。

主席：欢迎各位回到辩论会现场，现在我们请反方第四位代表蒋昌建同学总结陈词，时间四分钟。（掌声）

蒋昌建：谢谢各位，一个严肃的辩论场需要一个严肃的概念。对方多次问我们人性怎么样？人性怎么样？始终没有问我们人性本怎么样？我想请问对方，人性是什么和人性本是什么是同样的一个概念吗？你们如果连这个概念都没有根本建立基础的话，那你们的立论从何而来呢？我们多次问对方的善花里面如何结出恶果，对方说要浇水，要施肥呀。那我就不懂了，大家都承蒙这个阳光雨露的话，为何有那么多罪行横遍这个世界呢？难道这个水，那个肥还情有独钟吗？为何要跟恶的人作一个潇洒的"吻别"呢？（笑声、掌声）

今天我们本着对真理的追求来同对方一起探讨这个千年探讨不完的话题。无论是从性善论的孟子，还是性恶论的荀子，又有哪一家哪一派不要我们抑恶扬善呢？抑恶扬善是我方今天确立立场的一个根本出发点。下面我再一次总结我方的观点。

第一，只有认识人性本恶，才能正视历史和现实。回顾历史的时候，我的内心总感到痛苦而颤抖。从希波战争到十字军东征，从希特勒的奥斯维辛集中营到日寇在华北的细菌试验场，真可谓是"色情与贪婪齐飞，野心与暴力一色"。以往的人类历史，可以说是交织着满足人类无限贪欲而展开的狼烟与铁血啊！可见，本恶的人性如果不加以控制的话，将会给这个世界带来什么呢？

第二，只有认识人性本恶，才能重视道德、法律教化的作用，才能重视人类文明引导的结果，培养健全而又向上的人格。在历史的坎坷当中，人类并没有自取灭亡。尤其是在面对彬彬有礼、亲切友善的新加坡朋友面前，我们更有理由相信，人类明天会更好，这其中我们要感谢新加坡孜孜不倦地建立起他们优良的社会教化系统。

人类文明是在人类智慧之光照耀下不断茁壮成长的。饮水思源，借此我们要感谢那些在人类教化路途中洒进他们汗水的这些中西先哲们。正因为从他们的理论智慧当中，从他们的身体力行当中，人们才有可能从外在的强制走上理性的自约，自约人的本性的恶，从而培养一个健全而又向善的人格。可见，人性本恶，并不意味着人终身成为恶，只要通过社会的教化系统就可以弃恶扬善，化性起伪啊！

第三，只有认识人性本恶，才能调动一切社会教化的手段来扬善避恶。光阴荏苒，逝者如斯，在物质和科学技术突飞猛进的同时，人类的精神家园可谓是花果飘零。在这个时候，我们要警惕，人性本恶这个基本的命题。可喜的是，在东方的大地上，我们说传统文化的发扬光大，已经从一阳来复开始走向了新的春天。我们也相信，通过传统文化的精华，必将使人类从无节制的欲望中合理地扼制并加以引导，从他律走向自律，从执法走向立法。人类才可能挽狂澜于既倒，扶大厦于将倾。"黑夜给了我黑色的眼睛，而我却要用它来寻找光明！"谢谢各位！（掌声）

主席：谢谢蒋昌建同学，最后我们请正方第四位代表王信国同学总结陈词，时间也是四分钟。（掌声）

王信国：大家好！让我们先回到对方所建构的一个恶的世界来看这个世界里边到底发生了什么事情。对方辩友告诉我们人性本恶，首先就犯了三大错误。

第一大错误就是从经验事实的法则里面归纳出来的错误。对方辩友举出了人世间很多的恶事，告诉我们因此人性本恶，这是错的！为什么呢？对方辩友的立论告诉我们欲望，人是有欲望而来的。但是我们想，我方已经论证过了，欲望有好有坏，今天我喜欢你，我想要跟你结婚，这是一个不好的欲望吗？所以最终我们知道了，今天对方辩友是看到人世间的恶行，某些恶行，然后告诉我们说人性本恶。那为什么对方辩友忽略了经验事实上面呈现的善行呢？人世间的很多善行，你一定听过了，有人跌在地上你把他扶起来，你在汽车上让座给老人，或者是，你定也听过无名氏的指教。这些难道不是人世间的善行吗？这是对方辩友犯的第一大错误。

　　第二大错误，对方辩友犯的是倒果为因的错误。对方辩友借用一种经验事实的法则告诉我们说，我们有恶的果，所以导出来恶就是因。如果真的这样说的话，我们发现是什么呢？每一个人都是恶，尤其对方辩友口口声声告诉我们要教育，要道德教育，你如何去教育呢？每一个人都是恶，由此来定出真正的法律，而定出的法律就是善法吗？恶人定出来的是恶法。如果你定出了法律，如何去遵循，每一个人都恶，我为什么要信任你，好像大家在这个地方，我为什么要相信你呢？你可能在骗我，于是我们这里所有的人都戴上面具。大家互相欺骗，互相蒙蔽，这样的世界是对方辩友所建构出来的。他告诉我们由于有欲望就建构出来个恶的世界。

　　对方辩友犯的第三个错误是什么呢？他告诉我们人性的性就是欲望，我们根本就晓得说，我方一开始就论证了，人性就是人的心。孟子告诉我们："人有四端之心。"这是一个善的种子，我们从来没有否认过，人世间没有恶行。你有善苗，不见得你就不会有恶行。为什么呢？我们发现了，因为外在环境，因为资源缺乏，所以我们人在无形之中会做出一些恶的行为来伤害别人，这是不得已的。所以，我们的教育跟法律就在于纠正人的行为。如果按照对方辩友告诉我们是恶行的话，你为什么去纠正它？人性本恶，人纠正的结果还是回到本。我们的人是性本善，因为我们知道每一个人都有一颗向善的心，于是你透过道德，透过教育，透过法律，他有可能会转变为好。教育跟法律的功能就是要辅导，辅导他走上善途，于是乎，教育就在这个地方茁壮了。对方辩友举了个例子告诉我们说，原始人如何烧杀掳掠，原始人如何生灵涂炭。我们告诉大家的是，原始人民，他一开始那个求生的欲望，这跟本性是要区分的。因为当你如果说有五个人同时在饥饿的状态下，有一块面包在那边，一个人跑过去吃，这个时候绝对不会有人用道德来非难他。因为这个时候生存是立于道德之上的。你没有个人的生命，你没有生存的欲望，你如何来谈道德呢？所以原始人那个状况是一种动物性的本能。（掌声）所以，开始对方辩友犯的错误就是告诉我们说，人性是欲望，如果真的是欲望的话，人跟动物怎么分呢？人之异于禽兽者，已心就是一个本心的问题。所以我们说过人有善苗。今天对方辩友告诉

我们说都是阳光雨露,没有错!但是有风吹雨打,因为你的风吹雨打,你的外在环境影响,你当然会做出恶的行为。所以,我们要纠正他,让他走向善的世界大同。所以,我们来看看世界上所有善行的发生吧!从历史上,从目前经验事实上面,我们发现,古往今来,志士仁人杀身成仁,等等。还有目前,泰丽莎修女等,甚至说,大陆发生了安徽水荒,正严法师的慈济行为,对方辩友如何来解释呢?孟子告诉我们:"见孺子,掉落于井",在这一刹那之间你都会救他,你不可能把他推下去。为什么?人的本性是善的,你不要告诉我说,原来你救那个小孩子是为了虚名。原来你过马路遵守交通规则是不得已的,你是虚假的。原来,泰丽莎修女救了你,那是一个骗人的行为。到最后,你会发现,只有浅水湾的鲨鱼才是一个大善人。(时间到)这是一个什么样的世界,这是一个恐怖的世界,这个世界之所以能够存在,就是因为我们有善根。谢谢!(掌声)

主席:谢谢王信国同学。在这一片善恶声中,人性到底是什么呢?还是让评判专家们去伤脑筋吧!接下来我们请评判团退席!我们稍后见。(休息、评判团评决)

主席:各位来宾,观众朋友,欢迎大家回到辩论会现场。在宣布成绩之前,先让我邀请评判团代表杜维明教授给我们分析今晚的赛情。杜教授请!

杜维明:主席,评判同仁,台大和复旦的辩论员,各位来宾。作为一个海外华人,并且是关切文化中国发展前景的学术工作者,我谨代表评判团向举办1993年国际华语大专辩论赛的新加坡广播局和中国中央电视台表示恭贺和感激。他们从世界各地,亚洲、澳大利亚、西欧和北美的著名大学邀请到8队30多位口若悬河的青年才俊,在一周之间,针锋相对,辩论了大众传播、现代化、环保、经济、道德,乃至生老病死,种种既有宏观的全球视野,又有切身的现实意义的课题,充分体现了华语国际化的精神。

值得提出的是,昨天休会,主办单位又通过轻松愉快的旅游,为参赛朋友们提供了交谈和沟通的机会,也让大家对这个在企业竞争上勇猛如狮,而在自然环境方面又艳丽如花的星洲留下了深刻的印象。对了,新加坡建国以来的第一位民选总统王鼎昌先生和今天特

别前来颁奖的李显龙副总理，都是华校出身的辩才无障的政治领导，给我们很大的鼓舞和勉励。（掌声）

过去六天，台湾大学成功地建构了"现代化不等于西方化"和"安乐死应该合法化"两个命题；复旦大学也说服了评判员，"温饱不是谈道德的必要条件"，"艾滋病是社会问题"。今天呢，从正反两方来辩论人性本善，究竟鹿死谁手哇？今天下午正反两队似乎都直接或间接地采取了在古文章法里的起承转合这种策略。正方一辩站在高屋建瓴的方式引述康德、孟子和佛教，建立了性善为本，恶行为果的基本理论，脱俗不凡，条理简洁。我好像已经被说服了。但是，这个交通规则的比喻不甚恰当。反方一辩，有这个排山倒海之势，坚持"人性本恶，其外者伪也"的观点，分辨自然属性和社会属性，简洁明了，很有震撼力。而且，用词精炼，有条不紊。我好像又被她说服了。（笑声）正方二辩，承接了一辩论述，又以西瓜种子为例，很贴切。认为欲望本身不是恶，也有理趣，使观点做了进一步的深入展开，还作了一些实证的补充。反方二辩，妙语如珠，既承接了一辩的观点加以发挥，又猛攻正方二辩的经验基础，并且旁征博引，荀子、犹太教、黑格尔，甚至《天龙八部》（笑声），使正方好像陷入了防御的态势。那么，正方三辩作了一个转折，很有新意，但是没有充分地发挥。反方三辩大有异军突起之势，从新的思维角度展示了一些观点，比如说"放下屠刀"，屠刀何来呀，也很恰当地引用了达尔文、弗洛伊德的观点。在资料运用方面，大家都能引经据典，而且也可以说妙语如珠吧。那么，似反方的知识结构比较谨严，也比较全面。在语气方面，正方是严厉质问，恳切坦诚，有的时候情绪比较激动。（笑声）那么反方呢，有点排山倒海，义正词严，有时候嘛，轻松活泼，而且引逗幽默。但是，用词显得有点华丽，也许可以向平实方面再努力。自由辩论期间，双方短兵相接，此起彼落，好像双方都从金庸先生武侠小说中学到了出奇制胜的新招。（笑声）我们觉得双方似乎是势均力敌，用了先发制人、连续发问、分而治之，乃至巧设陷阱、声东击西等各种策略。那么，反方四辩文字流畅，好像行云流水。在结论这方面可以说是缝隙不留，圆而不滑。正方四辩很有理据，特别是举出原始人的凶残是为了求生欲望，也很有说服力。但是，

我提到了情绪有点激动。那么,一般说来,反方颇能显示一种流动的整体意识,整个队伍运用一种整体配合的作战方略,加强了一种整体的攻击力,保证了对重点攻击目标的一种优势,也增强了整个辩论队伍的气势,显得中心课题比较明确,活而不乱,而且错落有致。

最后,让我发表一点感想,中国传统文化的儒释道都强调体会、体验,体味这种体之于身、身体力行的具体真知。在这个思想导引之下,目明耳聪,也就是明察秋毫的视德和从善如流的听德,才是雄辩的基础。能说善道固然很好,巧言令色就背离了仁厚的核心价值了。因此,这次华语的辩论,虽然常有排山倒海,甚至咄咄逼人的气势,但却一再地体现出同情、坦诚的美德,树立了非常良好的风气,值得我们效仿。谢谢大家!(掌声)

主席:谢谢杜教授为我们的大决赛所做的分析。在宣布评决之前,先让我邀请我国副总理李显龙准将上台为我们颁发参赛证书。李准将请!(热烈掌声)我们首先颁发参赛证书给剑桥大学的代表(掌声),马来亚大学的代表,(掌声)悉尼大学的代表,(掌声)香港大学的代表(掌声),新加坡国立大学的代表(掌声),英属哥伦比亚大学的代表。(掌声)接下来我们看看谁是那位词锋锐利、反应敏捷的最佳辩论员。从过去的四场初赛,两场半决赛和今天的大决赛当中,评判团一致认为全场最佳辩论员是:复旦大学的蒋昌建。(热烈掌声)现在是大家屏息以待的紧张时刻,究竟是台湾大学或者是复旦大学能够荣登冠军宝座呢?评判团经过慎重考虑之后,一致同意:优胜队伍是——反方复旦大学。(经久不息的掌声)

谢谢!谢谢各位!首先我们颁发参赛证书和奖品给亚军队,就是台湾大学。请台湾大学领队林火旺教授和辩论代表上台。(掌声)请领队(掌声),亚军队,他们获得奖杯一座和 5 000 元的现金。现在我们请冠军队复旦大学的领队俞吾金教授和辩论队代表上台领奖。(热烈掌声)冠军队获得奖杯一座和现金一万元。我们谢谢李显龙副总理。(掌声)

各位来宾,观众朋友,我们的 1993 年国际大专辩论会大决赛在这里圆满结束。谢谢各位!

二、上海模式

这是在继承新加坡论辩模式的优点后创建出来的新赛制。它包含了新加坡赛制的三个板块,即主席见解、论辩队组织论辩、评判团评判。并在此基础上在介绍参赛队情况之前增加了双方教练陈词,从而使论辩由四个板块组成,即主席导入及简介、双方教练陈词、正式辩论、评判团评判。教练陈词时间各为4分钟,由双方教练介绍各自的论辩方案。教练陈词先从正方开始,反方教练及队员回避,反方教练陈词时正方队员同样回避。除此之外,各队参赛人数与新加坡模式也稍有区别,上海模式采用的是三人组队。另外,论辩设置了盘问程序,按规则要求,每个队员的发言包括问和答两个部分,被问的一方必须回答对方的问题,且在回答之前不能先行提问,不得回避问题。提问一方一般不得指定对方哪一位队员回答。这样的好处是能够显示个体素质,并且能够增加论辩对抗的激烈程度。在时间的安排上,正反方一辩各是4分钟,正反方二辩各是3分钟,正方一辩先发言;在盘问阶段,双方的时间各有4分钟,除正方三辩用时另有限制外,其他队员用时均为30秒,正方三辩先提问,时间10秒。总结阶段双方各有4分钟,反方三辩先发言。

三、北大模式

北大论辩模式也叫北大质询式论辩赛制。这种赛制综合了美国俄勒冈赛制和新加坡赛制的特点,整个论辩过程分三个阶段:陈词—盘问、自由论辩、总结。它与上海模式有异曲同工之处,都增置了不得回避的盘问程序。所不同的是,上海模式把陈词与盘问分开,北大模式则将陈词和盘问合而为一,逐一陈词,逐一盘问。陈词—盘问阶段的顺序是:正方一辩发言后由反方四辩盘问,正方一辩的发言时间是3分钟,反方四辩的盘问时间是2分钟,被盘问者必须回答盘问者的提问。陈词与盘问的对垒方阵是:反一对正四,正二对反三,反二对正三,正三对反二,反三对正二。陈述者的发言均为3分钟,盘问者的盘问均为2分钟。须注意的是当答辩者未回答盘问方的问题时,答辩者不得就自己的问题进行阐述。自由论辩阶

段的时间双方均为 3 分钟,正方必须先发言。总结陈词阶段双方各为 4 分钟,由四辩表述,反方先开始。

综合训练

1. 观看一场隐去评判结论的辩论赛的录像,说说你的裁决及理由,然后再看看实际的评判结论,找出其中的不同点,并分析原因。

2. 组织一场辩论赛,让学生在实践中把握辩论的知识和技巧。(选择一种辩论模式,赛前做好准备工作,除了审题、立论之外,还要搜集材料、撰写辩词等,比赛后作好互评,明确成功和失误之处,提高辩论水平。)

3. 运用本章知识,以小组为单位就大家普遍关心的问题展开讨论,并从中确定一个有争议的论题,写一份论辩设计书。

4. 就下列辩题展开讨论,以小组为单位开展论辩。

(1)只有"埋头"才能"出头"

(2)好人必然有好报

(3)"见义勇为"是应该的

(4)现代社会学会竞争(合作)是第一位的

(5)应对女性就业实行保护

(6)知足常乐

(7)广告不可信

(8)法制能消除腐败

(9)失败是好事

(10)逆境出人才

5. 指出下列论辩各采用了何种论辩技巧,并略加说明。提示:在论辩中每一种技巧并不一定是孤立使用的,有时可能是几种方法结合在一起使用的。

(1)在一次国际性会议期间,一位西方外交人士挑衅地对中国代表说:"如果你们不向美国保证,不用武力解决台湾问题,那么显然是没有和平解决的诚意。"

中国代表说:"台湾问题是中国的内政,采取什么方式解决是中国人民自己的事情,无须向他国作什么保证。请问,难道你们竞选

总统也需要向我们做出什么保证吗？"

（2）德国女数学家爱米·诺德获得博士学位后，还不能立即开课，因为她还没有得到讲师资格，但她的学识和才华受到了从事广义相对论研究的希尔伯特教授的赏识。

在一次教授会上，为爱米·诺德能否成为讲师发生了一场争论。一位教授激动地说："怎么能让女人当讲师呢？如果她当了讲师，以后就要成为教授，甚至进入大学评议会。难道允许一个女人进入大学最高学术机构吗？"

希尔伯特教授反驳说："先生们，候选人的性别绝不应该成为反对她当讲师的理由，我请先生们注意：大学评议会，毕竟不是澡堂！"

（3）在美国总统竞选中，造谣中伤在1800年就开始出现。那一年，约翰·亚当斯竞选总统，当时共和党人就指控他，说他曾派其竞选伙伴平克尼将军到英国去挑选4个美女做他们的情妇，两个给平克尼，两个留给自己。亚当斯听后哈哈大笑，他回答说："假如这是真的，那平克尼将军肯定是瞒过了我，全都独吞了！"在场的人都大笑起来。

桃色新闻，常常叫人有口难辩。亚当斯深知其厉害，没有正言厉色地辩解，一句幽默的调侃，令人非常尴尬之事在大家的笑声中得以化解。

（4）1960年5月，英国元帅蒙哥马利应中国政府的邀请来中国访问。由熊向晖陪同他到外地参观，到了洛阳，正好洛阳市在演出豫剧《穆桂英挂帅》，熊向晖想这不也是军事题材的戏剧吗，就安排陪同蒙哥马利看这出戏。蒙哥马利看完后表达他的看法，认为这出戏不好，怎么能让女人当元帅呢？熊向晖解释说："这是中国民间的传奇，群众很爱看的。"

蒙哥马利不以为然地说："爱看女人当元帅的男人不是真正的男人，爱看女人当元帅的女人不是真正的女人。"

熊向晖听了很不服气，当场不甘示弱地反驳他："英国的女王也是女的，按你们的体制，女王是英国国家元首和全国的武装部队总司令。"这样一来，蒙哥马利被驳得十分窘迫，不吱声了。

6.请对下面的一些观点进行反驳，并说出反驳的方法及过程。

提示：不论什么辩论，都要求参赛者头脑冷静，思路开阔，考虑问题全面。

反驳时不必面面俱到，可从对方的论点、论据、论证中任何破绽入手，抓住本质，痛击要害。

（1）有一个年轻人想到大发明家爱迪生的实验室工作，爱迪生问他想进行哪方面的科学实验，他对爱迪生夸口说："我想发明一种万能溶液，它可以溶解一切物品。"

爱迪生听了可能会这么说：……

（2）一天，一个学生折了校园里的花。教师见了，说："你为什么要折花？"

学生说："因为我爱花。"

教师说："古人说，爱花人不折花。可见你不是真正爱花。"

学生说："老师，周敦颐在《爱莲说》中说：'晋陶渊明独爱菊。'看来陶渊明是爱菊的吧？"

"当然。"

"可是，陶渊明有'采菊东篱下，悠然见南山'的诗句。他自己说折了菊花，能说他不爱菊吗？"

教师……

现在，假如你是教师，请批评教育这位学生。

提示：陶渊明采的花要么是野花，要么是自己种的花，而校园里的花是公共财物，这是不能等同的。

还可用归谬法去设想一下：大家都爱花，大家都去采花，将会怎样？

7. 请分析下列材料，县令是以什么方法揭穿了恶少企图强占女子为妻的阴谋的？

明朝万历年间，海盐县有个女子还没有出嫁，有个恶少想要娶她，她的父亲不同意，恶少就诬告说他已娶了这个女子为妻。县令把女子叫到跟前，跟她谈话，而后突然问恶少："你既然是这个女子的丈夫，那么你说说，你妻子手上的疤痕是在左手还是在右手？"

恶少目瞪口呆答不上来。

谈判口才

[学习目标]

1. 了解谈判口才的基本知识
2. 掌握谈判的语言技巧,在谈判中能恰当运用
3. 掌握谈判的策略

第一节　谈判口才概述

一、定义

谈判是人们社会生活中普遍的活动,无处不有,无时不在。美国著名的谈判专家荷伯·科恩在《人生与谈判》中开宗明义写道:"你的现实世界是一个巨大的谈判桌,不管你是否愿意,你都是一个参加者。"

那么,什么是谈判呢? 谈判是指参与的双方或多方,为了改变和建立新的社会关系,或满足自身的需要和利益所采取的协调行为过程。像中国为恢复关税和贸易总协定缔约国地位而与美国进行的谈判;中美建交谈判;欧共体为推行一体化进程而进行的多边谈判;中外合资合作开办经济实体进行的磋商,等等,都是谈判。

从语言学的角度来说,谈判实际上包含了"谈"和"判"两个活动过程。"谈",即说话或讨论;"判",即分辨和评定。谈是判的前提和

基础,判是谈的结果和目的。

一般地说,谈判是参与谈判的组织、机构或个人对涉及切身利益的有待解决的重大问题进行会谈,寻求解决问题的途径,达成共识,形成协议,最后用书面形式予以确定。

二、特征

谈判是借助语言,尤其是口头语言进行信息交流的过程。在这个过程中,参与谈判的人员进行的不仅是智慧、手段的较量。而且也是口头语言表达水平高低的竞赛。商务谈判的特征有以下方面。

(一)对象的广泛性

商务交往没有国家和地区的界限,商品买卖的谈判可以在任何人之间进行。作为供方,其商品的销售范围具有广泛性。同理,作为需方,其采购商品的选择范围也是十分广泛。因而无论是购还是销,其谈判交易的对象都会遍及全国乃至世界,为了使交易更加有利于己方,也需要广泛接触交易对象。

(二)目的的功利性

谈判的各方出于需要坐到一起进行磋商,都是为了满足自己的功利需要而走向谈判桌。没有需要也就无所谓谈判。正是为了不同的功利企图,世界上每时每刻才有成千上万的谈判者进行着语言交锋。

(三)策略的技巧性

谈判既是口才的角逐,又是心智的较量。出色的谈判大师总是巧舌如簧,调动手中的筹码,取得意外的成功。他们或故布疑阵,虚虚实实;或言不由衷,微言大义;或旁敲侧击,循循暗示,等等。

(四)语言的随机性

商务谈判中最普遍、最常见、最迷人的是谈判的多样性和随机性。在谈判中,我们需要根据谈判对象、议题、格局、环境、策略、时间和机会等的变化,随时调整自己的话语表达方式。这些方式不外乎包括:使用不同的句型、不同的语气,感情色彩不同的措辞和不同的语序等。只有随机应变地运用自己的口语技巧,才能与对方周旋于谈判桌上。

（五）战术的时效性

商品销售具有季节性、流动性等特点，因而商务谈判注重效率，讲求时效。谈判之初，各参议方都有自己预定的谈判方案，其中包括各谈判阶段所安排的内容、进度、目标以及谈判的截止日期等。商务谈判的时效性特征，可作为迫使对方让步的武器。

三、类型

（一）按照性质划分

按性质划分，谈判可分为一般性谈判、专门性谈判和外交谈判。

1. 一般性谈判

一般性谈判是指一般人际交往中的谈判。比如，买菜时的讨价还价，儿女为赡养老人问题而进行的家庭谈判等。一般性谈判具有随意性、广泛性和非规范性的特点。

2. 专门性谈判

专门性谈判是指各个专门领域中的谈判。如军事谈判、商务谈判、技术谈判等，都属于专门性谈判。

专门性谈判是一种预先充分准备后进行的谈判活动，通常将达成一项或多项对参与各方都有利的协议，具有规范性、共同性和积极性的特点。

3. 外交谈判

外交谈判是指国家间在政治、军事、经济、科技和文教等各个方面的谈判。外交谈判往往准备充分，程序严谨，所达成的协议对参与各方都有较强的约束力。

（二）按照层次划分

按照层次划分，谈判可分为个人间谈判、组织间谈判和国家间谈判。

1. 个人间谈判

个人间谈判是指个人之间对涉及两个人的问题进行磋商并达成协议的过程。

2. 组织间谈判

组织间谈判是指涉及利害关系的团体间为解决分歧与冲突、达成一个于各方面都有利的结果而进行磋商并达成协议的过程。

3. 国家间谈判

国家间谈判是指国与国之间在政治、经济、文化等领域进行磋商,实行合作,达成谅解,并签订具有极强约束力的协议的过程。

(三)按照主题划分

按照主题划分,谈判可分为单一性谈判、统筹型谈判。

1. 单一性谈判

单一性谈判是指彼此谈判的主题只有一个,即谈判仅就一个单独的问题进行。

2. 统筹型谈判

统筹型谈判是指双方谈判的主题不止一个,而是由几个构成,其特点是要把不同的问题综合起来考虑。为了在一个问题上有所得,就得在另一个问题上有所失。

(四)按照主体划分

按照主体划分,谈判可分为直接谈判、间接谈判、水平谈判和垂直谈判。

1. 直接谈判

直接谈判是指谈判利益的直接承受者之间的谈判。由于谈判的参与者就是谈判利益的直接承受者,这种谈判具有迅速、具体和明确的特点。

2. 间接谈判

间接谈判是指谈判中的一方为利益的直接承受者,另一方为代理人或者双方均为代理人的谈判。

3. 水平谈判

水平谈判是指具有平等法律地位和社会地位的当事人之间的谈判。由于双方处于同一水平线,这种谈判具有公正性与竞争性的特点,这是社会中最常见的一种谈判形式。

4. 垂直谈判

垂直谈判是指上下级之间的谈判,比如,企业与上级公司之间在利润分成问题上的谈判等。这种谈判有两个特点:一是谈判双方要有领导与被领导的从属关系;二是就某件事而进行谈判的过程中,双方的法律地位是平等的,不存在领导与被领导、命令与服从的关系。

第二节 谈判的语言技巧

一、学会忍耐

学会忍耐是谈判者的基本功,是对谈判者的一个最基本要求,也是判断一个谈判者是否成熟的标志。例如,对方提出出乎意料的苛刻条件,对方的态度极不友好,对方为达到目的而不择手段等。在这些情况下,谈判者如若不能忍耐,就会使谈判立即呈现紧张局面,甚至使谈判中断。所以,为了使谈判顺利、成功,必须学会忍耐,要能等待,要能坚持。

(一)适可而止

适可而止是一种忍耐,指在说话做事过程中到了适当的程度就停止。在谈判中,对于谈判者来说,最重要的是要懂得该在什么时候取得某种利益,同时还要懂得该在什么时候放弃某种利益。例如:

美国前总统吉米·卡特,在谈判时很善于控制自己,善于忍耐。在缔结埃及和以色列和约时,他把双方的领导请到戴维营去谈判。谈判的日子十分单调乏味,使以色列总理贝京和埃及总统萨达特都感到十分厌烦,但又不得不应付每天长达 10 小时的谈判。每天早晨,两国首脑都会先后听到敲门声。卡特总是这样说:"嗨,我是吉米·卡特,请你们准备又开始一回烦闷、长达 10 小时的会晤吧。"到了第 13 天,双方终于达成协议,签订了和平条约。尽管促使协议达成的因素很多,但卡特的耐心是不可忽视的。

(二)为对方着想

谈判桌上,双方毫无疑问地都要先考虑自己的利益,都要在利益上占据优势。因此,双方可能争执不下,弄的面红耳赤,可是问题往往得不到恰当解决。但是,如果能设身处地为对方着想一下,矛盾也许就能有所缓和,使谈判出现转机。例如:

1985 年，江苏仪征化纤工业公司总经理任传俊在与联邦德国吉码公司进行索赔谈判时遇到了麻烦。中方提出赔偿单价为 1 100 马克，德方只认可 300 马克。在僵持不下时，中方提出休会，邀请德方游览扬州。到了大明寺，任传俊深情地说："这里纪念的是一位为了信仰，六渡扶桑，双目失明的鉴真和尚，今天中日两国人民都没有忘记他，你们不是常常奇怪为什么日本人对华投资较容易吗？很重要的原因是日本人了解中国人的心理，知道中国人重感情、重友谊。"德方代表深受感动，回到谈判桌前，提高赔偿单价，愉快地达成了协议。

（三）制怒

即使在对方怒不可遏的情况下，自己也要保持冷静，能够认真地去理解对方的心情。在谈判中，这种心理的沟通会使谈判的气氛发生微妙的变化，从对立变为合作，从互不相让变成相互体谅，最终达成双方都能接受的协议。例如：

巴西圣保罗市有一位叫弗朗西斯科的讨债员。有一天，他上门讨债，对方勃然大怒，拔出手枪放在桌上，威胁地说："再啰唆就让子弹打穿你的嘴巴！"一般说，在这种情况下，听者会同样愤怒地吵起来，甚至也"拔枪而起"，来个"鱼死网破，你死我活"的斗争，但不过弗朗西斯科没有这样，他竭力使自己保持镇静，面对这激动的、易爆炸的氛围，却柔声地向对方诉说最后一个心愿：请对方解释为何要置他于死地。在这温柔的声音中，那家伙一下子崩溃了。几分钟后，掏出了钱，付清所欠的债款。

与此相反，控制不了情感则容易冲动，一冲动往往就会言语过激，造成"事与愿违"的后果。例如：

外交官出身的吉田茂称得上是日本的社稷之臣。战后日本在废墟上重建经济，他有大功。但是，颇为自负的吉田茂，情绪易激动，言语之间常常不饶人。1953 年 2 月，日本国会进行当年年度预

算审议时,有一位叫西村荣一的民社党众议员首先发难:"为何首相的施政演说对国际形势这么乐观? 根据何在?"吉田茂说:"目前战争危机已过去,英国的丘吉尔首相、美国的艾森豪威尔总统也这样说过。"可西村荣一却不罢休,继续为难:"我不要听英国首相和美国总统的意见。"吉田茂极其烦躁地回答道:"我是以日本总理大臣的身份打询的。"如此针锋相对,一来一往。吉田茂情绪激动起来,急急地吐出一句:"无礼者,滚蛋!"这句失言的话既惹恼了西村荣一,也惹恼了民社党。后来西村荣一发动了"惩罚吉田茂首相临时动议",并在众议院获得了通过。几天后,众议院又通过在野党的"不信任案",吉田茂被迫下台,这一结果不能不说与他缺乏自控能力有关。

二、谈判中的语言表达

(一)和颜悦色

使用礼貌语言;巧用"你""我",勿加评判;多用委婉语,包括:肯定用语、否定用语、转折用语、语气助词和推托用语。

(二)察"言"观色

察"言"观色包括:用心地听,边听边思考;会心地听,听弦外之音,言外之意;耐心地听。

(三)问答有方

成功发问包括:问什么、何时问和怎样问。怎样问包括:暗示式发问、探索式发问、选择式发问和澄清式发问。

三、谈判语言七忌

一忌:欺、诈、隐、骗,依靠谎言和"大话"求得自身的谈判优势,如,本身不是名优产品,偏要说是"省优""部优"。

二忌:颐指气使、居高临下、盛气凌人。自以为地位、资历"高人一等",或谈判实力"高人一等",随口道:"你们中间谁管事? 谁能决定问题? 把你们的经理找来!"

三忌:使用缺乏确凿事实的材料和未经证实的信息,开口就是:"据说……""据传……"

四忌:争强好胜,一切从压倒对手出发,说话锋利刻薄,攻势过猛,在细枝末节问题上也不甘示弱,并以揭人隐私为快。

五忌:阐述本方立场、观点或回答对方提问的问题时,语塞、含糊、模棱两可、前言不搭后语和自相矛盾。

六忌:说话时过分讲求针对性和逻辑性,语气过于严肃、紧张。

七忌:以我为主。随意打断对方的谈话,抢话说;或者自己滔滔不绝说个没完,不考虑对方是否接受;或者过分强调自身的需要,等等。

第三节　谈判的策略

谈判是日常生活中的重要部分,无论你是买房子,还是请求加薪等事情都会涉及,然而大多数人却害怕谈判,他们害怕陷入一场意志的较量中去。其实,真正的谈判并非敌对,而且彼此努力达成协议,永远不是谁赢了,而是每个人都满意。

在谈判过程中,最重要的是三条行之有效的原则和策略:

(1)对分歧不必感到不愉快。

(2)你希望别人怎样对你,你就怎样对别人。

(3)忠于你的信念。

当你的脑海里有了以上三信条,就能够应付令人不知所措的事情了。

一、如何去做

(一)深入调查

在开始谈判之前做深入彻底的调查是至关重要的,尽管不一定比对手高明,但你可以比他更有备无患。任何谋求加薪的人都应该知道自己的全部工作业绩及有关在相似职位上的人拿多少钱的确切信息;任何想要盘下一间商店的人,都应该对目前的商业销售情况、网点设置及出兑价格有仔细的了解,并能确切把握买入店铺后的经营渠道等。

(二)积极主动

当你进入一项谈判时,假使你很乐观,对方会持同样的态度。

谈判的结果主要由你的表述决定,不要提要求而要提建议和劝告,比如,"我可以建议这个吗?"比"这就是我要的"更儒雅得多。倘若到了最后无退路的时候,最好说:"我希望你理解,这是我能尽的最大力量了,我真心希望我们能够合作。"这样说比"要么接受,要么放弃"有效得多。

谈判时声音要保持和善,如果你是个喜欢大嚷大叫的人,那么要收敛一下你自己。

你声音中的胁迫意味越少,对方就越放松。

（三）坚持目标

谈判可以是一种非常充满感情色彩的经历。你可能会因为非常想要某物而放弃了你不应该放弃的东西。切勿忽视你的根本路线。在你进行任何讨论之前,先确定你的目标,需要的话把它们写下来,你可以准备些"额外条件",在需要时把它们也抛开。

（四）多听少说

要是你讲得太多,你就会讲错话,但更糟糕的是,你如果不会正确地倾听别人说话,这是一个大错。因为好的听众会在无意中获得有影响力的点滴信息,正如众言道:"说得越少,听到的就越多。"

（五）信守诺言

一旦你做成了一笔交易,那么就应信守交易的条件。不要轻易许诺,一旦允诺了就应遵守。

要是你已在所有的交易活动中都显示了善始善终的品性,人们会了解这一点的。要是你像换袜子一样轻易改变你的道德标准,你也会被人家看穿的。事实上,在谈判桌上留有余地是一个很聪明的谈判策略,因而是受欢迎的。

二、诱导对方自己否定自己——谈判谋略

在谈判中,难免发生论辩,论辩的目的在于求同,以利合作共事。而有的对手却坚持己见,甚至刚愎自用,在这种情况下,千万不要把自己的观点强加于人。这样做,一是容易使谈判破裂,不欢而散;二是即使谈判成功,也会给今后合作留下隐患,产生新的交锋。而应该像良师益友那样,诱导对方,让对方自己否定自己的观点。

请看下面的例子①。

　　湖北某校派代表到广州,谋求联合办学的伙伴。他们找到一所民办学校,与其负责人谈判:希望其负责招生和毕业后推荐就业等工作,湖北某校负责教学与发证工作。谈判近于成功。其负责人又招来几名副手共同商量。有一位年纪大的副手提出异议:"湖北广东,相距千里,青年学生恐怕生活不习惯,闹出病来怎么办? 此事断不可行。"一语既出,四座惊警。其负责人也哑然无语。湖北代表看出,该副手年事高,经验足,权威大。遇此老谋深算的强硬对手,如果据理力争,怕是越谈越僵。于是,湖北代表避开对方的词锋,来了一个诱导对方自己否定自己的做法。

　　代表:(一笑)这位老同志说的也在理。哎呀。广州的天气真热,请把空调开大点。

　　老人:(表情得意,以眼神环顾,大有"我说得不错吧"之意)

　　代表:老人家,请问洗手间在哪里?

　　老人:(热情地)出门向右拐,我领你去。

　　代表:(从洗手间回来落座后)老人家,谢谢您。

　　老人:不谢不谢。(似有笑意)

　　代表:(拉家常地)老人家高寿?

　　老人:今年61 岁了,老喽。

　　代表:您不显老,真的! 听口音,您不是广东人吧?

　　老人:北京人。

　　代表:噢,比我们还远呢! 来广州多少年了?

　　老人:(想了一下)快5 年了吧。

　　代表:佩服、佩服,您这么大年纪,红光满面,精神很好。得向您学习啊!

　　老人:(谦虚地)哪里,哪里。

　　代表:生活还过的惯吧?

　　老人:(已经入毅,但未察觉。骄傲地)还习惯,还习惯。

---

　　① 选自《演讲与口才》1998 年第8 期。

代表:您刚来广州时,怕总有点——(不点破,让他自己讲)。

老人:(忙打断)啊,不,刚来我就很适应。

代表:您是没问题,恐怕年轻人就不如您了。

老人:(不自觉地,谦虚地)啊,啊,老喽,比不得年轻人喽。

代表:那——刚才您……

老人:(如梦初醒,不好意思地,然而友好地一笑)嘿嘿,真有你的。

结果,当然谈判以成功告终。

诱导自己否定自己的关键在于一个"诱"字,立足一个"导"字。要诱的自然,不留痕迹;导的巧妙,不被人识破,应该注意四点。

(一)有目的地诱

要有明确的说服目的。所诱导的内容要紧紧地为总目标服务。上例中,湖北的代表明在拉家常,实则处处紧扣对方提异议的两点,即生活不习惯和容易生病,让老年人和年轻人形成对比,对方的观点不攻自破。

(二)有步骤地诱

上例分四个步骤。

第一步,缓和气氛,中断辩论,让对方从剑拔弩张的"战争"状态中"撤退"下来。还承认对方有道理,"欲擒故纵",让对方彻底解除武装。其实,上洗手间,只是一箭三雕的策略:一是以逸待劳,让时间进一步冲淡"战场"的"火药味",以便调整策略;二是重新构思辩词;三是继续拉家常,套近乎,瓦解对方斗志,进而创造和谐、友好的气氛。

第二步,问年龄、籍贯,问来到广州的时间,找出老少对比的依据。

第三步,评论身体状况,得出"能适应,不会生病"的结论。

第四步,用与年轻人对比的对话直切主旨,其潜台词是:老年人尚能适应,何况年轻人。这里真理已明,又不直接点破,其结论尽在不言中,为对方自己"下台"留有余地,保持友好合作的良好氛围。

(三)有预料地诱

诱导中,对方会怎么讲,可能有几种讲法,怎样去随机应变,都要有所预料,这样才使自己的诱导不致变成"哑炮"。本来,到第三步得出"身体状况很好"的结论,目的已经达到,但对方尚未醒悟,仍然有打哑炮的危险,于是又用第四步,单刀直入,直点主题。这样,其论辩才"功德圆满",大功告成矣。

(四)有诚意地导

诚恳开导,不讽刺,不挖苦,防其恼羞成怒,以尊重为主导,以关心为主线。以情感人,以理服人,使对方心悦诚服,心中点头。

综合训练

1. 日本一家著名的汽车公司在美国刚刚"登陆"时,急需找一个美国代理商来为其推销产品,以弥补他们不了解美国市场的缺陷。当日本公司准备同美国一家公司就此问题进行谈判时,日本公司的谈判代表因路上塞车迟到了。美国公司的代表抓住这件事紧紧不放,想要以此为手段获得更多的优惠条件。面对这种被动的谈判形势,日本公司的代表该怎样改变局面使谈判顺利地进行下去,并能达到预期的目的。请为日本代表设计一种策略,体现你高超的语言艺术。

2. 记录自己在采购物品过程中与卖主展开的谈判过程,分析自己谈判语言的优劣。

3. 你将进入这样一场谈判:对方对你公司生产产品的性能和质量有较高的评价,但认为价格偏高。请设计一下你在谈判中的开场白。

4. 对一个应聘者来说,面谈就是他所必须认真对待的一种谈判。在这种面谈中,若不能说服对方,则势必被挡在门外。下面是公司招聘时面谈主持者所能问到的一些令人尴尬的问题,如果你是一位应聘者,你应该怎样回答?

(1)请你说一说自己的主要缺点。

(2)你认为要花多长时间才能对本公司发挥一些作用?

(3)你现在工作单位的领域有什么缺陷?

(4)如果加入本公司,你希望在本公司干多久? 五年后你希望升到哪一个职位?

5.假如你是一个总经理,你亲自出马去追收一笔拖欠已久的货款,对方老总躲而不见,推出一个部门经理来应付你。请为此设计一份谈判对话方案。

6.某电视台的制片人考虑选用一位渴望当演员的女士扮演某连续剧中的一个重要角色。制片人告诉该女士:"目前我们只能付给你较低的片酬,因为你初上荧屏,还不是明星。等你成名之后,我们绝不亏待你!"你认为,在这种情况下这位女士应该怎么办?

(1)拒绝接受较低的片酬。

(2)接受较低的片酬,因为她必须先在影视界站稳脚跟。

(3)告诉该制片人,如果要她扮演重要的角色,则应付给她与该角色相应的报酬。

7.你与一家外地公司进行产品代理的谈判,该谈判已陷入僵局数天,你发觉双方翻来覆去地在坚持既有的立场,此时你怎么办?

(1)等候对方提出新方案。

(2)稍作退让以打破僵局。

(3)改变谈判的主题或提议休会。

8.假设你是某零件提供商,某加工厂收到你的一批产品后声称无法通过质量检验。由于时间紧迫,对方已经将这批产品送到检修场进行矫正返工。现在,他们就加工费用一事来与你谈判。

(1)假如你认为质量没问题,此时你应如何就此事进行谈判?

(2)如果对方还是坚持说质量有问题,要按合同收取加工费,此时可能会出现哪些不同的结果? 对于你来说最理想的结果是什么?

参考文献

1. 李元授. 交际与口才[M]. 武汉:华中科技大学出版社,2002.

2. 韩广信. 演讲与训练[M]. 大连:大连理工大学出版社,2008.

3. 檀明山. 卡耐基交际训练[M]. 北京:中国社会出版社,2002.

4. 苏炳琴,曹丽娟,郭军帅. 演讲与口才实训教程[M]. 北京:中国商业出版社,2012.

5. 杨现钦,陆琦. 实用口才训练[M]. 北京:中国农业出版社,2006.

6. 钱和生. 讲演与口才实用教程[M]. 北京:中国传媒大学出版社,2009.

7. 王黎云. 演讲与口才[M]. 杭州:浙江大学出版社,2004.

8. 王宏佳,徐清枝. 演讲与口才[M]. 北京:教育科学出版社,2011.

9. 王小平. 本领恐慌[M]. 海口:海南出版社,2000.

10. 胡旋. 卡耐基成功之道全书[M]. 沈阳:沈阳出版社,1996.

11. 张男星,姚云. 口才·口才·口才[M]. 重庆:西南师范大学出版社,1994.

12. 于丹.《论语》心得[M]. 北京:中华书局,2006.

13. 袁彬彬. 社交口才[M]. 北京:宗教文化出版社,2002.

14. 李文洁. 口才·应用文写作与实训[M]. 北京:机械工业出版社,2000.

15. 邵守义. 演讲学教程[M]. 北京:高等教育出版社,1993.

16. 张波. 口才训练教程[M]. 北京:机械工业出版社,1999.

17. 程在伦. 讲演与口才[M]. 北京:高等教育出版社,1997.

18. 王沪宁等. 舌战狮城[M]. 上海:复旦大学出版社,1993.

19. 应天常. 口才训练术[M]. 长春:吉林大学出版社,1997.

20. 安平. 演讲口才[M]. 北京:宗教文化出版社,1997.

21. 娄凤琴,邵家勇. 口语训练[M]. 沈阳:白山出版社,1999.

22. 黄捷,孙佳等. 商务谈判[M]. 北京:教育科学出版社,2013.